天津经济发展报告（2021）

主　　编　靳方华　钟会兵

执行主编　王立岩　蔡玉胜

天津社会科学院出版社

图书在版编目（ＣＩＰ）数据

天津经济发展报告. 2021 / 靳方华主编. -- 天津 ：天津社会科学院出版社，2021.1
（天津蓝皮书）
ISBN 978-7-5563-0675-6

Ⅰ．①天… Ⅱ．①靳… Ⅲ．①区域经济发展－研究报告－天津－2021 Ⅳ．①F127.21

中国版本图书馆CIP数据核字 (2020) 第231797号

天津经济发展报告. 2021
TIANJIN JINGJI FAZHAN BAOGAO 2021

出版发行：	天津社会科学院出版社	
地　　址：	天津市南开区迎水道7号	
邮　　编：	300191	
电　　话：	（022）23360165（总编室）	
	（022）23075307（发行科）	
网　　址：	www.tass-tj.org.cn	
印　　刷：	天津午阳印刷股份有限公司	

开　　本：	787×1092　毫米		1/16
印　　张：	22		
字　　数：	337千字		
版　　次：	2021年1月第 1 版	2021年1月第 1 次印刷	
定　　价：	108.00元		

《天津经济发展报告（2021）》
编辑委员会

前　言

　　2020年，新冠肺炎疫情全球性大流行，世界百年未有之大变局正在加速演化。面对错综复杂的国际形势、艰巨繁重的国内改革发展稳定任务，在以习近平同志为核心的党中央坚强领导下，中国作为世界主要经济体在全球经济衰退中率先实现了经济正增长，全面有效应对了当前经济发展中的各种风险与挑战，积极推进了社会主义现代化事业建设。我国"十三五"规划目标即将圆满完成，全面建成小康社会取得了决定性成就，中华民族伟大复兴向前奋发迈进。党的十九届五中全会胜利召开，全会认为当前和今后一个时期，我国发展仍然处于重要战略机遇期，但机遇和挑战都有新的发展变化。"十四五"时期是全面建成小康社会、实现第一个百年奋斗目标之后，乘势而上开启全面建设社会主义现代化国家新征程、向第二个百年奋斗目标进军的第一个五年。2021年是我国"十四五"时期经济建设的开局之年，是全面推进社会主义现代化国家建设新征程的开局之年，是具有非凡意义的一年，在党中央团结带领全国各族人民共同奋斗努力下，我国社会主义现代化建设事业一定会呈现出全面蓬勃发展新气象。

　　过去的一年，天津在疫情防控常态化中扎实做好"六稳"工作、全面落实"六保"任务，实现了经济运行持续稳定加快恢复，经济向好复苏基础不断巩固，高质量发展态势良好。"十四五"时期是推动高质量发展、构建新发展格局的关键时期，天津紧抓新发展格局历史机遇，协同推进"津城""滨城"双城发展，打好"十四五"建设开局，不断深化供给侧结构性改革，加速经济结构高级化步伐，大力促进实体经济发展，有效刺激市场内需，释放消费潜能，加大新基建投资力度，向着实现社会主义现代化大都市的远景目标加快迈进。

《天津经济发展报告（2021）》由天津社会科学院发起，与天津市统计局、天津市经济发展研究院、天津市科学技术发展战略研究院以及天津滨海综合发展研究院等单位联合编撰，天津社会科学院出版社出版发行。全书共收录天津经济 2020 年十大亮点和 2021 年十大看点，以及 25 篇研究报告，分为综合篇、"十四五"专题篇、产业发展篇和区域战略篇四部分内容。综合篇主要分析天津经济发展形势和宏观经济景气，"十四五"专题篇主要关注"十四五"时期经济建设相关研究，产业发展篇和区域战略篇侧重产业和区域领域发展研究。

《天津经济发展报告（2021）》作为具有综合性、前瞻性的最新智库研究成果，始终坚持问题导向，深度分析和系统总结当前天津宏观经济领域发展出现的新形势和新特征，预测和判断未来经济发展走势，致力于为政府部门科学决策提供有力参考。

目　录

产业发展篇

区域战略篇

天津经济 2020 年十大亮点
和 2021 年十大看点

天津社会科学院课题组①

一、天津经济 2020 年十大亮点

亮点一：统筹疫情防控和经济发展，精准施策助力"双战双赢"

2020 年新冠肺炎疫情是危机，也是大考。天津主动担当作为，以"战时机制"统筹推进疫情防控和经济社会发展"双战双赢"，率先打出"惠企 21 条""27 条措施""金融快速响应机制"等政策"组合拳"，分区分级精准复工复产，打造出"最安全城市"口碑。同时，在最短时间内稳住了经济并实现恢复性增长，经济逐季向好。前三季度，全市生产总值回升幅度超过全国平均水平 1.6 个百分点，规上工业增加值连续 5 个月增速，装备制造业连续六个月增长、三个月增速保持在 20%以上。于危机中育先机、于变局中开新局，正是天津推进经济发展的真实写照。

亮点二：拼质量、拼效益、拼结构、拼绿色度，经济高质量发展砥砺前行

2020 年，天津深入推进供给侧结构性改革，坚决把战略重点转到质量、效益、结构和绿色发展上。现代服务业对经济增长的支撑作用明显，前三季度，服务业占全市生产总值的比重提高到 65.5%。新动能加速释放，高技术制造业、战略性新兴产业增加值占规模以上工业增加值比重达到 15.4% 和

---

① 执笔人：王会芝

26.0%，新能源汽车和工业机器人产量分别增长 5.3 倍和 1.2 倍。在全国率先开展市级绿色制造示范创建，37 家单位入选绿色制造"国家队"，获批国家级绿色工厂和绿色供应链管理示范企业数量位列全国第二，实现绿色发展和经济效应"双赢"，高质量发展的态势形成并不断巩固。

亮点三：协同创新加速推进，打造京津冀自主创新重要源头

2020 年，天津加快推动京津冀创新协同，成立了京津冀科技成果转化联盟，批复建设京津中关村科技城，创新"云招商""云签约"模式开展承接，出台《天津市支持重点平台服务京津冀协同发展的政策措施》，解决企业的痛点问题。前三季度，承接北京非首都功能疏解重点项目 879 个，协议投资额 2166 亿元，京企投资金额占引进内资的 39.5%，亚投行数据综合业务基地、麒麟软件总部等一批项目顺利落户，滨海–中关村科技园新增注册企业 441 家，京津中关村科技城新增注册企业 176 家。京津冀协同创新加速推进，迈出区域互利共赢新步伐。

亮点四：政策组合拳持续发力，营商环境优化跑出加速度

2020 年，天津出台《天津市优化营商环境三年行动计划》，加速建设市场化、法治化、国际化一流营商环境。持续深化"一制三化"审批制度改革，在全国率先推行承诺审批制，大幅压缩办事程序和期限，市级行政许可事项从 1133 项减少到 228 项，企业开办审批只需 1 天时间，口岸进、出口通关时间较 2017 年压缩 70% 和 90% 以上，位居全国各大口岸前列。前三季度，市场主体总量达到 136 万户，同比增长 11.8%。新增减税降费累计约 439 亿元，其中，支持疫情防控和经济社会发展新增减税降费达 288 亿元……一系列政策激活力，换来了天津营商环境综合排名全国十佳，"营商环境"正在成为天津新的城市名片。

亮点五：产业转型装上"智能芯片"，下好创新驱动"先手棋"

天津在全国率先举起智能发展的旗帜，天津启动国家新一代人工智能创

新发展试验区建设，已形成大数据云计算、工业机器人等九大特色优势领域，是国内智能制造行业门类最齐全的城市。智能制造业企业数量占规模以上工业比重近 20%，智能制造业增加值比重近 30%。信息安全产业集群、动力电池产业集群成功入选全国 20 个先进制造业集群，信息安全产业集群规模占全国比重 23%，是全国产业链最全、产业聚集度最高、自主创新能力最强的发展集聚区。智能科技产业正在成为产业转型升级、高质量发展的核心驱动力，助力天津实现"十四五"美好蓝图。

亮点六："智慧港口 2.0"升级加力，世界一流智慧绿色港口建设跨上新台阶

2020 年 7 月，国家发改委和交通运输部联合印发《关于加快天津北方国际航运枢纽建设的意见》，提出加快天津北方国际航运枢纽建设的发展目标。2020 年，天津加快建设世界一流绿色智慧枢纽港口，创新打造"智慧港口 2.0"升级版，今年前 11 个月集装箱吞吐量同比提高 6.1%，创历史同期最高水平，增幅居沿海港口前列，成为稳住经济基本盘的关键环节。根据 2020 年国际航运中心发展指数，天津排名全球航运中心第 20 位，实现两年 10 个排位的跃升。上海航运交易所公布 7 月全球十大港口集装箱班轮准班率排名，天津港位列全球第一，"津港效率"金字招牌在全世界打响。百年老码头努力为全球港口智慧化转型升级树立"天津样板"。

亮点七：10 项"试点经验"花开全国，自贸区再创改革开放新亮点

天津自贸区加快推动政策和制度创新，自贸红利正在持续释放。重点领域创新突破"多点开花"，在全国率先推行保税仓储货物质押融资，全国首创"数仓+区块链+金融"供应链金融模式。深度融入国际贸易产业链，打造"一带一路"黄金支点，建设"京津冀+一带一路"海外工程出口基地，央企创新型金融板块承载地和跨境投融资的枢纽，助推国家战略和区域发展。今年，自贸区 10 项经验入选国务院向全国复制推广改革试点经验，"试点经验"花

开全国，有力地发挥了国家制度创新"试验田"作用。

亮点八：国企混改驶入快车道成绩亮眼，企业转型升级注入"新动力"

2020年，天津深入推进国企改革三年行动，国企混改全面提速加力，混改成绩亮眼。截至12月，已有20家市管集团完成了混改，混改完成率达83%，资产完成率达97%。其中，天津信托引入了上实集团，住宅集团引入了上海建工集团，渤海银行实现了成功上市，中环集团引入了TCL科技集团。国资国企改革开启了天津大型国有集团与优势战略伙伴强强联手的改革新路，并在协同赋能、优势互补、产业升级等方面放大国有资本功能，实现国有资产保值增值，开创天津国资国企改革发展新局面。

亮点九：开启"云上峰会"新体验，世界智能大会持续赋能高端产业

2020年6月23日，第四届世界智能大会成功举办，这是中国疫情防控取得阶段性胜利形势下举办的第一个国际性盛会，也是国内首次采用"云上"模式打造的高端盛会。大会首次采用"云上"模式，开展了"云智能科技展"、云上智能体验等系列活动，打造了云上"会展赛+智能体验"的全新平台。本次世界智能大会成果丰硕，持续赋能高端产业，大会云签约项目148个，总投资920亿元，其中新动能项目占比达86%，为天津高端产业"补链强链"、新动能引育、经济高质量发展注入强劲动力。

亮点十：谋篇布局"十四五"，擘画经济发展新蓝图

2020年11月27日，中国共产党天津市第十一届委员会第九次全体会议审议通过了《关于制定天津市国民经济和社会发展第十四个五年规划和二〇三五年远景目标的建议》，描绘出未来5年以及15年天津经济发展新蓝图，提出到2035年基本建成社会主义现代化大都市的远景目标。"十四五"时期天津实现"一基地三区"功能定位、构建"津城""滨城"双城发展格局、经

济高质量发展迈上新台阶、打造自主创新的重要源头和原始创新的主要策源地、全面增强全国先进制造研发基地核心竞争力、构筑市场化法治化国际化营商环境等一系列发展目标，将为天津经济实现高质量跨越发展提供坚强保障。

二、天津经济 2021 年十大看点

看点一："十四五"开局之年，开启现代化大都市建设新征程

2021 年是"十四五"规划的开局之年，"十四五"时期是天津由全面建成高质量小康社会向建设社会主义现代化大都市迈进的关键时期。天津将以新发展理念为统领，以推动高质量发展为主题，以深化供给侧结构性改革为主线，以改革创新为根本动力，以满足人民群众日益增长的美好生活需要为根本目的，统筹发展和安全，加快推进京津冀协同发展，加快构建现代化经济体系，加快完善现代化大都市治理体系，努力实现"一基地三区"功能定位，为全面建设社会主义现代化大都市开好局、起好步。

看点二：京津冀协同步入纵深，绘就协同发展新画卷

2021 年，天津将持续推动京津冀协同发展，加快滨海-中关村科技园、宝坻京津中关村科技城、武清京津产业新城、北辰国家级产城融合示范区、中日（天津）健康产业发展合作示范区等承接载体建设，发挥京津科技创新、智能制造等优势，在更大范围内配置资源要素，推动创新链、产业链、供应链区域联动发展。同时，天津将进一步打造"轨道上的京津冀"，打通津承、津沧、津潍等廊道，推动城际铁路公交化运营，京津通勤便利化12项措施有望明年落地实施。京津冀协同发展的画笔正在描绘出美好的新画卷。

看点三：融入新发展格局，打造重要节点和战略支点

天津市委十一届九次全会做出"打造国内大循环的重要节点、国内国际双循环的战略支点"的战略部署。2021 年，天津将立足京津冀、辐射"三北"、

面向东北亚，在开拓国内国际市场上狠下功夫，深度融入"一带一路"建设，借势 RCEP，强化与东北亚、东盟、欧盟等国家的经贸往来合作与国际产能合作，增加天津港与日韩港口之间的贸易往来，打造东北亚新的国际集装箱转运中心，以更加宽广的视野融入新发展格局，全力打造国内大循环的重要节点、国内国际双循环的战略支点，在服务全国构建新发展格局中扛起新担当、展现新作为、做出新贡献。

看点四：对标一流勇争一流，国际化营商环境可期可待

2021 年，《天津市建设一流营商环境三年行动计划（2021—2023 年）》将启动实施。天津将持续深化"一制三化"审批制度改革，推进"证照分离""照后减证""一企一证"改革，全面推行信用承诺审批制度，推动从"严进宽管"向"宽进严管"转变。按照"世界标准、国际通行"要求，对标先进，补齐短板，用三年时间建成办事方便、法治良好、成本竞争力强、生态宜居的市场化、法治化、国际化一流营商环境，进入营商环境先进城市前列。2021 年，天津营商环境更加令人期待。

看点五：三年行动计划唱响科创最强音，"双创"土壤更为肥沃

《天津市科技创新三年行动计划（2020—2022 年）》出台实施，提出全力打造国家战略任务的重大科研设施，加快建设面向科技前沿的原始创新平台，构建高水平技术转移体系等措施。行动计划为实现"一基地三区"定位、打造京津冀自主创新重要源头和原始创新主要策源地提供重要支撑。2021 年，天津将按照"一设施一政策"原则，发挥重大科研设施"筑巢引凤"作用，加快建设国家合成生物技术创新中心，推进创建曙光国家先进计算产业创新中心、国家先进操作系统制造业创新中心等建设。天津培厚创新创业土壤，新动能底盘不断夯实。

看点六：阔步迈向人工智能先锋城市，"天津智港"行稳致远

2021 年，天津将以信创产业为主攻方向，增强智能科技产业引领力，大

力发展数字经济，实施应用场景"十百千"工程，推进互联网、大数据、人工智能、区块链等同实体经济深度融合，着力打造人工智能先锋城市。推动建设国家基础软件创新中心，全力构筑全国领先的信创产业基地。加快发展工业互联网和智能制造，建设国家智能制造中心城市和典范城市，打造智能制造新样本。沿着高质量发展之路，一个智能科技和实体经济深度融合的"天津智港"正在走来。

看点七："首创性"制度持续深化，建设世界一流自由贸易试验区

《中国（天津）自由贸易试验区创新发展行动方案》于 2019 年底实施，提出了具有突破性、首创性和天津特色的一系列政策措施，其中 48 条改革创新措施是全国首创，占总量的近一半。2021 年，天津将继续深化自由贸易试验区"首创性"制度创新，力争在营商环境、市场准入、海关监管功能和政策升级等方面实施一批"重构性""首创性"改革创新措施，服务带动全市的营商环境提升和前沿新兴智能产业培育，努力贡献更多全国复制推广的创新成果。天津自贸试验区将持续发挥服务辐射和示范引领作用。

看点八：全力建设国际消费中心城市，消费"提速换挡"正当时

天津将围绕全面建设社会主义现代化大都市的远景目标，努力建设国际消费中心城市、国际商贸中心城市和区域商贸中心城市，形成能级持续跃升的消费资源集聚地、繁荣繁华的商业创新城市。2021 年，全市预计有爱琴海购物公园、万达广场、新城吾悦广场、K11、尚河城等 11 家商业综合体建成开业。与此同时，2021 年，天津将全面打响"购天津"品牌，为建设国际消费中心城市聚集能量，努力将"购天津"打造成为"天津品牌""天津服务""天津购物"的代名词，展现城市消费活力的重要 IP。品质消费将引领全市美好生活新风尚。

看点九：国家会展中心迎首秀，迈向天津会展经济新阶段

天津国家会展中心将于 2021 年 6 月迎来首展。国家会展中心是商务部与

天津市政府合作共建项目，是继广州、上海之后的第三个国家级会展中心，建成后将成为我国北方展览面积最大、绿色技术与产品应用最多、智慧化水平最高的国家级会展平台，也是助力天津构建开放型经济新体制、打造全球会展新高地的重要平台。国家会展中心有望形成会展经济效应，带来源源不断的商流、物流、人流、资金流、信息流，推动天津乃至京津冀商贸、旅游业的发展，形成以会展活动为核心的经济群体，为天津经济发展注入新动力。

看点十：超前布局新基建，为新动能增势蓄力

天津抢抓"新基建"发展机遇，大力推动智慧赋能。2021年，天津将结合"十四五"规划，加快5G、超级算力、大数据中心等新型基础设施建设，发展工业互联网赋能"百业"，推动传统和新型基础设施整体优化、协同融合，并将在智慧城市、智慧医疗、智慧交通、智能制造等垂直领域培育更多5G典型应用场景，加速传统行业的网络化、数字化、智能化转型和升级。新基建不断为新动能增势蓄力，勾勒出产业高质量发展的新图景。

综 合 篇

2020—2021 天津经济发展形势分析与预测

天津社会科学院课题组①

摘　要： 2020 年，受新冠肺炎疫情冲击，全球经济出现衰退，经济增长动能明显减弱，世界百年未有之大变局正在加速演化。2020 年，天津经济持续稳定加快恢复，智能科技产业发展迅速，数字经济快速增长，网上消费增势良好，固定资产投资稳步提升，港口优势继续巩固，外向型经济动力不断增强，新动能引育工作扎实推进，营商环境持续优化。根据较大发生概率情景假设下的预测结果，预计天津 2020 年地区生产总值同比增长在 0.6% 到 1.3% 之间；预计 2021 年地区生产总值同比增长在 4.4% 到 5.2% 之间，地区经济增长较 2020 年提升明显，经济运行呈现回暖态势。为落实党的十九届五中全会精神，进一步推动天津经济融入"双循环"新发展格局建设，培育经济增长新优势，提出大力激发消费潜能和活力、夯实科技创新基础、推动数字经济新业态和产业数字化转型、建设世界一流智慧型港口、打造国际一流营商环境等对策建议。

---

①　课题组成员（按姓氏笔画排序）：王立岩、王会芝、石森昌、李晓欣、单晨

关键词： 天津经济 高质量发展 双循环 情景预测

一 天津经济运行的国内外环境

（一）国际发展环境复杂多变，世界经济下行压力加大

当前，世界格局正在发生深刻变化，世界经济增长动能明显减弱，美日欧等发达经济体出现趋缓态势，一些新兴经济体经济增长速度也出现了明显下滑。国际金融危机后，贸易保护主义兴起，尤其是美国在全球范围内挑起贸易摩擦，主要发达经济体贸易保护主义升温，世界贸易增速大幅减慢。2020年，新冠肺炎疫情暴发加剧了世界经济格局、产业格局变化的复杂性，面对百年未有之大变局，以外向型经济作为重要支撑的天津，外部环境存在极大的不确定性，转型压力和难度加大。

一是新冠肺炎疫情快速蔓延，全球经济短期滑入衰退轨道。国际货币基金组织（IMF）今年10月发布的《世界经济展望》，预计2020年全球增长率为-4.4%，发达经济体今年将衰退5.8%，其中美国经济将衰退4.3%，欧元区经济衰退8.3%，英国经济衰退9.8%。新兴市场和发展中国家经济将衰退3.3%，中国将是世界主要经济体中唯一保持正增长的国家。二是疫情影响了全球投资者预期，国际金融市场"黑天鹅"事件频发。各国实体经济遭遇困难，企业部门、金融机构的信用风险和市场风险不断累积，金融风险与实体经济低迷叠加共振。三是全球面临需求不足和供给不畅的双重压力，产业链、供应链、价值链受到冲击，致使各个国家重新审视经济安全问题，重构有关国计民生的本土供应链、产业链趋势将加速。四是全球贸易反弹，但复苏之路仍不平坦。世界贸易组织预计2020年全球货物贸易量将缩水9.2%，6—7月，全球贸易释放出触底反弹的积极信号，提升了全年贸易表现预期。五是全球经济治理体系受到挑战。根据IMF预测，2020年和2021年，全球公共债务将分别达到GDP的101.5%和103.2%，创历史新高。疫情使得全球经济治理各自为政、结构赤字、大国博弈等问题凸显，经济治理体系受到挑战。

（二）国内经济增速由降转升，经济运行持续稳定恢复

2020 年，面对新冠肺炎疫情前所未有的冲击和错综复杂的宏观经济形势，全国贯彻落实党中央、国务院重大决策部署，坚持在保持经济社会正常运转的过程中加强疫情防控、在做好疫情防控的前提下推动经济社会发展，扎实做好"六稳"工作，全面落实"六保"任务，全国主要经济指标持续改善，经济运行延续复苏态势。

1.我国经济增速由负转正，展现出强大韧性

新冠肺炎疫情影响对我国经济的影响主要体现在一季度。一季度国内生产总值同比下降 6.8%，第一产业、第二产业和第三产业增加值分别同比下降 3.2%、9.6%和 5.2%，全国规模以上工业增加值同比下降 8.4%。在以习近平同志为核心的党中央坚强领导下，中央、地方积极出台一系列金融财政政策，科学统筹疫情防控和经济社会发展，前三季度国内生产总值同比增长 0.7%，扭转了上半年下降的局面。其中，三次产业增加值全面回升，第一产业、第二产业、第三产业增加值分别增长 2.3%、0.9%、0.4%。工业运行状况持续改善，前三季度，全国规模以上工业增加值同比增长 1.2%。固定资产投资增速由负转正，高技术产业和社会领域投资持续回升，固定资产投资同比增长 0.8%，社会领域投资增长 9.2%。高技术产业投资增长 9.1%。货物进出口由降转升，贸易结构继续改善。前三季度，货物进出口总额同比增长 0.7%，出口累计增长 1.8%，一般贸易进出口占进出口总额的比重为 60.2%，比上年同期提高 0.8 个百分点。这些主要指标的同比增速均实现了由负转正，表明中国经济运行总体经受住了疫情的冲击，关系国计民生的基础行业和重要产品稳定增长，经济社会发展大局稳定，彰显了中国经济的强大韧性。

2.消费潜力逐步释放，市场复苏态势不断巩固

在常态化疫情防控条件下，我国消费市场呈现出了逐步改善的态势，尤其是在扩内需、促消费多项政策激励下，居民外出旅游、购物活动加快恢复。前三季度，全国实物商品网上零售额同比增长 15.3%，增速比上半年加快 1.0 个百分点，明显好于同期社会消费品零售总额；实物商品网上零售额占社

消费品零售总额的比重为 24.3%。消费升级类商品销售较快增长，通信器材类、体育娱乐用品类、化妆品类商品零售额分别增长 7.2%、6.8%、4.5%。

3.新动能引领作用凸显，新经济带动作用不断增强

在疫情冲击下，产业转型发展的动力明显加快，以互联网经济为代表的新动能逆势成长，在助力疫情防控、保障居民生活、促进经济增长方面发挥了非常积极的作用。前三季度，规模以上高技术制造业增加值增长 5.9%，装备制造业增加值增长 4.7%。高技术产业投资增长 9.1%，工业机器人、集成电路产量同比分别增长 18.2%、14.7%。网上购物、直播带货等新业态、新模式持续上涨，前三季度实物商品网上零售额同比增长 15.3%，占社会消费品零售总额的比重达到 24.3%。5G 建设、轨道交通等新基建、新消费的带动作用也在增强，总体来讲，新经济对整体经济的带动作用非常显著。

4.就业民生稳中趋好，政策保障效果不断显现

1—10 月，全国城镇新增就业基本完成全年的目标任务，失业率呈现稳中有落的态势，9 月份全国城镇调查失业率为 5.4%，从年初 6.2%的高位持续回落。居民收入实际增速由负转正，全国城镇调查失业率稳中有落。前三季度，全国居民人均可支配收入同比名义增长 3.9%，年内首次转正，城乡居民人均可支配收入比值为 2.67，比上年同期缩小 0.08。全国居民人均可支配收入中位数同比名义增长 3.2%。

2020 年是新中国历史上很不平凡的一年。面对严峻挑战和重大困难，在党中央科学高效统筹疫情防控和经济社会发展下，我国成为全球唯一实现正增长的主要经济体，全面建成小康社会胜利在望，发展成果让人民满意、令全球瞩目。2021 年是我国现代化建设进程中具有特殊重要性的一年，经济社会发展的外部环境仍存在诸多不确定性，需要继续保持战略定力，坚持新发展理念，强化机遇意识和风险意识，不断巩固经济向好复苏基础，积极推动供给侧结构性改革和需求侧改革，形成强大的国内市场，打好"十四五"开局。

二 2020 年天津经济运行形势分析

2020 年，面对突如其来的新冠肺炎疫情带来的严峻考验，天津坚持以习近平新时代中国特色社会主义思想为指导，认真贯彻落实习近平总书记一系列重要讲话和指示要求，根据党中央国务院决策部署，在市委、市政府坚强领导下，统筹推进常态化疫情防控与经济社会高质量发展，扎实推进新动能引育及外向型经济发展，积极谋划智能科技产业布局，深入聚焦消费提质增效，强化新型基础设施建设，经济社会运行秩序加快恢复，基本民生得到较好保障，全市统筹疫情防控和经济社会发展成效显著。

（一）我市经济运行持续稳定加快恢复

我市一季度经济受疫情影响较为严重。根据地区生产总值统一核算结果，一季度我市地区生产总值为 2874.35 亿元，同比下降 9.5%。其中，第一、二、三产业增加值分别同比下降 11.5%、17.7%、4.9%。在常态化疫情防控背景下，天津市打出"惠企 21 条""中小微企业和个体工商户 27 条""稳运行 20 条""营造更好发展环境支持民企发展 26 条"等政策组合拳，政策效应不断释放，主要指标持续向好，全市经济运行持续稳定加快恢复。根据地区生产总值统一核算结果，2020 年前三季度我市地区生产总值为 10095.43 亿元，同比增长 0%。其中，第一产业增加值为 128.90 亿元，同比下降 3.1%，比上半年收窄 5.5 个百分点；第二产业增加值为 3353.82 亿元，同比增长 0%；第三产业增加值为 6612.71 亿元，同比增长 0.1%。

随着全市复工复产复市有序推进，全市工业经济指标由二季度开始改善。全市规模以上工业增加值实现由降转增，前三季度，全市规模以上工业增加值同比增长 0.1%，上半年下降 5.7%。39 个工业行业大类中，14 个行业增加值增长，其中石油和天然气开采业增长 8.7%，拉动规模以上工业增长 1.9 个百分点；电气机械和器材制造业增长 20.1%，拉动 0.8 个百分点；汽车制造业增长 6.2%，拉动 0.7 个百分点。三季度，规模以上工业产能利用率为 76.8%，比二季度提高 2.1 个百分点。

疫情带动疫情防控产品和部分电子产品产量较快增长，新兴服务业逆势增长。疫情防控产品和部分电子产品产量较快增长，医用口罩增长 21.0 倍，医疗仪器设备及器械增长 1.5 倍，光电子器件增长 1.9 倍，电子计算机增长 1.2 倍，电子元件增长 39.7%。金融业增加值增长 5.3%，比上半年加快 0.6 个百分点；港口货物吞吐量、集装箱吞吐量分别增长 3.8% 和 5.2%，均加快 2.3 个百分点。

（二）智能科技产业发展迅速，数字经济快速增长

1.智能科技产业持续发力

2020 年，天津先后发布《天津市关于进一步支持发展智能制造的政策措施》《天津市建设国家新一代人工智能创新发展试验区行动计划》等政策文件，明确提出到"十四五"末把天津建设成为全国领先的智能科技产业高地、智能科技创新中心，人工智能创新发展试验区建设取得显著阶段性成效的发展目标。目前，我市智能科技产业已形成信息安全、大数据云计算、智能软件、工业机器人、智能网联汽车、智能终端、先进通信、智能安防、智能医疗 9 大特色优势领域，产业集聚度不断提高。

2.数字经济新业态快速增长

2020 年全市加快推动落实《天津市促进数字经济发展行动方案（2019—2023 年）》。疫情期间，各线上服务企业借势逆流而上，互联网教育、在线办公、网络播映等行业加快发展，可支持远程办公的芯片研发企业发展较快。前三季度，互联网和相关服务、软件和信息技术服务业营业收入分别增长 17.0% 和 11.5%，电信业务总量增长 31.2%，比上半年多增长 0.4 个百分点；智能配送、网络零售、网络生鲜等快速增长，限额以上商品网上零售额增长 5.4%，快递业务量增长 28.4%，比上半年多增长 12.3 个百分点。

（三）消费市场逐步复苏，网上消费增势良好

1.出台系列政策鼓励消费

一是印发《有效应对新冠肺炎疫情影响促投资扩消费稳运行若干举措》

《天津市推进贸易高质量发展行动方案（2020—2022年）》《天津市促进汽车消费的若干措施》《天津市全面深化服务贸易创新发展试点实施方案》，促进消费回补、潜力释放、外贸稳定；印发《关于组织各大夜间经济街区复商复市的通知》《天津市发展夜间经济十大工程（2020—2022年）》，持续推进夜间经济发展。二是多角度激活消费市场、补齐消费短板、打造消费新平台。加快实施"购天津·春风行动"，聚焦商场、超市、餐饮、汽车、家电、百货零售、家居建材等消费领域，采取线上线下联动，利用美团、支付宝、微信等平台陆续投放消费券，大力开展汽车促销宣传，挖潜释放汽车消费。三是统筹推进疫情防控和文旅产业有序开放，推出系列文旅活动，拉动全市文旅消费。"十一"黄金周期间，全市累计接待游客979.5万人次，同比恢复93.9%，实现旅游综合收入58.73亿元，同比恢复92%，文旅市场发展态势持续向好。

2.消费形态呈现多样化特征

前三季度，全市社会消费品零售总额下降16.8%，比上半年收窄4.9个百分点，其中限额以上社会消费品零售总额下降14.6%，比上半年收窄6.7个百分点。但社会消费品零售总额整体下降的同时，也存在一些消费热点。限额以上商品中，智能家用电器和音像器材零售额增长5.8倍，新能源汽车增长37.7%，智能手机增长27.2%，体育娱乐用品类、文化办公用品类零售额分别增长1.1倍和39.6%。在推动发展新型消费上，一方面拓展线上消费，促进线上服务经济发展相关政策公开征求意见，着力打造线上服务经济先锋城市。对在天猫商城、京东商城、苏宁易购、国美商城开设品牌旗舰店或专卖店的，在平台使用年费、交易佣金等方面给予相应的资金补助，同时支持利用抖音短视频拓展品牌营销渠道、发展"直播带货"等新型营销模式。另一方面推动便利消费的市场布局，加快实施新建品牌连锁便利店工作，2020年底前新增品牌连锁便利店200个。

（四）固定资产投资增幅提升，新基建投资增长较快

1.固定资产投资加速回升

聚焦"六稳""六保"，围绕基本民生、市场供应、投资预期，加大项目推进力度；加大制造业等实体产业投资，推动投资结构持续优化、高效发展。全市固定资产投资（不含农户）累计增速自 7 月实现增长后逐月加快，前三季度增长 1.3%。分产业看，第一、二产业投资分别增长 97.4%、2.9%，第三产业投资下降 0.1%。分领域看，工业投资增长 2.8%，其中制造业投资下降 4.2%；基础设施投资增长 19.2%，比上半年加快 10.9 个百分点，其中交通运输和邮政投资增长 32.5%，信息传输和信息技术服务投资增长 30.2%；房地产开发投资下降 6.1%。

2.新基建投资持续增长

持续加大对 5G 网络、人工智能、工业互联网、特高压等新型基础设施建设的投资力度，为全市工业、旅游、文化、卫生、教育以及多产业升级奠定了数字化网络基础，也为在线新消费的蓬勃发展奠定了基础。截至 7 月底，全市建成 5G 基站 19538 个，围绕智慧城市、智能制造、智慧港口等十大垂直行业，培育了 108 个 5G 典型应用场景，形成涵盖基带芯片、射频前端、通信软件、终端设备、通信光缆等领域的 5G 产业链，培育了以滨海新区先进通信技术创新基地为代表的产业聚集区。

（五）发挥港口优势，持续推进外向型经济发展

1.港口优势得到进一步加强

2020 年 6 月，天津出口加工区、天津东疆保税港区、天津保税物流园区三大海关特殊监管区转型升级为综合保税区，我市综合保税区数量上升为 4 个，总面积达 13.41 平方千米。综合保税区目前是国内优惠政策最多、功能最齐全、手续最简化、开放层次最高的海关特殊监管区域。我市综合保税区数量和面积的增加有利于推动外向型经济快速增长。同时，天津港智慧港口2.0 建设取得突破性进展，全球首次集装箱传统码头无人自动化改造全流程实船系统测试成功。

2.外向型经济动力不断增强

为应对疫情，天津海关针对疫情影响等实际情况，出台了一系列提升贸易便利化、助力企业复工复产措施，同时联合北京海关、京津两地商务主管

部门发布联合公告，集中释放一批促进贸易便利化举措，推动全市外贸持续向好，一般贸易占比提升且增速较快，自主创新、自主品牌出口产品比重不断提升以及我国企业直接参与国际贸易能力持续加强；民营企业外贸占天津市外贸进出口比重进一步提升，外贸企业内生动力不断增强。2020 年前三季度，全市外贸进出口总额 5453.78 亿元，增长 1.3%，上半年为下降 3.4%。其中，进口 3197.85 亿元，下降 0.4%，比上半年收窄 3.0 个百分点；出口 2255.93 亿元，增长 3.8%，连续三个月增长且增速加快。实际利用外资保持增长。前三季度，全市新设外商直接投资企业 423 家，合同外资额 261.34 亿美元，同比增长 35.2%，实际直接利用外资额 37.12 亿美元，增长 0.5%。

（六）新动能引育扎实推进，新经济发展提质加速

1.新动能引育工作成效显著

2019 年，我市信息技术应用创新产业总产值达 2132 亿元，占全国 23%。国家车联网先导区成功获批，"中国软件名城"创建进入试点阶段。目前，全市拥有 26 个智能制造相关行业，在国内门类最为齐全，位列"2019 世界智能制造中心城市潜力榜"全国第四、全球第十。360、紫光云、麒麟软件、TCL北方总部等"新四大"企业总部成功落户天津，飞腾 CPU+麒麟 OS 操作系统构成的"PK"体系，成为国家"信创"工程主流技术路线。"信创谷"加快建设，全市信息安全产业集群规模超过 2000 亿元，是全国产业链最全、聚集度最高、创新能力最强的发展集聚区。

2.新经济发展提质加速

2020 年以来，我市先后出台《天津市战略性新兴产业提升发展行动计划》《2020 年引育新动能工作方案》《关于强化串链补链强链进一步壮大新动能的工作方案》，扎实推进新动能引育工作。2020 年前三季度，规模以上工业中，战略性新兴产业增加值增长 2.8%，快于全市 2.7 个百分点，占比为 26.0%，同比提高 5.1 个百分点；高技术产业（制造业）增加值增长 1.3%，快于全市 1.2 个百分点，占比为 15.4%，同比提高 1.3 个百分点。服务机器人、光纤、新能源汽车、集成电路等新产品产量分别增长 1.9 倍、50.9%、36.2%和 27.8%。

1—8月，规模以上服务业中，战略性新兴服务业、高技术服务业营业收入分别增长 2.4% 和 5.4%。

（七）立法与招商并重，营商环境持续优化

1.加快建设法制化营商环境

随着《天津市优化营商环境条例》正式实施，天津成为首个实施"优化营商环境条例"的直辖市。《营商环境建设评价实施方案》构建营商环境建设评价指标体系，将"法治良好"作为营商环境建设的重要标准。《关于加强全市法治化营商环境建设 15 条措施》围绕天津《营商环境评价实施方案》中法治领域建设内容，狠抓保护中小投资者、执行合同、知识产权创造保护与运用等评价指标的落实，出台市场轻微违法违规行为免罚清单。开展了优化营商环境条例专项执法检查，针对检查出来的问题逐一抓好整改落实，确保《天津市优化营商环境条例》落实。天津市委依法治市办组织开展"营造法治化营商环境保护民营企业家发展"专项督察，建立了问题整改清单，实行销号整改，切实发挥法治督察"利剑"作用。

2.良好的营商环境吸引优质项目加速进津

第四届世界智能大会共签约 148 个项目，涉及新基建、新一代信息技术、高技术服务、新能源新材料、高端装备制造等新兴产业，其中内资项目总投资 809.19 亿元，外资项目总投资 15.94 亿美元，为我市完善高端产业链、推动高质量发展注入新动能。洋楼招商引企迈上新台阶，已有阿里巴巴等 30 余家知名企业"安家"津城小洋楼，产业集聚度不断提高。

总体来看，在天津市委市政府的坚强领导下，我市前三季度经济延续稳定加快恢复态势，主要指标持续改善，经济复苏向好基础进一步巩固。疫情防控态势不断巩固，经济发展危机中蕴含着发展亮点和机遇，智能科技产业发展潜力大，数字经济新业态后劲足；在各种优惠措施刺激下，消费需求将加快释放；智慧城市建设等为代表的新基建、基础设施短板和基本公共服务等方面的投资将为经济恢复与发展赋能；构建外向型经济过程中的港口资源优势逐步释放；营商环境不断优化，新动能引育工作成效显著，持续推动我

市经济社会实现高质量发展。

三 2021 年天津经济发展形势预测

新冠肺炎疫情对天津经济发展造成了巨大冲击，特别是在 2020 年初，全市消费、投资、外贸等需求下滑明显；企业产能受到严重抑制，正常生产经营活动遭受重创，以住宿、餐饮以及旅游等为代表的服务型中小企业经营十分困难。为缓解疫情对宏观经济的不利影响，有效提振经济发展，自 2020 年 2 月起我市密集出台了一系列政策措施，持续发挥"132"工作机制作用，统筹推进疫情防控和经济社会发展，加速实现了经济的企稳回升。结合近期国内外疫情发展态势、国内疫情防控工作进展以及我市宏观经济呈现出的稳定恢复趋势，在国内疫情防控现有态势下，天津经济在 2021 年将逐步摆脱疫情冲击影响，增长速度加快，经济社会高质量发展的基本面不会改变。

（一）不同情景下的主要经济指标预期

课题组采用国家统计局、天津市统计局发布的年度、季度以及月度宏观经济数据，运用经济计量模型等方法对主要经济指标在 2020 年和 2021 年的变化进行了预测，提供了在 95% 的置信水平下的组合区间预测值，并按照中性预期、乐观预期、悲观预期三种情景给出预测结果：

1.中性情景预期（较大概率）

2020 年秋冬季节全球疫情存在二次爆发的可能，但境外疫情输入国内影响仍然可控。当前及未来一段时期，国内疫情防控形势继续保持平稳，尽管存在局地反复的可能性，但可在短时期内迅速得到有效控制，2021 年全国推动经济恢复与增长的工作总基调未发生改变。同时，2021 年我市经济发展在各项强有力的政策的护航下，疫情冲击影响逐步消退，需求侧消费、投资、外贸预期向好，供给侧结构性改革继续有效推进，经济社会运行保持在稳步发展轨道上。这是一种较为中性的且存在较大概率发生可能性的情景设定。表 1 给出了在此种情景设定下我市 2020 年和 2021 年主要指标预测结果。

表 1　中性情景预期下天津主要经济指标预测

预测指标	2020 年预测值	2021 年预测值
地区产值增长（％）	[0.6, 1.3]	[4.4, 5.2]
居民可支配收入（元）	[44402, 44940]	[46022, 46560]
工业增加值增长（％）	[0.1, 0.7]	[2.7, 3.4]
固定资产投资增长（％）	[3.1, 4.2]	[6.9, 8.5]
社会消费品零售总额增长（％）	[-11.8, -10.9]	[1.4, 2.1]
公共财政收入（亿元）	[2076, 2124]	[2340, 2420]
居民消费价格指数（CPI）	[102.2, 102.4]	[102.3, 102.6]
生产价格指数（PPI）	[96.7, 97.0]	[99.1, 99.6]

资料来源：天津市统计局数据，后经作者计算整理所得。

2.乐观情景预期（中小概率）

2020 年全球疫情防控形势持续好转，部分国家疫情二次爆发的情况都能够在短时期内得到有效控制。2020 年国内疫情防控全面胜利，年末各地区生产生活秩序完全摆脱了疫情冲击影响。同时，2021 年我市经济发展呈现疫情之前的增长态势，需求侧消费、投资、外贸等均表现出较强的增长势头，企业生产部门的产能水平不再受疫情影响，经济社会发展处于快速增长轨道上。这是一种非常乐观且存在中小概率发生可能性的情景设定。表 2 给出了在此种情景设定下我市 2020 年和 2021 年主要指标预测结果。

表 2　乐观情景预期下天津主要经济指标预测

预测指标	2020 年预测值	2021 年预测值
地区产值增长（％）	[1.9, 2.7]	[5.7, 6.4]
居民可支配收入（元）	[44971, 45209]	[47291, 47829]
工业增加值增长（％）	[0.9, 1.5]	[4.1, 4.8]
固定资产投资增长（％）	[4.5, 5.7]	[9.4, 10.0]
社会消费品零售总额增长（％）	[-8.8, -7.9]	[2.8, 3.2]
公共财政收入（亿元）	[2230, 2310]	[2536, 2612]
居民消费价格指数（CPI）	[102.6, 102.9]	[102.8, 103.0]
生产价格指数（PPI）	[97.5, 97.9]	[100.2, 100.6]

资料来源：天津市统计局数据，后经作者计算整理所得。

3.悲观情景预期（小概率）

2020 年秋冬季节全球疫情防控形势恶化，特别是在世界主要经济体内出现了疫情二次爆发，全球防疫工作存在失控的可能。2020 年末国内疫情局部爆发的风险上升，防止疫情境外输入压力加大，防控措施再度趋紧，各地区正常生产生活秩序存在受到疫情二次冲击的可能，防疫工作成为 2021 年全国首要工作。同时，受国际国内疫情风险加重影响，2021 年我市需求侧消费、投资、外贸面临较大的下行压力，供给侧产业转型升级步伐放缓，产能水平增速下滑，经济发展处于低水平增长区间。这是一种相对悲观且存在较小概率发生可能性的情景设定。表 3 给出了在此种情景设定下我市 2020 年和 2021 年主要指标预测结果。

表 3　悲观情景预期下天津主要经济指标预测

预测指标	2020 年预测值	2021 年预测值
地区产值增长（％）	[−1.7，−1.2]	[2.1，2.8]
居民可支配收入（元）	[41894，42432]	[44953，45491]
工业增加值增长（％）	[−1.9，−1.3]	[1.0，1.6]
固定资产投资增长（％）	[0.9，2.0]	[3.4，4.0]
社会消费品零售总额增长（％）	[−14.1，−13.3]	[0.2，0.8]
公共财政收入（亿元）	[1913，1961]	[1987，2067]
居民消费价格指数（CPI）	[101.7，101.9]	[101.8，102.0]
生产价格指数（PPI）	[94.1，94.5]	[97.6，98.2]

资料来源：天津市统计局数据，后经作者计算整理所得。

（二）预测结果描述

综合全国和我市疫情防控取得的重大成效、我市当前宏观经济稳定恢复的运行趋势以及国内外经济环境，情景 1 发生的预期概率最大。在情景 1 假定下，预计全市 2020 年地区生产总值同比增长在 0.6% 到 1.3% 之间，全年地区产值实现正增长；预计 2021 年地区生产总值同比增长在 4.4% 到 5.2% 之间，地区产值增长较 2020 年提升明显，经济运行呈现出回暖态势。此外，其他主要经济指标在 2021 年均出现向好变化趋势。

当前我市经济发展的国内外经济环境仍然存在着不确定性。具体来说，从全球范围看，2020年秋季以来印度、美国、英国等主要经济体疫情出现了二次爆发，给2021年的世界发展增添了更多的不确定因素，对经济增长、产业链安全、国际贸易等再度造成了冲击；从国内来看，疫情防控工作卓有成效，最大化地遏制住了疫情在秋冬季节蔓延传播，但局部地区仍有本土病例出现，境外输入病例也时常出现，这说明疫情还远未结束，常态化防控工作仍然要坚持下去。当前我市经济发展工作保持着足够的战略定力，相信在市委市政府的坚强领导下，全市经济在高质量发展的路上定会愈走愈坚定。

四 推动天津经济高质量发展的对策建议

2020年，面对深刻复杂多变的国内外经济形势和新冠肺炎疫情前所未有的冲击，党中央提出要加快形成"构建以国内大循环为主体，国内国际双循环相互促进"的新发展格局，全国上下科学统筹疫情防控和经济社会发展，扎实做好"六稳"工作，全面落实"六保"任务。未来，天津经济社会发展要全力融入"双循环"新发展格局中，紧抓新枢纽、实现新飞跃的重要战略机遇期。天津要牢牢把握激发扩大内需这个战略基点，实施创新驱动，打造高水平智能科技产业，加快数字经济新业态成长和产业数字化转型，释放港口优势，加速实现"天津港"世界一流智慧港口建设目标，打造国际一流营商环境，推动全市经济社会高质量发展，服务好"大循环""双循环"发展战略。

（一）大力激发消费需求潜能和活力

第一，盘活存量，激发释放传统消费潜力。一是增强居民消费能力和消费意愿。加大对中低收入群体和困难群众的帮扶，多渠道提高居民和家庭可支配收入，改善居民消费能力和预期，增强消费能力；着力稳定居民消费，综合运用金融、财税、补贴等政策支持手段，分类分行业有针对性地制定促进居民消费的政策措施，制定促进新业态新模式带动新型消费的税收政策，完善落实居民增收政策措施，增强居民消费意愿。二是激发生产消费、生活消费的内生潜力和活力，实施文旅体育消费惠民政策。探索多元业务模式，加快传统消费与数字科技的融合，进行传统消费行业的技术改造和服务提升。

第二，拓展增量，培育壮大消费增长新动能。一是推动新型消费扩容提质，增加信息消费供给。培育各类前沿信息消费新业态，推动线上消费场景与业态模式的优化与创新。升级重构教育、医疗、零售、家居等消费新场景。鼓励开发基于智能终端的数字内容和应用服务，发展可穿戴设备、智能家居、无人驾驶等数字信息消费。鼓励传统商贸企业开展直播营销、内容营销、社群营销，发展"线上引流＋实体消费"等销售新模式，促进消费向绿色、健康、安全发展。二是提升品质消费，培育新的消费需求。厚植"津字号"品牌优势，实施增品种、提品质、创品牌"三品"战略，着力推动体验消费、定制消费、时尚消费和高端消费。围绕扩大产品和服务有效供给，创新改造升级"老字号"、壮大培育"新字号"，构建更加成熟的细分消费市场。

第三，提高质量，打造健康有序的消费环境。一是构建安全可靠的消费环境和竞争有序的市场环境，强化消费者权益保护，完善质量监管体系，加强消费领域信用体系的建设，构建以信用为核心的新型市场监管机制。二是顺应新型消费发展规律创新经济治理模式，着力创新服务方式，提高消费服务水平，强化消费服务质量标准体系建设，加强公共环境卫生监管、卫生与健康标准等方面的制度规范的建设。

（二）夯实科技创新基础，打造高水平智能科技产业

第一，新一代信息技术、智能制造等科技领域由 0 到 1 的原始创新、基础创新将会是新发展格局下和"十四五"时期的创新重点。鼓励高校、企业、科研机构愿意更多地从事基础类研究，加大基础类研发人才引进力度，引导市科研经费、企业经费、各类基金等优势资源优先输入基础研发领域。同时，依托京津冀协同发展战略，吸引北京更多的科技资源向天津集聚，加速北京科研院所的技术成果在天津实现落地转化。

第二，引进更多的智能科技头部企业。近年来，天津凭借举办世界智能

大会的平台优势，吸引了紫光云、科大讯飞、麒麟软件等众多科技型企业来津投产，加速了全市产业的智能化发展。但是，在与杭州、深圳等科技明星企业云集的城市相比，我市在头部企业数量上还有不足。"十四五"时期，加快推进新动能引育向高端化迈进，着力引入更多的在科技创新领域头部企业落户津门，推动形成以头部企业为核心的科技园区建设，释放头部企业的技术资源辐射功能，培育带动中小型科技企业同步发展。

第三，强化企业创新主体地位，促进创新要素向企业集聚。搭建起更丰富的智能科技应用场景，找准企业技术与人工智能、大数据、云计算等相结合的拓展方向，促进新技术、新产品赋能经济社会高质量发展，在医疗健康、交通物流、金融商务等更多领域进行技术渗透。

第四，加大新基建投资，为智能制造发展夯实基础。特别是要瞄准5G网络、人工智能和数据中心三个重点投资领域。5G网络建设是我市"新基建"之首，依托其低延时、高可靠、广覆盖的网络特性来支持众多新模式、新业态的服务功能；人工智能和数据中心是实现产业智能化、数字化升级和拓展大数据、云计算的核心，与5G网络共同构成加速发展智能科技产业的基础。因此，天津在新基建建设方面，应率先建设这三个领域。

（三）推动数字经济新业态发展，实现产业数字化转型

第一，以"数字经济"提升高质量发展的内在韧性。一是进一步释放数字经济的市场需求。疫情期间所激发的线上消费需求、网络教育需求、智慧医疗需求、数字卫生防控需求以及实时政务发布需求已然形成。未来需加深巩固数字经济的需求模式，拓宽更深层次的需求空间。二是强化数字经济领域的引育工作。一方面，依托京津冀协同发展战略，吸引更多的京津冀数字经济领域优势企业来津投资发展；另一方面，着力培育好大数据、云计算、区块链等新兴技术企业，从技术层面推动数字经济实现可持续发展。

第二，加强数字经济和实体经济的融合力度，释放数字经济对实体经济的增长效能。一是以"制造业"为抓手，加大数字化转型力度。不断深化数字技术对我市优势制造业领域如汽车、装备制造、石化等的技术渗透能力，

推动数字技术在企业研发设计、生产制造、营销管理等环节的深度应用；建设"虚拟产业园（产业集群）"，打破现实物理边界，依托数字供应链，带动制造业上下游企业全部实现数字化转型。二是建设数字经济全产业链条。一方面，在数字产业化进程中培育壮大数据采集、存储、处理等产业，生成数字产业链条，并不断催生新产业、新业态和新模式，打造数字产业集群；另一方面，加快大数据、互联网、区块链等技术与我市三次产业融合向纵深发展，推动农业、工业和服务业的智能化水平，实现三次产业的全链条式改造，提升各产业的全要素生产率水平。

第三，提升数字经济治理能力，有效化解数字经济风险。一是树立公平共享的治理理念，建设多主体参与的综合治理格局。公平理念规范数字经济市场准入规则，切实保护数字经济参与各方权益；共享理念推动技术与信息共享，强调市场参与主体间的开放包容和共商共治；改变以往自上而下的监管模式，在我市率先建设部门监管、行业自律以及社会监督等多元化综合协同治理体系。二是建立数字化监管体系，推进治理工作的智能化、精细化发展。加强并拓宽大数据、人工智能技术在市场监管领域的应用场景，将被动监管转化为主动监管，将事后监管转变为实时监管，实现信息搜集、披露、监测、征信、评价等监管全流程数字化与各监管平台信息共享。

（四）加快实现天津港建设世界一流智慧型港口目标

第一，推动天津港加快"公转铁""散改集"和海铁联运发展，进一步优化港口集疏运体系。加快推动铁路专用线建设，推动海铁联运和大陆桥运输，构建服务京津冀、辐射"三北"和中蒙俄经济走廊的海铁联运网络，稳步增加海铁联运班列数量，持续提升海铁联运集装箱总量规模。提高铁路运输组织效率，增加货车对数，落实箱源保障，提高运力供给保障水平，建立港铁联合运作机制，最大限度发挥港口铁路综合作业能力。

第二，推进智慧绿色港口建设。对标国际最高标准，推动原有的船舶交通信息系统改造升级。建立港口公共数据平台，共享港口关键操作数据，提高港口的运作效率，推进船舶漏油检测与监控系统的信息化和智能化等。建立和完善绿色发展内容、标准、目标以及评价指标，指导港口绿色发展。推动部署高标准、成熟的港口绿色生产技术，推进新能源、清洁能源技术应用，提升船舶靠港岸电使用率。

第三，加快实施"一港六区"管理体制改革，持续深化降费提效优化环境专项行动，进一步优化口岸营商环境。深入推进和优化"一站式阳光价格"政策体系，降低综合费率水平。优化口岸作业流程，大力推进港口无纸化、电子化作业，完善"一站式""一网通"等信息服务系统，运用大数据、区块链等信息技术，加快港口云数据中心建设，推进港口业务流程再造，构建港口物流生态圈，促进与上下游产业的有效衔接、业务协同。

第四，以高水平自贸港建设推动港产城协同发展。充分利用自贸区的政策优势和世界一流智慧港口的物流优势，致力于把滨海新区打造成为我国北方商贸物流中心。借鉴上海洋山特殊综合保税区的做法，通过物理封关和电子封关相结合，做到"一线放开，二线管住"。争取国家相关部门给予更大力度的免税政策，在滨海新区大力发展免税店，建设北方境外商品购物中心。

（五）优化打造国际一流营商环境

第一，推动营商环境向国际接轨。"十四五"时期，以滨海新区、天津自贸区和天津港作为营商环境改革先行试验区，对标国际一流营商环境规则，从准入前国民待遇、负面清单管理、知识产权保护、生态环境保护、劳工权益、竞争中性、服务业开放、数字贸易共八个方面与国际接轨，并依托一系列政策法规，打造有利于企业投资经营发展的国际一流制度体系和政策环境。

第二，创新政务制度安排。在公共服务领域，积极做"加法"，建立企业平台的普惠、便捷、智能合规自测系统，充分赋能市场主体防范法律风险能力建设，鼓励更多的金融机构创新融资服务，为用创新方式解决融资难、融资贵问题提供法治保障。在行政审批领域，大胆做"减法"，提升"放管服"力度，更多政务网上办、统一平台办、材料容缺办，由"快批"升级"秒批"，最终实现"无须批"，最大限度降低企业办事成本。

第三，持续优化政府服务。参照世界银行营商环境评估指标与国家发改委营商环境评估指标，进一步提升企业办事便利度。更大范围推进"证照分离"改革，实现"多证合一、一照一码"。全面对标企业和群众需求，重点解决企业反映的审批手续多、时间长、融资难、融资贵以及知识产权保护、招投标管理等领域问题。推动审批手续流程再造，给予企业更大决策自主权。实行境外投资备案改革，探索推行"一表填报、信息共享、并联审批"的管理模式，促进企业更快"走出去"。

第四，打造国内领先的创新创业环境。大力促进科技成果转化。实施概念验证计划，由政府分担早期实验研究风险，加大科研基金对重点产业领域和科研人员的资助力度。建立政府主导、市场化的科技成果中试基金，解决科技成果转化的瓶颈问题。支持企业通过合作并购、建立海外研发中心、海外学习、跨国研发合作等方式，利用全球人才资源和科技资源提高自主创新能力。推动天津滨海国际知识产权交易中心开展知识产权检索、评估、交易和国际技术成果展示等活动，打造国际知识产权保护高地。

参考文献：

[1] 国际货币基金组织：《世界经济展望》，2020 年 10 月。

[2] 中国社会科学院：《2020 年中国经济形势分析与预测》，社会科学文献出版社，2020 年。

[3] 陈小亮、刘哲希、郭豫媚、陈彦斌：《宏观经济政策研究报告 2020》，科学出版社，2020 年。

[4] 中国经济 50 人论坛：《中国经济发展新阶段的机遇》，中信出版集团，2020 年。

[5] 任泽平、马家进、连一席：《新基建：全球大变局下的中国经济新引擎》，中信出版集团，2020 年。

2020—2021 天津宏观经济景气分析与预测

天津市统计局课题组①

摘　要： 2020 年，面对新冠肺炎疫情对经济造成的前所未有冲击，天津以"四战"要求抓疫情防控，以"六稳""六保"要求抓经济社会发展，全市经济持续稳定加快恢复，总体运行呈现质量向好、结构向优、趋势向稳的态势。同时，京津冀协同发展扎实推进，转型升级步伐持续加快，新动能引育成效明显，民生福祉较好保障。预计 2021 年将继续保持稳定回升态势。下阶段，在抓好常态化疫情防控中，扎实做好"六稳"工作，全面落实"六保"任务，着力畅通经济循环，加快构建新发展格局，巩固重点领域回升势头，积极扩大有效需求，持续加快新动能引育步伐，努力提振市场信心，全面加强民生保障。

关键词： 新冠肺炎疫情　"六稳""六保"　持续稳定加快恢复　新发展格局　高质量发展

2020 年是天津全面建成高质量小康社会、"十三五"规划收官之年，面对年初突如其来的新冠肺炎疫情，天津以"四战"要求抓疫情防控，以"六稳""六保"要求抓经济社会发展，精心"接链""促需""护企"，努力推动形成新发展格局，扎实推进复工复产复商复市，经济发展经受住了前所未有的冲击挑战，在年初大幅下降后，持续稳定加快回升，生产生活秩序不断恢复，新旧动能转换提速推进，供需关系逐步改善，市场活力动力持续增强，

---

① 课题组成员：王雪飞、李娜、刘永明

民生福祉较好保障，总体运行呈现质量向好、结构向优、趋势向稳的态势。同时，天津仍处在负重前行、爬坡过坎、滚石上山的紧要关头，面临的形势依然严峻，经济运行还存在一些不稳定和不确定性因素，统筹推进疫情防控和经济社会发展任务仍很繁重，经济复苏向好基础需要进一步巩固。下阶段，在抓好常态化疫情防控中，扎实做好"六稳"工作，全面落实"六保"任务，着力畅通经济循环，加快构建新发展格局，不断增强民生福祉，推动经济社会实现高质量发展。

一 2020 年天津经济运行总体情况

（一）经济运行持续稳定加快回升

2020 年年初，突如其来的新冠肺炎疫情对经济造成了前所未有的冲击和挑战，一季度，天津市地区生产总值同比下降 9.5%，随着一系列应对疫情、恢复经济的政策措施效果逐步显现，上半年全市地区生产总值下降 3.9%，降幅比一季度收窄 5.6 个百分点。进入三季度，全市上下继续加大工作力度，经济持续稳定加快恢复，根据地区生产总值统一核算结果，前三季度全市地区生产总值为 10095.43 亿元，同比增长 0%，比上半年回升 3.9 个百分点。其中，第一产业增加值为 128.90 亿元，同比下降 3.1%，比上半年收窄 5.5 个百分点；第二产业增加值为 3353.82 亿元，同比增长 0%，比上半年回升 6.6 个百分点；第三产业增加值为 6612.71 亿元，同比增长 0.1%，比上半年回升 2.3 个百分点。在大规模减税降费以及出台一系列减、免、缓等支持疫情防控和复工复产税收优惠政策的背景下，前三季度全市一般公共预算收入同比下降 15.3%，降幅连续 4 个月收窄，其中税收收入同比下降 12.3%，税收占比为 77.7%。

物价水平保持稳定。前三季度，全市居民消费价格同比上涨 2.8%，涨幅比上半年回落 0.4 个百分点。分类别看，食品烟酒价格同比上涨 8.3%，衣着下降 0.9%，居住上涨 0.8%，生活用品及服务上涨 0.3%，交通和通信下降 2.7%，教育文化和娱乐上涨 3.1%，医疗保健上涨 0.3%，其他用品和服务上涨 9.0%。前三季度，工业生产者出厂价格同比下降 3.1%，降幅比上半年收窄 0.1 个百分点，其中生产资料价格下降 4.6%，生活资料价格上涨 1.5%；工业生产者购进价格下降 3.6%，收窄 0.3 个百分点。

（二）工业生产加快恢复

前三季度，全市规模以上工业增加值由降转增，同比增长 0.1%，比上半年回升 5.8 个百分点。9 月份，规模以上工业增加值增长 10.7%，连续 5 个月增长且快于全国平均水平。前三季度，分三大门类看，采矿业增加值增长 4.6%，制造业下降 1.3%，降幅比上半年收窄 8.4 个百分点，电力、热力、燃气及水生产和供应业下降 1.7%，收窄 2.8 个百分点。分行业看，39 个行业大类中，14 个行业增加值增长，比上半年增加 6 个，行业增长面扩大 15.4 个百分点。其中，随着国际原油价格回升和原油产量提高，石油和天然气开采业增加值增速加快，增长 8.7%，拉动规模以上工业增长 1.9 个百分点，拉动作用最为显著。

进入三季度以来，装备制造业增加值持续增长且增速不断加快，前三季度增长 6.2%，快于全市 6.1 个百分点，占规模以上工业的比重为 37.5%，比上半年提高 1.6 个百分点，拉动规模以上工业增长 2.0 个百分点。其中，电气机械和器材制造业增长 20.1%，拉动 0.8 个百分点；汽车制造业增长 6.2%，拉动 0.7 个百分点；计算机、通信和其他电子设备制造业增长 5.1%，拉动 0.3 个百分点。

前三季度，407 种目录产品中，40.5% 的产品产量实现增长，增长面比上半年扩大 8.6 个百分点。疫情防控产品和部分电子产品产量较快增长，医用口罩增长 21.0 倍，医疗仪器设备及器械增长 1.5 倍，光电子器件增长 1.9 倍，电子计算机增长 1.2 倍，电子元件增长 39.7%。三季度，规模以上工业产能利用率为 76.8%，比二季度提高 2.1 个百分点。

（三）服务业主要指标稳步回升

前三季度，服务业生产由降转增，增加值同比增长 0.1%，占全市生产总值的比重为 65.5%，同比提高 1.3 个百分点。

流通市场延续回升势头。前三季度，批发和零售业增加值下降 5.2%，比上半年收窄 7.3 个百分点；批发和零售业商品销售额下降 5.3%，收窄 8.4 个百分点。限额以上批发和零售业商品销售额下降 2.6%，收窄 8.6 个百分点，其中 9 月份增长 10.0%，连续 3 个月增长。五大重点商品销售额合计占限额以上商品销售额的 71.6%，其中金属材料类增长 12.0%，比上半年加快 10.9 个百分点；化工材料及制品类增长 1.7%，回升 5.8 个百分点；石油及制品类、汽车类、煤炭及制品类分别下降 30.4%、31.5% 和 7.1%，分别收窄 4.0 个、5.9 个和 10.0 个百分点。

交通运输邮电业发展稳中有进。前三季度，交通运输、仓储和邮政业增加值下降 2.6%，比上半年收窄 1.4 个百分点。公路货物周转量增长 5.3%，比上半年加快 4.0 个百分点；铁路货物周转量增长 8.0%；水运货物周转量下降 0.6%，降幅与上半年持平。港口货物吞吐量和集装箱吞吐量分别增长 3.8% 和 5.2%，均比上半年加快 2.3 个百分点。电信业务总量增长 31.2%，加快 0.4 个百分点。

住餐市场逐月恢复。前三季度，住宿和餐饮业增加值下降 28.2%，比上半年收窄 7.9 个百分点；住宿和餐饮业营业额下降 31.9%，收窄 10.4 个百分点。限额以上住宿和餐饮业营业额下降 28.6%，收窄 8.6 个百分点，其中 9 月份下降 10.1%，自年初以来降幅逐月减小。

金融业增势良好。前三季度，金融业增加值增长 5.3%，比上半年加快 0.6 个百分点。9 月末，中外金融机构本外币各项存款余额增长 7.7%，比 6 月末加快 1.1 个百分点；各项贷款余额增长 6.6%，比 6 月末回落 0.6 个百分点，增速连续 7 个月保持在 6% 以上。

商品房销售面积降幅继续收窄。前三季度，房地产业增加值下降 0.8%，比上半年收窄 1.3 个百分点。全市新建商品房销售面积下降 16.4%，收窄 6.2

个百分点，其中住宅销售面积下降 17.0%，收窄 5.2 个百分点。9 月份，新增销售面积 130.20 万平方米，基本恢复到疫情前的成交水平。

规模以上服务业持续回升。1—8 月，规模以上服务业营业收入下降 11.8%，比上半年收窄 1.8 个百分点。规模以上服务业 15 个重点行业①营业收入自 4 月起降幅逐月收窄，1—8 月同比持平，其中互联网和相关服务、软件和信息技术服务业营业收入分别增长 17.0% 和 11.5%。

（四）固定资产投资增幅提升

全市固定资产投资（不含农户）累计增速自 7 月实现增长后逐月加快，前三季度增长 1.3%，比上半年回升 5.3 个百分点，回升幅度大于全国 1.4 个百分点。9 月份，固定资产投资（不含农户）增长 3.9%，连续 5 个月增长。前三季度，分产业看，第一产业投资增长 97.4%，比上半年加快 3.6 个百分点；第二产业投资增长 2.9%，回升 12.7 个百分点；第三产业投资下降 0.1%，收窄 3.2 个百分点。

分领域看，前三季度基础设施投资增长 19.2%，比上半年加快 10.9 个百分点，四大行业投资全面增长，拉动全市投资增长 3.2 个百分点，其中在轨道交通项目带动下，交通运输和邮政投资增长 32.5%；在湿地自然保护区修复等项目带动下，水利、生态环境和公共设施管理投资增长 6.9%；5G 网络基础设施和大数据中心建设不断加快，带动信息传输和信息技术服务投资增长 30.2%；电力、热力、燃气及水生产和供应业增长 14.7%。工业投资由上半年的下降 9.5% 转为增长 2.8%，制造业投资下降 4.2%，降幅比上半年大幅收窄 12.6 个百分点，其中化学原料和化学制品制造业、计算机通信和其他电子设备制造业投资分别增长 1.2 倍和 42.8%。房地产开发投资下降 6.1%，比上半年收窄 0.2 个百分点。

---

① 涉及信息传输、软件和信息技术服务业，租赁和商务服务业，科学研究和技术服务业，居民服务、修理和其他服务业，文化、体育和娱乐业 5 个行业门类，包括 15 个行业大类。

（五）市场消费继续回暖

前三季度，全市社会消费品零售总额下降 16.8%，比上半年收窄 4.9 个百分点，其中限额以上社会消费品零售总额下降 14.6%，收窄 6.7 个百分点。限额以上商品中，升级类商品零售增长较快，智能家用电器和音像器材零售额增长 5.8 倍，新能源汽车零售额增长 37.7%，智能手机零售额增长 27.2%，体育娱乐用品类、文化办公用品类零售额分别增长 1.1 倍和 39.6%。限额以上商品网上零售额增长 5.4%。"促进汽车消费 11 条"持续显效，汽车类当月零售额连续 3 个月保持两位数增长，9 月份同比增长 10.4%。夜间经济 2.0 版"十大工程"深入推进，7 月起各夜市客流量和销售额恢复至去年同期水平。开展为期 100 天的"购天津·春风行动"活动，发放消费券 9550 万元，带动消费 3 亿多元。

（六）外向型经济发展势头良好

外贸进出口由降转升。前三季度，全市外贸进出口总额 5453.78 亿元，增长 1.3%，比上半年回升 4.7 个百分点。其中，进口 3197.85 亿元，下降 0.4%，比上半年收窄 3.0 个百分点；出口 2255.93 亿元，增长 3.8%，连续 3 个月增长且增速加快。贸易结构持续优化。一般贸易方式进出口增长 14.5%，占全市进出口总额的 57.1%，同比提高 6.6 个百分点。民营企业进出口增长 5.1%，快于全市平均水平 3.8 个百分点，占比 37.3%，同比提高 1.3 个百分点。对"一带一路"沿线国家进出口增长 3.9%，占比 25.2%，比重提高 0.6 个百分点。

实际利用外资实现增长。前三季度，全市新设外商直接投资企业 423 家，合同外资额 261.34 亿美元，同比增长 35.2%，实际直接利用外资额 37.12 亿美元，增长 0.5%，比 1—8 月加快 0.4 个百分点。

二 2020 年天津经济高质量发展情况

（一）京津冀协同发展扎实推进

世界一流智慧港口、绿色港口建设不断加快，全球首次集装箱传统码头无人自动化改造全流程实船系统测试获得成功，"公转铁""散改集"加紧实施，海铁联运前三季度突破 60 万标准箱。主动服务北京非首都功能疏解，持续打造以市场为导向的"1+16"承接载体，滨海中关村科技园新增注册企业近 300 家。支持雄安新区建设发展，打造便捷出海口，天津港雄安绿色通道实现集装箱运输 5277 标准箱。京津、京沪、京滨、津兴四条高铁联通北京格局加快形成，市域郊铁路武清线、静海线、通武廊项目前期工作同步推进；三地重污染天气预警会商和应急联动加强；62 家定点医疗机构完成京津冀门诊联网直接结算测试并上线运行。招商引资保持良好势头，前三季度引入京冀地区资金 973.06 亿元，占全市实际利用内资的 45.3%，比上半年提高 1.1个百分点。

（二）转型升级步伐持续加快

以信创产业为旗帜，以智能科技为引领，工业经济结构加速升级。前三季度，规模以上工业中，新一代信息技术产业增加值增长 4.7%，比上半年加快 3.4 个百分点；新能源产业增长 34.5%，加快 18.7 个百分点；新能源汽车产业实现两位数增长，增长 18.3%。产业链水平继续提升，一些全国领先的特色产业加速形成，飞腾 CPU+麒麟 OS 构成的"PK"体系成为国家信创工程主流技术路线，信息安全、动力电池等产业入选全国 20 个先进制造业集群。与此同时，高耗能产业增加值下降 8.3%，占比同比下降 1.9 个百分点。创新举办"云上"智能大会，签约项目 148 个，总投资 920 亿元，其中新基建、新一代信息技术、高技术服务、新能源新材料、高端装备制造等项目占比 86%。抢抓"新基建"发展机遇，目前累计建成 5G 基站 2.15 万个，在智慧城市、智慧医疗、智慧交通等垂直领域，梳理培育 150 个 5G 典型应用场景。

（三）新动能引育成效明显

新产业、新业态发展持续向好。前三季度，规模以上工业中，战略性新兴产业增加值增长 2.8%，快于全市 2.7 个百分点，占比为 26.0%，同比提高 5.1 个百分点；高技术产业（制造业）增加值增长 1.3%，快于全市 1.2 个百分点，占比为 15.4%，同比提高 1.3 个百分点。服务机器人、光纤、新能源汽车、集成电路等新产品产量分别增长 1.9 倍、50.9%、36.2% 和 27.8%。1—8 月，规模以上服务业中，战略性新兴服务业、高技术服务业营业收入分别增长 2.4% 和 5.4%。电商促销、直播带货等新模式带动快递业务量快速增长，前三季度快递业务量增长 28.4%，比上半年加快 12.3 个百分点。

新动能投入不断加大。前三季度，全市高技术产业在建项目 313 个，同比增长 8.3%，完成投资增长 22.8%。其中，高技术制造业在建项目 191 个，完成投资增长 4.7%；高技术服务业在建项目 122 个，完成投资增长 50.0%。新一代信息技术、新材料、生物、数字创意等战略性新兴产业投资分别增长 29.7%、30.3%、25.9% 和 33.1%。

科技型企业发展壮大。前三季度，不断健全对科技型企业的"护苗""壮苗"服务机制，加强科技型企业梯度培育，全市评价入库国家科技型中小企业 6642 家；认定雏鹰企业 2369 家，累计达到 3163 家；瞪羚企业 276 家，累计达到 524 家。新增 12 家科技部备案的众创空间，总数达 88 家；新增国家专业化众创空间 2 家，总数达 6 家，位居全国前列；推动 5 家科技型企业上市，累计达到 40 家。大型地震工程模拟研究设施、新一代超级计算机、国家合成生物技术创新中心三大重点平台建设有序推进。

（四）民生福祉较好保障

就业形势总体趋稳。大力实施就业优先政策，落实落细"稳就业 32 条""强化稳就业 76 条""高校毕业生就业 40 条"，前三季度全市新增就业 37.01 万人。三季度，城镇调查失业率为 5.6%，比二季度回落 0.3 个百分点。9 月份，企业就业人员周平均工作时间 46.6 小时，比 6 月份增加 0.5 小时。

居民收入有所增长。前三季度，全市居民人均可支配收入 34469 元，增长 2.5%。城乡居民收入速度均实现由负转正，城镇居民人均可支配收入 37722 元，增长 2.5%；农村居民人均可支配收入 19091 元，增长 1.5%。工资性收入逐渐恢复，城镇居民工资性收入增长 0.9%，农村居民工资性收入降幅比上半年收窄 2.9 个百分点。

突出抓好"一老一小"等社会事业。建成养老机构 19 家，在建 32 家，增加养老床位约 4000 张；加大对学前教育的财政投入，2019—2020 年市财政共计安排 10 亿元，用于扩大学前教育资源、扶持普惠性民办幼儿园发展，新增 10.8 万个学前教育学位的目标将于年底前全面完成。

民生兜底保障继续加强。适度扩大低保覆盖和临时救助范围，在现行规定基础上加倍提高阶段性价格临时补贴标准，向中低收入住房困难家庭发放租房补贴。

生态环境持续提升。736 平方公里绿色生态屏障加快建设，875 平方公里湿地自然保护区保护全面升级，153 公里海岸线生态功能持续提升。前三季度全市 PM2.5 平均浓度 47 微克/立方米、同比下降 6%，优良天数 179 天、同比增加 23 天。

三　2020 年经济运行中存在的主要问题

总体来看，2020 年，天津市统筹防疫和发展成效显著，但经济恢复过程中仍存在一些困难，经济回升的基础仍需进一步巩固。一是市场需求不足。受疫情影响，国内外需求不强，企业投资能力下降，居民消费意愿减弱，外贸出口恢复态势不稳定。前三季度，全市民间投资依下降 6.7%，占全市投资的比重为 39.5%，比上半年下降 5.0 个百分点，其中制造业民间投资下降 31.4%；全市社会消费品零售总额下降 16.8%，汽车类、石油及制品类等重点产品消费大幅下降，全市居民人均消费支出下降 12.2%，其中服务性消费支出下降 21.9%；规模以上工业出口交货值下降 5.2%。二是部分企业运营出现困难。由于国际产业链、供应链影响，加之市场需求疲弱，企业订单不足，部分企业生产效益出现下滑。调查显示，近五成的规模以上企业签订国内外订单量同比减少，超五成的企业营业收入同比下降。1—8月，全市规模以上工业和服务业利润总额同比降幅均接近30%。三是稳就业压力较大。作为吸纳就业主渠道的中小企业受疫情影响更加明显，经营面临困难较大，用工需求不足，特别是高校毕业生、灵活就业人员等重点人群承受了较大的就业压力。

四 2021年天津经济形势展望及对策建议

（一）经济形势展望

展望2021年，天津经济发展的国内外环境依然严峻复杂，机遇和挑战并存。从国际环境看，新冠肺炎疫情引发全球经济深度衰退，主要经济体经济呈现下降态势，全球产业链供应链受阻，国际贸易投资萎缩，目前全球经济前景正在改善，但复苏不全面、不平衡且不确定。国际货币基金组织（IMF）2020年10月13日发布的《世界经济展望》，预计2020年全球经济衰退4.4%，比6月份预测上调了0.5个百分点，2021年全球经济增长可达5.2%。世界贸易组织（WTO）发布《贸易统计与展望》报告预测，2020年世界商品贸易量将下降9.2%，2021年将增长7.2%，对2021年全球贸易增长的预测值比之前大幅回落14.1个百分点。

从国内看，我国统筹防疫和发展成效显著，经济运行持续稳定恢复，彰显了中国经济的强大韧性和旺盛活力，经济整体向好的基本面没有发生变化。9月份，制造业采购经理指数为51.5%，非制造业商务活动为55.9%，分别比上月上升0.5个、0.7个百分点，均连续七个月位于临界点之上。国际货币基金组织（IMF）预计2020年我国经济将逆势而上，增长1.9%。但同时，国内疫情外防输入、内防反弹的压力依然较大，国内有效需求仍然不足，地区、行业、企业的恢复还不均衡，经济持续向好的基础还需要进一步巩固。

从天津市看，经济运行持续稳定加快恢复，供需关系逐步改善，新旧动能转换提速推进，市场活力动力不断增强，经济延续回升态势有基础、有条件。景气调查结果显示，规模以上工业中对四季度本行业和本企业运行持肯定态度的企业占比均超过九成，表明企业对未来经济形势的信心保持在稳定乐观区间。但也应看到，当前全市经济仍处于转型升级的阵痛期、爬坡过坎的关键期，特别是受新冠肺炎疫情冲击，部分主要指标仍处于下降区间，推动经济持续复苏向好需要付出更大艰苦努力。初步展望，天津市经济将继续保持稳定回升态势。

（二）对策建议

2021 年是中国共产党成立 100 周年，也是"十四五"规划开局之年，全市上下要继续以习近平新时代中国特色社会主义思想为指导，坚定不移贯彻新发展理念，笃定推动高质量发展，积极构建新发展格局，巩固经济恢复性增长态势，在常态化疫情防控中扎实做好"六稳"工作，全面落实"六保"任务，推动全市经济社会实现高质量发展。为此提出以下建议：

1.巩固重点领域回升势头

从当前天津市经济结构看，工业、商业、部分服务业重点行业依然是影响全市经济的最主要因素。要盯紧抓实这些领域内的重点企业，加大工作力度，实行"一企一策"有针对性的帮扶，助推重点企业加快生产，发挥龙头带动作用，稳定全市经济基础。

2.积极扩大有效需求

深入落实"促投资扩消费稳运行 20 条"，发挥好专项债等财政资金的撬动作用，加大银项对接力度，强化对信贷支持，扎实推动大项目、好项目建设，进一步巩固扩大当前投资的向好势头，推动实施万亿储备项目行动计划、新基建五年行动计划，重点关注"两新一重"建设，加大优质项目储备；以汽车消费、夜市经济等消费市场重点、热点领域为抓手，继续扩大消费市场活力；畅通渠道，鼓励外贸出口型企业积极对接国内市场需求，开展出口转内销业务，在满足居民对商品质量更高需求的同时，缓解出口订单减少的压力。

3.持续加快新动能引育步伐

要继续加快新经济发展，围绕新动能引育行动计划确定的重点产业串链、补链、强链，积极拓展应用场景，高质量做好招商引资工作；抢抓互联网快速发展的新契机、新机遇，加大数据要素投入，大力发展数字经济、智慧城市等新产业、新业态；落实国家"以新业态新模式引领新型消费加快发展的意见"，加快线上线下消费深度融合，促进消费回补和潜力释放。

4.努力提振市场信心

进一步将"惠企21条""支持中小微企业和个体工商户27条""营造更好发展环境支持民营企业改革发展26条"等政策措施落地落细，坚决落实各项减税降费举措，推动"132"帮扶工作常态化，重点关注企业效益水平和中小微企业生存情况，加力帮助企业纾困解难。继续优化营商环境，增强企业生产运营信心，引导市场预期向好，激发市场主体活力。

5.全面加强民生保障

加快恢复生猪生产供应，稳定蔬菜生产面积和产量，保障重要农产品有效供给。全面落实各项援企稳岗政策，支持高校毕业生、返乡农民等重点群体就业，鼓励创业带动就业，支持发展小店经济，促进居民灵活就业，拓宽城乡居民增收渠道。推进机构养老、集中养老、社区居家养老有机融合，不断完善学前教育公共服务体系，促进学前教育普及普惠安全优质发展，切实解决好群众"急难愁盼"问题。

参考文献：

[1] 中华人民共和国国家统计局：《中国经济景气月报》2020年第10期。

[2] 联合国贸易和发展会议（UNCTAD）：《2020贸易和发展报告》2020年9月22日。

[3] 国际货币基金组织（IMF）：《世界经济展望》2020年10月13日。

[4] 世界贸易组织（WTO）：《贸易统计与展望》2020年10月15日。

[5] 中华人民共和国国家统计局：《前三季度经济增长由负转正》2020年10月19日。

迈向现代化的天津：形势、思路与对策

天津社会科学院课题组①

摘　要： "十四五"时期是天津由全面建成高质量小康社会向建设社会主义现代化大都市迈进的关键时期，面临内外部环境更加复杂，经济社会发展呈现许多新特征新要求，仍处于大有可为的战略机遇期。立足京津冀、面向"三北"、融入"一带一路"，充分发挥天津比较优势，深入推进京津冀协同发展、建设具有全球影响力的先进制造业研发基地、构建更具竞争力的现代产业体系、提升城市规划建设管理水平、建设生态宜居的现代化城市、深化改革开放加快形成双循环的新发展格局、改善人民生活品质、提升城市文化软实力，实现经济社会更高质量、更有效率、更加公平、更可持续的发展。

关键词： 十四五　现代化天津　形势　思路

---

① 课题组成员（按姓氏笔画排序）：王双、陈滢、崔丽红、董微微等。

"十四五"时期是我国全面建成小康社会、实现第一个百年奋斗目标之后，乘势而上开启全面建设社会主义现代化国家新征程、向第二个百年奋斗目标进军的第一个五年，也是天津由全面建成高质量小康社会向建设社会主义现代化大都市迈进的关键时期。深入分析"十四五"时期天津市面临的发展形势，深刻认识错综复杂的国内外环境带来的新矛盾、新挑战，增强机遇意识和风险意识，立足我市发展阶段，保持战略定力，认识和把握发展规律，准确识变、科学应变、主动求变，善于在危机中育先机、于变局中开新局，努力实现经济社会的高质量发展。

一　面临形势

（一）国际发展形势

当今世界正面临"百年未有之大变局"，今后一段时期，国际环境更趋复杂多变，国家力量对比深刻调整，国际关系中的不确定性与不稳定性明显增大，席卷全球的新冠肺炎疫情又陡然增加了许多新的不确定性因素。世界政治正在进入新的历史长周期，多极化加速发展，全球化进入新阶段，单边主义、保护主义、霸权主义等逆全球化暗流涌动。经济全球化符合历史发展潮流，多边贸易体制符合多数国家利益，其深入发展大势不会动摇，但在美国单边主义和保护主义的冲击下，速度可能放缓、动力可能削弱、规则或将改变，国际经贸合作格局将进入艰难重构期，外需紧缩或成新常态，将对我市对外开放、利用国外技术、品牌等优质资源造成障碍，同时，也进一步激发我市企业主动转型升级、调整贸易和产业结构、提升竞争力和抗风险能力。

国际产业发展和分工格局出现重大变革，产业"双向"转移正形成新的产业布局与分工体系，产业升级与技术创新成为争夺未来发展制高点的关键，重塑实体经济竞争优势成为首要紧迫任务。发达国家大力实施"再工业化"战略，推动制造业回流，实体经济实现强劲复苏，低收入国家凭借成本优势，加速吸引劳动密集型产业转移，以人工智能（AI）、生物技术等为代表的新一轮科技革命和产业变革快速发展。全球产业分工格局孕育新变化，特别是新一轮科技革命和产业变革兴起，互联网、大数据、人工智能等新一代信息技术迅速发展和广泛应用，深刻改变着资源配置方式、生产组织方式、价值创造方式，广泛影响着人类经济社会发展，有助于我市将科技革命成果嵌入经济社会发展各个方面，形成引领型、创新型、智能型产业，融入全球创新链、产业链、价值链，拓展我市利用科技创新提升国际竞争力新空间。夯实实体经济根基，避免"脱实向虚"和过早去工业化，重塑竞争优势，成为摆在我市经济发展中的十分重大而又紧迫的任务。

（二）国内发展形势

当前，我国已转向高质量发展阶段，制度优势显著，治理效能提升，经济长期向好，物质基础雄厚，人力资源丰富，市场空间广阔，发展韧性强劲，社会大局稳定，继续发展具有多方面优势和条件，同时，发展不平衡不充分问题仍然突出，重点领域关键环节改革任务仍然艰巨，创新能力不适应高质量发展要求，农业基础还不稳固，城乡区域发展和收入分配差距较大，生态环境建设任重道远，民生保障存在短板，社会治理还有弱项。辩证看待新发展阶段的新机遇、新挑战，天津进入高质量发展的战略攻坚期，全面转向高质量发展阶段需要克服的难题增多，机遇和挑战都有新的发展变化，但总体上仍处于大有可为的战略机遇期。

从创新发展看，科技革命和产业变革持续深化，"互联网+"、大数据、人工智能等领域技术创新呈现爆发式增长，数字化、网络化、智能化融合发展已成为发展趋势，催生新产业新业态新模式，新基建、数字经济为引领的成为经济增长的重要引擎，有助于天津市抢抓智能时代新机遇，打造自主可控、安全可靠的产业链、供应链，巩固提升优势产业领先地位，持续增强智能科技产业竞争力，促进创新链、产业链、价值链"三链"融合，营造产业发展高端生态，提升产业链供应链现代化水平。

从协调发展看，"十四五"时期，我国将进入以城市群、都市圈、大湾区战略等为重点的区域发展战略加快推进阶段，区域经济将逐渐走出单打独斗的境况，城市之间的联系更加密切，城市合作逐步深化。京津冀世界级城市群建设进入关键时期，将在更大范围、更深层次、更高水平上推动京津冀协同发展向着一体化目标加快迈进，将对天津发展产生深远影响，发挥市场机制和构建市场配置资源体系为重点推动一体化发展，有助于我市各项事业融入京津冀协同发展大局，引进高端要素和创新资源，促进空间布局优化、产业体系创新、经济社会均衡发展。

从绿色发展看，保护生态环境就是保护生产力、改善生态环境就是发展生产力的绿色发展理念深入践行，低碳循环发展的生态经济体系正在形成，经济生态化和生态经济化已经成为促进生产方式转变的关键性要素，人与自然和谐共生的现代化加快建设，有助于天津市加快建设生态宜居的现代化都市，提升宜居宜业的生态竞争力，迈上人与自然更加和谐的现代化生态文明发展之路。

从开放发展看，以国内大循环为主体、国内国际双循环相互促进的新发展格局正在加速构建，国际市场空间依然广阔，国内大循环活力日益强劲，内需潜力不断释放，营商环境持续优化，有利于天津市充分用好国内国际两个市场，以扩大内需为战略基点，挖掘城市运行和生产生活各类需求场景，使生产、分配、流通和消费各个环节更多依托国内市场实现良性循环，加快提升招商引资和对外合作交流水平，打造高水平对外开放新体系，不断增强经济发展韧性和活力。

从共享发展看，国家治理体系和治理能力现代化持续推进，共建共治共享的良好局面初步建立，经济发展和民生改善的良性循环逐步形成，居民收入水平稳步提升，公共服务均等化加速推进，文化事业和文化产业更加繁荣，为加大优质公共产品和服务供给创造了良好的制度红利和应用场景，有利于天津市更好地满足人民日益增长的美好生活需要，改善人民生活品质，提高社会建设水平，促进人的全面发展和社会全面进步。

二　发展思路

（一）总体要求

——深入贯彻落实京津冀协同发展国家战略，把自身发展放在京津冀协同发展乃至全国发展的大格局中谋划、推动和实施，充分体现国家战略在天津的实施，强化天津发挥核心城市的引领功能、推进京津同城化发展，探索承接高端产业转移策略与路径，着力破除体制机制障碍，推动跨区域政策协调、利益分享等深层次协同，在改革开放、创新发展、推动高质量发展方面做好践行者，不断提高城市核心竞争力。

——把握全球发展趋势，在全球发展的大背景中谋划天津发展。天津是新亚欧大陆桥经济走廊重要节点、海上丝绸之路战略支点之一、中国对外开放重要窗口，是我国参与国际竞争的重要平台。"十四五"时期，天津发展要立足国际视野，以更加开放包容的姿态，牢牢紧跟国际政治经济格局的变化趋势，把握新一轮科技革命的潮流，顺势而为，积极探索应对全球发展新趋势的策略和路径，站在世界城市发展的第一梯队，力争在某些方面成为领跑者、引领者。

——立足自身发展优势，深入实施创新驱动发展战略，着力提升城市核心竞争力。"十四五"时期，天津将处在创新转型发展的关键阶段，面临一系列前所未有的发展机遇和瓶颈。要立足于发展阶段转换，瞄准未来发展目标，既强调自我创新，又强化经验借鉴，实现顶层设计与重点突破有机结合，探索符合发展阶段转换要求的创新转型之路。着力提升发展质量和效益，瞄准打造我国自主创新重要源头和原始创新主要策源地的目标，加快推动新旧动能转换，推动高质量发展，打造具有全球影响力的产业创新中心，增强城市核心竞争力。

（二）发展思路

综合考虑党中央、国务院对天津发展的要求以及我市"十四五"面临的主要环境、发展条件和趋势，"十四五"天津经济社会发展的总体思路是：紧紧围绕加快建设"五个现代化天津"的总目标，以新发展理念为统领，以推动高质量发展为主题，以扩大内需为战略基点，以供给侧结构性改革为主线，以改革开放创新为根本动力，以系统观念为工作原则和工作方法，以智能经济、绿色转型培育发展新优势，提升城市软实力、竞争力和辐射力，实现经济社会更高质量、更有效率、更加公平、更可持续的发展。

突出市场导向，释放全面改革红利。实现经济高质量发展和经济发展方式转变，唯有全面深化改革开放。要以更大的勇气和决心推进改革，着眼于充分发挥市场配置资源的决定性作用和更好发挥政府作用，积极探索富有活力、更具效率的体制机制，力争在关键环节率先取得突破。进一步发挥改革试验的先行探索作用，以局部试点和基层创新为先导，带动整体改革创新，为全面深化改革积累经验、提供示范。

突出创新驱动，汇聚高端发展新动能。创新是引领发展的第一动力，是城市活力与竞争力的源泉。"十四五"时期，把创新驱动发展摆在更加突出位置，坚持抓创新就是抓发展、谋创新就是谋未来，突出开放创新、全面创新和原始创新，集聚国内外创新资源，大力推进科技成果产业化，营造有利于创新的良好环境，大幅提高科技进步对经济增长的贡献率。同时，强化制度创新、管理创新和模式创新，把创新驱动战略贯彻到经济社会发展的各个方面，把创新创造活力充分激发出来。

突出高质量发展，构建全面发展新优势。把实体经济作为发展之基，坚持制造业立市，始终保持追求卓越的质量自觉，大力发展信创产业、智能科技产业，增强经济内生动力，提高供给体系质量效率和全要素生产率。推动消费与创新相互渗透，以新需求牵引新技术、催生新产业，以新技术创造新供给、激发新需求，实现产业结构再优化再升级，推动经济、社会、城市、文化、生态发展率先全面步入高质量发展阶段。

突出互联融合，抢占智能经济发展制高点。主动顺应全球信息化、网络化深入发展的新趋势，全面优化重构产业链、创新链、价值链，以智能化、数字化为主攻方向，围绕人工智能、新一代信息通信技术、新能源、新材料等领域作为重点，构建具有国际竞争力的现代产业体系。推动大数据、云计算、物联网、移动互联网广泛应用，推动生产方式向柔性、智能、精细转变。推动产业发展向智能化、高端化转变，构筑城市竞争新优势。

突出绿色转型，提升可持续发展能力。绿色是永续发展的必要条件和人民对美好生活追求的重要体现。面对资源约束趋紧、环境污染加剧的严峻形势，"十四五"时期要把生态文明建设放在更加突出地位，把低碳绿色理念融入经济社会发展全过程，推动形成绿色发展方式和生活方式，加快建成资源节约型、环境友好型社会，促进人与自然和谐共生，打造生态宜居的美丽家园。

突出开放共赢，促进国内国际双循环。开放是繁荣的必由之路。以开放合作拓展发展空间，促进要素有序流动、资源高效配置、市场深度融合，充分发挥自贸试验区的先行先试效应，积极参与"一带一路"建设，加快实施京津冀协同发展战略，着力构建全方位、宽领域、多层次的开放合作新格局。

突出共建共享，增进市民群众福祉。坚持以人民为中心的发展思想，努力构建体现公平正义的制度体系，完善收入分配和社会保障制度，推进公共服务资源均等化配置，促进城乡一体化发展，让各类群体公平分享发展成就。要坚持尽力而为、量力而行，在经济发展基础上加大保障和改善民生力度，使人民群众的生活质量和水平不断提高。

突出文化强市，增强城市软实力。文化是城市发展的重要力量。坚持社会主义先进文化前进方向，用中国梦和社会主义核心价值观凝聚共识、汇聚力量，传承中华文化优良传统，加快文化强市建设，提升市民文明素质，推动文化事业全面繁荣、文化产业快速发展，增强城市文化的凝聚力。

突出依法治市，提高现代化治理能力。法治是治国之重器，是发展的可靠保障。坚持用法治思维和法治方式加强城市治理、统筹社会力量、规范各类行为。要深入推进科学立法、民主立法，发挥立法的引领和推动作用。深入推进依法行政，加强法治政府建设，深化行政执法体制改革，强化对行政权力的制约和监督。

三　主要对策

（一）深入推进京津冀协同发展

立足比较优势，深化对接服务，在新阶段积极促进京津冀区域协同发展、一体化发展，辐射带动环渤海地区和北方腹地发展。

优化产业布局，加快建设京津冀协同创新共同体。紧紧抓住有序疏解北京非首都功能的"牛鼻子"，打造区域创新网络和科技交流合作平台，形成差异化产业梯度，率先发挥产业集聚和示范作用。探索跨区域产业园区共建、企业兼并重组、股份合作等方式，围绕智能制造、生物医药、人工智能等领域共同打造若干规模和水平居国际前列的产业集群。

深入推进"一基地三区"建设。加快建设全国先进制造研发基地，壮大新一代信息技术、航空航天、高端装备等优势产业，形成一批具有国际竞争力的先进制造业集群。加快建设北方国际航运核心区，打造国际化、市场化的航运要素平台。加快建设金融创新运营示范区，聚焦服务实体经济，大力发展科技金融、物流金融、租赁金融和绿色金融。加快建设改革开放先行区，充分发挥滨海新区先行先试优势，实施更高能级开发开放。

（二）建设具有全球影响力的先进制造研发基地

深入实施创新驱动发展战略，把创新作为引领经济社会发展的核心动力，激发全社会的创新活力和创造潜能。

强化企业创新主体地位。实施新动能引育新动计划，打造科技小巨人升级版，培养一批创新型企业家，培育一批创新能力强、产业效益好的创新型中小企业和骨干企业，形成若干有国际竞争力的创新型领军企业群。强化企业和企业家在科技、产业、人才、教育等公共创新决策中的重要作用。加大对企业创新扶持力度，鼓励企业建设重点实验室、工程实验室、工程（技术）研究中心、企业技术中心等创新载体。

完善创新服务体系。继续加大孵化器、加速器和创新型产业用房建设力度，加快建设一批创新设计、公共检测、科技信息和专业技术平台。推进科技资源开放共享，推动财政投入的重大科技基础设施和大型科研仪器向社会开放。完善科技法律服务体系，加快推进技术转移、第三方检验检测认证、知识产权服务等中介机构的专业化、市场化改革。积极发展技术交易市场，鼓励社会资本进入科技成果转化服务领域。

打造人才高地。深入实施"海河英才"行动计划，聚焦战略性新兴产业，聚焦"团队+项目"，引育一大批急需紧缺的人才，努力建设知识型、技能型、创新型人才队伍。优化人才发展的生态环境。加强人才政策创新，建立健全人才培养、使用、引进、激励机制，构建层次分明、覆盖广泛的人才政策体系。打造一流的人才服务体系，加大人才服务资源整合力度，打造"一站式"人才服务模式。

（三）构建更具竞争力的现代产业体系

按照高端化、智能化、绿色化、服务化要求，不断壮大智能科技产业，优化提升传统产业，提升服务经济特别是实体经济发展的质量和水平，促进产业融合发展。

发挥智能产业引领作用。高举信创产业大旗，以智能科技产业为突破口，围绕新一代人工智能、生物医药、新能源新材料产业，加快构建以人工智能为引领的战略性新兴产业体系，打造"天津智港"。

优化提升传统产业。推动传统制造向以人工智能、机器人和数字制造为核心的智能制造转向。发展服务制造业，鼓励优势企业成为智能化改造服务商、现代产业链供应商、产业链整合服务商。壮大新一代信息技术、航空航天、高端装备、现代石化等优势产业。

培育和挖掘新消费增长点，加快发展高品质的文化、健康、教育培训和养老等服务业。促进文体旅等有机融合，提升文化创意、体育健身、旅游休闲、时尚等产业竞争力。加快形成医疗服务、健康管理多元发展格局，鼓励康复医疗、远程医疗、医疗旅游等新型业态发展。构建多层次、多元化的教育培训体系，大力发展互联网教育。加快发展老年护理、家庭服务等产业。

（四）提升城市规划建设管理水平

尊重城市发展规律，统筹优化空间、规模、产业布局，科学推进规划、建设、管理，落实"双城双港、相向拓展、一轴两带、南北生态"空间发展战略，建设富有活力、功能完善、精明增长的现代都市。

立足世界级城市群建设要求，聚集现代化大都市核心功能，促进现代服务业集群式发展，增强高端要素集聚和辐射能力。打造京津冀城镇体系重要支撑，促进京津超大城市间的联动、共享与合作。推进以人为核心的新型城镇化，加快建设示范小城镇，稳妥推进农业转移人口市民化，实现农民安居乐业有保障。

构筑便捷畅达的综合交通网络。坚持以管为本、完善体系、补齐短板，构建安全、畅达、高效、绿色、文明的一体化综合交通体系，全面提升综合交通体系整体功能。建设区域枢纽机场，完善高效密集铁路网，畅通区域公路网，优化城市交通网络。大力推进城市轨道交通建设。完善城市慢行交通体系。打造绿色智慧港口。

改善城市市容面貌。全面提升市容环境的外在形象和内在品质，实现"美化、绿化、净化、亮化、细化"。实施市容环境综合治理，搞好爱国卫生运动。推进城市综合管理的精细化和全覆盖，提升城市治理能力，使城市更干净更有序。调动社会各方参与，推动城市管理多元共治。

（五）建设生态宜居的现代化城市

顺应市民对美好生活的追求，牢固树立绿色低碳就是竞争力的发展理念，统筹生产、生活、生态布局，形成绿色空间布局和绿色生产生活方式，实现绿色化发展，加快建设生态宜居的现代化都市。

强化环境治理和保护。全力推进大气污染防治，逐渐减少重污染天气。

PM2.5 年均浓度持续下降。全面落实河长制、湖长制管理，加强工业、生活及农业水污染源治理，统筹陆海污染防治，保护海洋生态环境。严格农用地分类和建设用地准入管理，开展污染地块治理修复，加快垃圾处理设施建设，全面推行生活垃圾分类处理。加强农村环境保护。

持续加强生态保护和修复。加快双城间绿色生态屏障建设，落实分级管控措施，加大增绿、补水力度，营造大绿野趣、郁郁葱葱、鸟语花香、生机盎然的田园风光。全面加强湿地自然保护区保护，实施生态移民、土地流转、退耕还湿、河湖水系连通等保护修复重大工程。开展北部山林修复，完善生态补偿机制，推进国家生态文明建设示范区创建。全面加强野生动物保护。

推动绿色低碳循环发展。坚持减量化、再利用、资源化，大力推进政策制度创新，显著减少废弃物排放，实现各类资源高效循环利用。推进生产方式绿色化，鼓励使用清洁能源和可再生能源。注重培育生态文化，引导人们尊重自然、顺应自然、保护自然。大力发展循环经济。提升资源化利用率，提升城乡生活垃圾无害化处理率和处理水平。

（六）深化改革开放加快形成双循环的新发展格局

深化体制机制改革。全面深化"一制三化"审批制度改革，推动政务一网通平台与各部门互联互通、数据共享、业务协同。推进政务服务便利化，对保留的权力清单事项和公共服务事项全面推行"马上办、网上办、就近办、一次办"。全面强化事中事后监管，深化"双随机、一公开"和联合惩戒，推进政府行权方式转变。

激发市场主体活力。坚定不移深化国有企业改革。以前所未有的决心和勇气，坚决打好国有企业改革这场硬仗。持续用力推进混合所有制改革，全面铺开、压茬推进、阳光操作、加快完成。健全市场化激励机制和债务约束机制，确立经营业绩导向，加快推进国有企业创新发展。升级加力支持和发展民营经济。全力营造公平竞争环境，全面提升民营企业核心竞争力，强化知识产权创造、保护和运用，推动更多民营企业做优做强。

推进更高水平对外开放。对接国际先进规则，探索投资项目"多评合一、统一评审""一企一证"等新模式。全力打造自贸试验区升级版，成为服务"一带一路"建设和京津冀协同发展的高水平对外开放平台。深度融入"一带一路"建设。扩大与海外人文交流，高水平完成中央部署的非洲"鲁班工坊"建设。

（七）全力改善人民生活品质

坚持共建共享，把增进市民福祉、促进人的全面发展作为发展的出发点和落脚点，严守城市安全发展底线，完善公共服务体系，多元化增加优质公共产品和服务供给，努力建成平安和谐、包容发展的幸福之城。

协调推进各项社会事业。推动教育优先优质发展，推进学校、家庭、社会教育合力育人，加强家庭教育指导服务。推动义务教育优质均衡发展。实施品牌特色高中建设工程，深化普通高中课程教学改革。打造职业教育示范区升级版，加快世界一流现代职业教育体系建设。推进高校建设发展，支持南开大学、天津大学建设一流大学。广泛开展全民健身，大力推进全域科普，提升全民科学素质。完善医疗卫生健康服务体系。积极有效鼓励社会力量办医，加快形成多元办医格局，加强全科医生、儿科医生队伍建设，推动基层医疗机构向健康管理服务模式转型。加强居民健康筛查，推动中医药传承创新。

倾心用力保障和改善民生。大幅增加优质幼儿园供给，积极鼓励和促进社会力量办园，确保小区配建幼儿园全覆盖。加强幼儿教师培养。扩大养老服务有效供给，大力支持社会力量兴办养老服务机构，进一步健全居家养老保障机制，加快农村养老服务设施建设，提高医养结合覆盖面。实施就业优先政策，深入实施大学生就业创业引领计划，大力扶持退役军人就业创业。健全城乡社会救助体系，继续提高优抚对象定期抚恤补助、城乡低保、低收入家庭救助、特困供养标准。加大精准救助力度。

夯实城市安全发展基础。牢固树立安全发展理念，开展安全生产大排查大整治行动，建立动态化安全监管机制、常态化隐患排查机制、全覆盖安全责任体系。强化社会治安综合治理。坚持系统治理、依法治理、综合治理、源头治理，完善立体化社会治安防控体系，推进多方协同预警与联动治理，提升治安社会化共管共治能力，增强市民群众安全感。提升城市防灾减灾和应急救援能力。

（八）着力提升城市文化软实力

培育和践行社会主义核心价值观，着力扩大公共文化产品供给，以文化凝聚力量、创造活力、增强软实力，全面提升城市文化的开放包容度和传播影响力，建设独具魅力的人文都市。

开展全域文明城市创建行动。深入践行社会主义核心价值观。创新方式方法，以群众喜闻乐见的表达方式，培育和践行社会主义核心价值观，用中国梦和社会主义核心价值观凝聚共识、汇聚力量，注重通过法律和政策传导正确价值取向。加强社会公德、职业道德、家庭美德、个人品德教育，倡导科学人文精神和企业社会责任，推动精神文明和物质文明协调发展，提高市民文明素养、城市文明程度和文化自信。

促进文体事业繁荣发展。完善公共文化服务体系，形成便捷、实用、高效的公共文化设施网络布局。办好群众文化活动，共享文化发展成果。加大优秀传统文化的保护、研究、普及力度，开展天津之根文化溯源。推进大运河文化带建设。繁荣艺术创作演出，创作推出一批精品力作，组织一批大型文艺展演、展览和展映。

参考文献：

[1] 习近平：《国家中长期经济社会发展战略若干重大问题》，《求是》2020 年第 21 期。

[2] 新华社：《中共中央关于制定国民经济和社会发展第十四个五年规划和二〇三五年远景目标的建议》，http：//www.gov.cn/xinwen/2020–11/03/content_5556991.htm。

[3] 李鸿忠：《高水平谋划"十四五"发展 勇担使命努力构建新发展格局》，《天津日报》2020 年 11 月 5 日。

天津融入"双循环"新发展格局：
机遇、优势与潜力

李晓欣　天津社会科学院经济分析与预测研究所副研究员

摘　要： "十四五"时期，我国将加快构建以国内大循环为主体、国内国际双循环相互促进的新发展格局。天津要紧抓"双循环"建设的战略机遇，不断发挥在科技创新、建设智能全产业链、打造北方国际航运枢纽、发展数字经济以及优化营商环境等方面具有的优势。"十四五"时期，为加快天津融入"双循环"建设步伐，要进一步扩大市场内需，筑牢"双循环"战略基点，提升创新创造层级，全力驱动"双循环"发展，大力激发"三新经济"活力，为"双循环"注入新动能，加速释放"国企混改"潜能，提高国有经济在"双循环"中的运行效率，推动金融供给侧改革，有力支撑"双循环"实体经济发展。

关键词： "十四五"　双循环　新发展格局　天津经济

一　天津在"双循环"新发展格局中的战略机遇

（一）构建"双循环"新发展格局的战略抉择

《中共中央关于制定国民经济和社会发展第十四个五年规划和二〇三五年远景目标的建议》（以下简称《建议》）提出，"十四五"时期是我国全面建成小康社会、实现第一个百年奋斗目标之后，乘势而上开启全面建设社会主义现代化国家新征程、向第二个百年奋斗目标进军的第一个五年。《建议》中提出，要加快构建以国内大循环为主体、国内国际双循环相互促进的新发展格局。构建新发展格局，是与时俱进提升我国经济发展水平的战略抉择，也是塑造我国国际经济合作和竞争新优势的战略抉择。

2020 年，在全球疫情冲击、"全球化"发展受到阻碍下，世界百年未有之大变局正在加速演化，国内经济社会改革发展任务也日渐繁重艰巨。构建新发展格局是在新时期破解改革转型难题、紧抓高质量发展机遇、统筹发展与安全、全方位应对国际风险、提升对世界进步贡献的核心战略。

在构建"双循环"的表述中已明确指出，新发展格局要以国内大循环为主体。2019 年我国 GDP 总量达到 99 万亿元，占到全球 GDP 的 17%，从经济体量上来看，中国已经拥有了十分庞大的国内市场规模，因此，畅通国内市场的大循环是"十四五"时期建设发展的重中之重，只有加快国内市场的大循环建设，才能确保国民经济的持续发展和经济活动的安全稳定。从国际看，立足"一带一路"倡议，联通好国内国际两个市场，充分利用好国际市场资源、技术和产品，加快形成更加合理的国际产业分工，建设更加有利于中国经济发展的国际市场环境。因此，国内国际两个市场虽然有主次之分，但又是密不可分的。

可以进一步从需求侧和供给侧来看如何加快构建新发展格局。在需求侧，要加快形成强大的国内市场，牢牢扭住扩大内需这个新发展格局的战略基点，依托强大的国内市场来贯通生产、分配、流通、消费各环节，不断提升国内供需体系的适配水平，实现高质量动态均衡。

在供给侧，新发展格局要求进一步深化供给侧结构性改革。一方面，坚持创新在我国现代化建设全局中的核心地位，把科技自立自强作为国家发展的战略支撑，提升自主创新能力，加快关键核心技术攻关，加大基础研发力度，弥补创新的薄弱环节，最终把握住全球科技发展的主动权。另一方面，进一步加快发展现代化产业体系，把经济发展的重点落在实体经济上，提升产业链供应链现代化水平，推进数字产业化和产业数字化，加速布局战略性新兴产业，培育发展的新动能。

（二）天津紧抓构建新发展格局的战略机遇

构建新发展格局是"十四五"时期国家谋划经济全局发展的重要战略抉择，天津要牢牢把握住这一战略机遇，积极融入国家"双循环"建设，要善于运用和发挥自身的科技资源优势、区位优势，将天津在"十四五"时期经济高质量发展推向新高度，为"双循环"发展做出"天津贡献"。

当前，天津紧紧围绕着"全国先进制造研发基地"的功能定位，以建设"国家新一代人工智能创新发展试验区"为目标，形成了以人工智能产业为核心，以智能制造为主攻方向的产业新体系，持续加快"天津智港"建设；依托京津冀协同发展战略，推动三地产学研协同发展，不断引育新动能，将区域优势创新资源向天津集聚，同时，实施"海河英才"计划持续吸引全国科技领域领军人才和高端创新人才来津发展；天津作为"一带一路"发展战略重要节点城市，立足自由贸易试验区和北方国际航运枢纽建设，对外开放水平不断上升，贸易产品结构持续优化。

"十四五"时期，构建"双循环"新发展格局为天津经济社会的高质量发展和产业布局的转型升级提供了黄金战略机遇，天津要把握住、运用好这一战略机遇，在未来五年，不断焕发出新经济发展的荣光。同时，也要看到，天津在消费需求牵引和投资效率等方面仍然存在短板，需要在"十四五"时期不断加以提升。

二 天津融入"双循环"建设的优势

（一）科技创新构筑高质量发展的核心驱动力

在"双循环"新发展格局下，围绕着供给侧结构性改革，近年来天津在科技创新、智能制造、信创产业发展等方面取得了十分亮眼的成绩。"十四五"时期天津要巩固住科技创新资源优势，以创新驱动"双循环"，不断加快高质量研发资源集聚。

统计数据显示，2019 年，天津全社会研究与试验发展经费投入超过 462.97 亿元，占生产总值的比重为 3.28%，位列全国第三位。其中，来自高技术制造业企业的研究与试验发展经费支出达到 52.5 亿元，投入强度为 1.93%，超出制造业平均水平 0.87 个百分点。此外，天津的科研院所、其他单位在全社会研究与试验发展经费上也分别比上年增长了 1.6%、17.4%。2019 年，天津全社会研究与试验发展人员达到 14.39 万人，其中，研究生比重达到 28.6%，较上年提高 6.3%。

各类市场主体的科技创新也得益于政府的大力支持。在"十三五"期间，天津出台专项政策支持各类市场主体加大科研投入，2019 年，规模以上工业企业获得政府财政研发资金支持达 32.76 亿元，较上年增长 3.28 倍。

从与科技创新紧密相关的高技术产业发展看，前三季度，高技术制造业增加值增长 1.3%，快于规上工业 1.2 个百分点，占比为 15.4%，同比提高 1.3 个百分点；1—8 月高技术服务业营业收入同比增长 5.4%；上半年，天津智能科技产业收入达到 2069 亿元，占规模以上工业和限额以上服务业比重达到 23% 以上，比 2019 年同期提升了 7.4 个百分点。根据《世界智能制造中心发展趋势报告》显示，在 2019 世界智能制造中心城市潜力榜中，天津位列全国第四位，位居全球第十位。

2020 年，天津借助世界智能大会平台，以会兴业，推动高端科技资源和项目不断向津门汇聚。今年世界智能大会期间，成功云签约 148 个项目，总投资接近千亿元。其中，新基建、新一代信息技术、高技术服务等新动能项目 130 个，占比达到 88%。

近日，天津正式出台了《天津市建设国家新一代人工智能创新发展试验区行动计划》，到 2024 年，人工智能试验区建设取得显著阶段性成效，在智慧城市、智慧港口、车联网应用等重点领域走在全国前列，天津将建设成为全国"智能先锋城市"。

（二）打造全产业链推动经济实现转型升级

1.智能科技产业链加速建设

目前，天津已形成包括大数据云计算、信息安全、工业机器人、智能安防、智能网联汽车等九大特色优势领域，产业集聚度不断提升。

在大数据领域，已逐步形成集数据采集与存储、分析与挖掘、数据安全及智能应用为一体的大数据产业链；在机器人产业发展上，形成从上游零部件加工到下游机器人产业应用等新一代机器人技术的全覆盖；在智能软件产业链布局上，已实现从基础软件、分析算法软件到应用软件等的全产业链布局，拥有规模以上企业超700余家；在信息安全产业集聚方面，腾讯、麒麟、长城等头部企业陆续布局天津，产业集群规模占全国的比重达到23%，形成了以安全软件服务、创新培育和场景应用为特色的大安全产业结构；依托海河产业基金，打造了包括中电科、中芯国际、中环等龙头企业在内的半导体芯片全产业链。

在天津5G产业布局方面，已形成涵盖基带芯片、射频前端、通信软件、终端设备、通信光缆等领域的5G产业链，培育了以滨海新区先进通信技术创新基地为代表的产业聚集区。

在智能科技产业链的驱动下，按照《天津市战略性新兴产业提升发展行动计划》，到"十四五"末期，工业战略性新兴产业增加值占规上工业比重将达40%以上，天津将打造形成新一代信息技术、新材料两个2000亿级产业，培育生物、高端装备、新能源与新能源汽车三个千亿级产业，壮大节能环保产业规模，天津将成为全球重要的战略性新兴产业集聚区。

2.智能化再造传统产业链

目前，天津确立了"1+3+4"产业布局体系①，将智能科技置于产业布局的核心位置，以智能科技带动产业发展，让产业集聚完善产业链条，从而带动产业高质量发展。具体来说，天津一方面加大智能科技产业链培育，另一

---

① 天津着力打造"1+3+4"产业体系，其中，1是指智能科技，3是指生物医药、新能源、新材料三大新兴产业，4是指航空航天、高端装备、汽车和石油石化四大优势产业。

方面实施"以新带老"，借助新产业、新企业赋能传统产业升级改造。8月份，天津出台《天津市关于进一步支持发展智能制造的政策措施》，一方面围绕增量转型，增加人工智能、新型智能基础设施等新产业新业态的支持内容，另一方面，围绕存量升级，加大对企业智能化升级的支持力度，推进传统产业全方位全链条改造，为传统制造业升级添加新动力。

实施智能科技产业集群三年行动计划以来，天津设立了百亿元智能制造专项资金，对制造业进行全要素、全流程、全产业链以及全生命周期赋能升级。数据显示，到2019年，共支持了四批次智能化改造项目911个，安排财政资金36.2亿元，打造高质量、多领域的智能工厂、数字化车间，推动产业转型升级。

以汽车制造业为例，天津拥有一汽大众、一汽丰田、长城三大整车厂，2019年汽车零部件生产企业共千余家，产值超过1000亿元，以龙头企业带动辐射上下游企业从而提速整条产业生态不断壮大。除了其本身带动作用，近年来，天津加强新能源汽车、无人驾驶、车联网建设，产业叠加互助，借助智能科技研发新产品，利用新能源、新材料改进产品效能，汽车产业后续增长趋势强劲。

3.延伸新能源新材料产业链建设

近年来天津在新能源新材料产业链建设上取得了快速发展，特别是在产业链的向外延伸上，新能源产业快速增长助推了汽车产业创新产品，新材料产业不断提升为航天航空、高端装备产业迭代升级奠定了基石。

2020年天津发布了氢能产业发展行动方案（2020—2022年），将构建技术、产业、应用融合发展的氢能产业生态圈，到2022年氢能产业总产值突破150亿元，将培育和引进一批氢气制备和储运、氢燃料电池生产制造、科技研发和配套服务等企业，引育两到三家在氢燃料电池及核心零部件、动力系统集成、检验检测等领域具有国际竞争力的优势龙头企业，积极争取国家有关氢能产业集群的试点，初步形成氢能全产业链发展格局。以新能源产业链打造核心集群优势，聚焦氢燃料电池及核心零部件产业化打造产业集群，加快培育制储运装备产业，拓展延伸产业链条，积极引育优势产业链企业。

（三）以天津港为核心建设北方国际航运枢纽

天津北方国际航运枢纽是以天津港为中心的国际性综合交通枢纽，是京津冀区域海上门户，是服务"一带一路"和陆海双向开放的重要节点。2020年，天津港集团第四条"一带一路"新航线正式开通运营，航线从天津港出发，沿海南下，到达新加坡港、科伦坡、那瓦西瓦、皮帕瓦沃、巴生等港口，进一步增强了天津北方国际航运枢纽辐射带动作用，有力地推动了"双循环"建设。

2020年，天津港智慧港口2.0建设取得了突破性进展，全球首次集装箱传统码头无人自动化改造全流程实船系统测试获得成功，正式投入运营。

前三季度，天津港口运输在疫情冲击下实现了逆势上涨，天津港累计完成货物吞吐量3.86亿吨，同比增长3.8%，累计完成集装箱吞吐量1376.9万标准箱，同比增长5.2%。同时，天津港大力发展环渤海内支线运输，已开通至秦皇岛、唐山、黄骅等周边港口的内支线，形成以天津港为中心、覆盖环渤海主要港口的集装箱干支联动网络，9月份，完成集装箱吞吐量176.2万标准箱，同比增长7.6%，再创历史新高，完成环渤海运量9.7万标准箱，同比增长近80%。

从天津港口运输投资来看，前三季度，港口水运完成投资23.74亿元，天津港北疆港区C段智能化集装箱码头项目完成总投资57亿元,按照建设计划，2020年底前将建成1个泊位，2021年全部泊位建设完成。天津港北港池海嘉汽车滚装码头工程、天津港大港港区渤化液体化工码头工程(一期工程)、中国石化天津液化天然气项目扩建（二期）码头工程等一批港口重大基础设施项目正在全力建设当中。

（四）数字经济赋能新业态新模式

疫情防控时期，以数字经济为代表的新经济得到了巨大的发展空间和绝佳的发展机遇，数字经济不仅大大提升了经济发展对疫情的"抗疫性"，更是成为疫情影响下新经济的增长点。"十四五"规划建议中提出，要加快我国数字化发展，推进数字产业化和产业数字化，发展数字经济。

在年初防疫期间，天津网上采购、在线教育、在线医疗等线上服务实现了快速发展，带动前两个月信息传输、软件和信息技术服务业营业收入逆势增长 8.6%，一季度全市跨境电商进口申报订单增长 37.1%，限额以上商品网上零售额增长 16.4%。可以说，数字经济在年初对天津的民生、消费、出口等起到了重要的支撑作用。随着疫情防控常态化，网上消费势头依然强劲，前三季度，限额以上商品网上零售额增长 5.4%，高于限额以上社会消费品零售总额 20 个百分点。1—8 月互联网和相关服务、软件和信息技术服务业营业收入分别增长 17.0% 和 11.5%。经过疫情，预计天津数字经济规模仍然会有更大幅度的提升，具有开放、平等、共享属性的数字经济潜力巨大，将彻底改变生产和消费的面貌，塑造新经济格局。

与数字经济发展紧密相关的是"新基建"投资建设，这也是我国"十四五"时期投资建设的重点领域。目前，以 5G 网络、大数据中心、人工智能和工业互联网等为代表的"新基建"成为投资新增长点。截至 7 月底，天津已建成 5G 基站超过 1.95 万个，率先完成了全年任务，在年底预计将建成 2.3 万个 5G 基站。同时，中国电信京津冀大数据中心等一批重点项目建设也在顺利推进。

（五）优化营商环境助推高质量发展

从 2017 年的"双万双服促发展"活动开始，天津优化营商环境的步伐逐年加快，陆续出台了"津八条""推进民营经济发展 25 条""民营经济 19 条"等。2019 年，随着《天津市优化营商环境条例》的正式施行，天津优化营商环境正式迈入法治轨道。

2020 年受新冠肺炎疫情影响，天津企业生产经营活动受到巨大冲击。为推动复工复产复业，天津密集出台了一系列卓有成效的政策措施，包括"惠企 21 条""帮扶中小微企业和个体工商户发展 27 条""促投资扩消费稳运行 20 条""营造更好发展环境支持民企发展 26 条"等，帮助企业加快恢复生产经营，渡过难关。

在减税降费方面，前三季度，天津新增减税降费累计达 438.8 亿元，其中，今年出台的支持疫情防控和经济社会发展税费优惠政策新增减税降费 288.6 亿元。同时，前三季度，天津有 26 户次企业的境外投资者顺利享受到利润再投资递延纳税政策，累计扩大在我国投资金额超过 28 亿元，涉及税款近 3 亿元，有效畅通了"双循环"建设。

近日，天津通过了《天津市优化营商环境三年行动计划（2021—2023 年）》《关于进一步优化营商环境更好服务市场主体的若干措施》，将按照"世界标准、国际通行"要求，对标先进地区，用三年时间使营商环境达到市场化、法治化、国际化一流水平；提供精准精细服务，强化政策有效供给，不断提高办事效率，做到无事不扰、有求必应，切实提升市场主体的获得感和满意度；强化法治保障，加快诚信政府建设，让企业到天津投资感到踏实放心。

三 天津融入"双循环"建设的对策建议

（一）加快扩大市场内需，筑牢"双循环"战略基点

第一，释放消费潜力，引领泛娱乐消费升级。数据显示，当前天津常住人口在 1560 万人以上，城区人口超过 1290 万人，已成为国内超大型城市，同时，前三季度居民人均可支配收入突破 3.4 万元，位居全国前列，这表明天津不仅具备超大规模的内需市场，也同时具备了足够的内需消费能力。"十四五"时期，从主动适应居民消费习惯转变和泛娱乐化趋势入手，依靠科技对消费赋能，重构零售、教育、医疗等新消费场景，利用数字平台推动消费业态、营销模式创新与优化，提升高层次和个性化产品供给能力；借助 5G 时代技术迭代能力，尝试引导并推动以云游戏和超高清视频为代表、基于互联网领域文化产品融合的泛娱乐消费发展，释放泛娱乐消费作为未来关键终端消费的发展潜力。

第二，发力新基建，带动投资效益上新水平。要做大做强新基建好项目，避免"一窝蜂"。"十四五"时期，用改革创新的方式推动新基建，加大有效

识别新基建项目优劣力度，谋划梳理出一批优质项目，科学制定项目清单，加快重点投资项目落地开工，有效提升审批和服务效率。此外明确天津新基建重点建设领域。新基建包括信息基础设施、融合基础设施、创新基础设施等。对于天津来说，不宜采用在全部领域进行均等化的投资建设策略，而是要有重点地建设，如在人工智能、工业互联网、重大科技基础设施、产业技术创新基础设施等领域进行投资建设。

第三，加大"开放"力度，促进内需外需兼容互补。在新发展格局下，天津作为国际大都市和"一带一路"重要节点城市，在"十四五"时期将起到更加重要的外向型经济桥头堡作用。一方面，天津需要通过不断优化贸易进出口结构来满足国内多样化、个性化需求，并向世界输出高附加值产品，同时，需要以更加开放的姿态深度参与全球产业链、供应链分工；另一方面，以天津自由贸易试验区和北方国际航运枢纽建设为契机，推进海内外人才往来、全球资金融通、国际货物运输等高效、便捷、自由流动，打造北方经济开放新高地。

（二）提升创新创造层级，全力驱动"双循环"发展

第一，加快引育创新型企业，做大科技创新"底盘"。一方面，"十四五"时期，紧密围绕天津"1+3+4"产业布局，精准识别引进高成长性科技型初创企业和团队，完善创业初期风险分担机制，尽快实现企业研发项目落地；重视引进种子期、初创期、成熟期科技创新企业的数量和结构比例，推动处于不同成长期的科技企业协同有序发展，产生规模经济效益，扩大引育示范效果，形成引育发展的良性循环；另一方面，借助社会力量，充分发挥好平台类企业以商招商作用，鼓励科研机构、商会组织、众创空间等引进创新能力强、成长性高的科技企业，对引进成功的单位或组织实施奖励措施。

第二，加大科技研发力量，夯实创新发展基础。一方面，要进一步鼓励科技型企业加大基础研发投入力度，尤其是加大对"卡脖子"关键核心技术、相关领域前沿技术、颠覆性技术研发的资金投入，提升企业开发新产品与新工艺的创新意识；另一方面，进一步完善科技型企业创新政策激励，特别是

对于在研发投入方面确有资金困难的企业，可以给予适当的研发补助，统筹好科技型企业研发专项资金管理，有序开展对企业"杀手锏"产品和重点新产品的认定补贴。

第三，优化外部创新环境，形成企业发展合力。一方面，建立起更高效的技术创新信息交流平台，进一步完善产学研利益分享机制，鼓励科技型企业、科研机构与高等院校共享创新资源，不断提升科技成果转化率；另一方面，抢抓"京津冀"协同发展战略机遇，加速滨海—中关村科技园创新发展，加速宝坻中关村科技城、中科院天津创新产业园等科技园区建设，加速打造北京大学新一代信息技术研究院、清华大学高端装备研究院等研发平台，实现科技创新资源的快速集聚。

（三）大力激发"三新经济"活力，为"双循环"注入新动能

第一，加快发展新制造产业，提升新产业的智能化水平和服务特性。"十四五"时期，要推进以智能生产线、高档数控机床、规模化工业机器人应用为核心的智能工厂建设，加大智能工业产品开发力度，抢占热门智能消费品市场；促进制造业与生产性服务业深度融合，通过进一步延伸制造业产业链条和生产环节，推进设计研发和生产制造关键环节的柔性化改造，推动建设个性化、订制化产品服务模式。

第二，推动跨商业领域融合，建设新业态，重塑新商业模式。推进现代商贸、创新创业、医疗康养、教育培训、文化旅游等商业云上运营，充分发挥"互联网+"效能，加大云产品和云科技服务的有效供给，以"云上供给"优化带动"云消费"结构升级。

第三，加大政策供给力度，优化"三新经济"发展的制度环境。有力推动天津"三新经济"领域的"放管服"改革，建立起多部门协同参与的多元化综合监管模式，提升审批监管服务效率；放宽市场准入标准，加强"三新经济"的引育力度，通过政策优惠引导更多的民营经济进入该领域。

（四）加速释放"国企混改"潜能，提高国有经济在"双循环"中的运行效率

第一，落实好国企混改的经济目标，服务好天津地方经济发展。国企混改是盘活国有经济存量发展的重要途径，是提升国有企业生产效率和经营效益的关键一步，是国有经济新旧动能转换的内在要求。混改后的国有企业仍肩负着立足天津、服务地方、辐射京津冀的企业使命，同时，也需肩负起改革的引领示范效应，推动"十四五"时期天津国企混改加速进行。

第二，推动国企混改跨界融合，发挥体制机制创新优势。目前天津主要在金融、医药、装备制造、建筑以及公共服务领域推动国企混改，"十四五"时期，应鼓励更多拥有跨区域、跨领域、跨行业背景的新资本注入天津国有经济，实现资本、行业、地区的跨界融合；同时，应进一步加速混改后企业"去行政化""去机关化"，加快实现资源由"管控"向"配置"转变，增强体制机制灵活性，提升企业治理效能。

第三，对国企混改开展事后效益评价工作，提升混合所有制经济成效。对完成国企混改的企业建立混改绩效评价制度，围绕混改资金到位情况、企业内部规章改革、生产经营效益、股权收益、职工薪酬、社会服务等方面，设置混改效益评价指标体系，及时、准确、全面评价国企混改成效。

（五）推动金融供给侧改革，有力支撑"双循环"实体经济发展

第一，要及时根据融资需求的改变，加大融资机制创新。目前天津新动能引育的中小科创企业具有强烈的资金需求，其轻资产的企业特质为融资造成了困难。因此，"十四五"时期，为满足这些企业的融资诉求，可以将资产抵押贷款转变为以技术知识产权和专利权为主的抵押贷款制度，以适应天津经济高质量发展阶段的企业特征。

第二，加大金融对民营经济资金扶持力度，助推民营经济蓬勃发展。随着天津营商环境逐步优化，民营经济潜力逐渐释放，对高质量发展愈发重要。"十四五"时期，金融机构应围绕民营经济的发展阶段特性，制定完善融资

扶持的顶层设计，建立专门针对民营企业资金融通的政策体系，优化整合资金配置，保障民营企业专项资金使用到位率；在金融体系内部树立起为民营经济服务意识，保证各级金融机构有效落实民营经济扶持政策，通过采取合理的绩效奖励措施，提升金融从业者服务民企的内生动力。

第三，建立多门类产业发展基金，引导更多产业实现有序发展。目前，天津已建立了由政府引导的海河产业基金，有效支持了众多科技产业加速发展，打造了半导体全产业链，基金运行效果显著。"十四五"时期，可以建立更多由政府引导、分门类的产业发展基金，有针对性地为先导产业、新兴产业以及不同发展期产业提供资金支持，拓宽产业基金的辐射面，让更多产业和企业获益。

第四，加强金融供给的科技化水平，提升金融服务效率。依靠大数据、云计算和区块链等先进技术，有效识别客户信用水平，建立信贷预警机制，降低金融机构的信用风险；同时，对金融系统资金供需、流动性水平实施动态管理，实时监控，保障信贷资金的有效利用。

参考文献：

[1] 李拯：《接续奋斗，推动"十四五"起好步》，《人民日报》2020年11月2日。

[2] 评论员：《统筹两个大局，办好自己的事》，《经济日报》2020年10月31日。

[3] 侯波：《把握好中国发展的阶段性特征》，《天津日报》2020年11月2日。

[4] 黄群慧：《"双循环"新发展格局，未来我国经济政策的重要目标和着力点》，《财经界》2020年第28期。

[5] 郑明月、肖劲松：《构建"双循环"新发展格局面临的挑战与对策》，《新经济导刊》2020年第3期。

"十四五"时期天津消费环境分析
与发展趋势研究

天津社会科学院课题组[①]

摘　要：　"十四五"时期，我国将逐步构建"双循环"发展新格局。适应国内外经济形势新变化，实现经济高质量发展，关键需要畅通国内大循环、促进内需增长。通过分析"十三五"期间天津消费环境状况，查找制约天津消费扩大和升级的主要问题，对天津"十四五"时期消费环境发展趋势进行研究，提出通过增强"国际性现代化大都市"的消费吸引力，完善消费网络体系建设和促进自由消费空间形成，加强对城乡零售市场和社区消费环境的科学规划，提升中心城区活力与优化农村消费环境，积极推动夜间消费、假日消费、休闲消费等措施，着力塑造"智能制造+品质消费"的新城市形象，进一步提升现代化大都市的核心功能和综合承载力，增强城市的吸引力与影响力，更好满足人民日益增长的美好生活需要。

关键词：　"十四五"时期　消费环境　政策建议

　　近年来，在国民经济快速增长的带动下，天津消费领域实现长足发展。"十三五"期间，天津坚决贯彻落实习近平总书记对天津工作"三个着力"重要要求，坚定不移推动高质量发展，在外部发展环境变化和新冠疫情冲击

---

　　① 课题组成员：蔡玉胜、梁爽、潘汝南，执笔人：梁爽、潘汝南。

下，天津持续推出系列举措，丰富消费需求、提升消费品质、优化消费环境、激活消费市场、补齐消费短板、完善消费网络、打造消费新平台。消费在经济发展中的基础性作用日益增强。

"十四五"时期是在全面建成小康社会的基础上迈入社会主义现代化的重要时期，我国将加快构建以国内大循环为主体、国内国际双循环相互促进的新发展格局，以适应国内外经济形势新变化。实现经济高质量发展，关键需要畅通国内大循环、促进内需增长，建立现代化经济体系，以科技创新为引领，联动触发的制度创新、文化创新、市场创新等，形成系统性、全局性的动力。消费既要为生产服务，适应"十四五"时期经济高质量发展和现代化经济体系建设，又要为满足人民美好生活需要服务，引导消费由数量向质量转变升级。因此，构建优质消费环境，建设消费中心城市，激发天津消费市场潜能，对于推动天津经济高质量增长、提升现代化大都市的城市形象、不断满足人民群众日益增长的美好生活需要具有重要意义。

一 "十三五"期间天津消费环境发展现状

（一）居民消费发展态势良好

"十三五"期间，天津市制定多项措施增加居民可支配收入，通过扩大就业规模、开展技能人才培训、引导企业增加职工收入、提高社会保障水平、做好困难群体帮扶等，不断缩小收入差距。根据整理、计算 2016—2019 年《天津市国民经济和社会发展统计公报》数据的变化，可以看出天津居民消费能力不断提高，收入水平不断提升，消费规模不断扩大，消费结构不断升级，居民消费整体呈现出良好的发展态势。第一，城镇居民人均消费支出从 28345 元增长到 34811 元，年均增速 5.3%；农村居民人均消费支出从 15912 元增长到 17843 元，年均增速 2.9%。第二，城镇居民人均可支配收入从 37110 元增长到 46119 元，年均增速 5.6%；农村居民人均可支配收入从 20076 元增长到 24804 元，年均增速 5.4%。第三，社会消费品零售总额从 5635.8 亿元降至 5516.1

亿元，2020 年上半年受疫情影响，天津市社会消费品零售总额下降 21.7%，比一季度收窄 3.8 个百分点，随疫情防控向好态势不断巩固，居民生产生活逐步有序恢复。

（二）平均消费倾向趋于稳定

平均消费倾向用来衡量居民将收入转化成实际购买力的能力。近年来，天津市就业稳步扩大，个人所得税专项附加扣除和 18 项增收措施全部落实，扎实开展援企稳岗"护航行动"，支持青年群体就业创业，深入推进"海河英才"行动计划。从 2016 年到 2019 年天津城镇登记失业率下降到 3.5%，与上海持平。民生领域补短板力度加大，2019 年，教育投资增长 49.5%，卫生和社会工作投资增长 1.1 倍。"一老一小"工作扎实推进，2019 年，全市新增学前教育学位 4 万余个，照料中心建设不断加快[①]。随着收入水平的提高，消费需求多元化、个性化特征不断呈现，城乡居民消费理念和消费观念也在不断变化。2016—2019 年，天津城镇居民和农村居民的消费倾向渐趋稳定，见表 1，波动起伏不大，表示居民对于消费更加谨慎，消费欲望更加理性。

表 1　天津城镇和农村居民平均消费倾向

年份	城镇居民	农村居民
2016	0.76	0.79
2017	0.75	0.75
2018	0.76	0.73
2019	0.75	0.72

数据来源：由 2016—2019 年《天津市国民经济和社会发展统计公报》整理、计算得出。

（三）消费政策环境不断优化

政策法律体制的完善，有利于转变居民消费观念，提高消费率。近年来，天津贯彻落实国务院《关于加快发展流通促进商业消费的意见》，出台《关于

---

① 数据来源：2019 年天津市国民经济和社会发展统计公报。

完善本市促进消费体制机制进一步激发居民消费潜力的实施方案》等一系列鼓励消费、优化消费环境的政策措施，市场监管水平不断提升，流通环境日益改善，消费体制机制不断完善，消费环境不断优化。在信息消费领域，推出《天津市扩大和升级信息消费三年行动计划（2018—2020年）》；在文化消费领域，推出以惠民卡为代表的惠民消费举措。针对疫情影响，发布《天津市人民政府办公厅关于印发天津市有效应对新冠肺炎疫情影响促投资扩消费稳运行若干举措的通知》，出台《天津市促进汽车消费的若干措施》，积极推出消费券等系列举措，扩消费稳运行，加快恢复经济社会秩序。

（四）消费设施建设全面多样

天津不断创新商业模式促进消费转型升级，全方位推动新型基础设施建设。第一，编制了《天津金街步行街改造提升规划设计方案》，实施了慢行系统改造、业态调整等一批重点项目。加快"滨江道—和平路"等重点商圈智能化改造，推动基于大数据、5G、物联网等技术的智慧化商圈构建。第二，加大力度培育消费市场，利用新场景、新业态、新模式满足群众多样化需求。全市建成6个市级夜间经济示范街区和一批区级夜市街区，60余万平方米的总经营面积为市民游客提供了休闲消费新选择。第三，公布了《海河国际商业中心发展规划》，以海河为线索串联各商圈，按照"一带九轴九商圈"的总体格局，营造海河沿岸商业特色，将海河国际商业中心打造成为天津商业最繁荣、业态最丰富、产业链最完备的国际级商业中心。第四，中高端酒店总体数量持续平稳，星级酒店形成向中心城区和滨海新区双核心集中分布的格局。

（五）网络环境对消费构成重要影响

国际互联网用户数量和移动电话数量反映了城市消费环境的改善，能直接方便网络购物的进行。根据国家统计局数据，天津市2019年互联网用户数为1352.46万户，位于全国前列，但低于北京（3291.13万户）、上海（3032万户）和重庆（2862.24万户）的水平。移动宽带、固定宽带下载速率均跃居全国第三位。全方位推动通信基础设施建设，开展5G网络建设，截至2019

年底已建设 5G 基站 8532 个。从年末电话普及情况看，在四个直辖市中，天津市数量最低，为 127.31 部/百人，较北京、上海、重庆分别少 85.61 部/百人、53.63 部/百人、9.51 部/百人。网络购物水平仍有较大提升空间。

（六）服务性消费带动消费市场

2019 年天津旅游、文化等服务性消费继续保持较快增长。旅游业蓬勃发展，出台《促进旅游业发展两年行动计划（2019—2020 年）》，召开 2019 中国旅游产业博览会，积极打造"网红城市"。主要文化场馆和景区景点监测显示，"十一"黄金周期间，接待游客增长 12.1%，旅游综合收入增长 10.3%，天津已成为周边短途自驾游的主要目的地之一，很多星级酒店游客爆满、一房难求。文化消费成为居民消费新时尚，阿里巴巴发布的《天津市"夜经济"报告》显示，夜间演出最活跃城市中天津位列全国第三。会展经济加快发展，国家会展中心开工建设，成功举办全国第十届残运会暨第七届特奥会、第 26 届"津洽会"、亚布力论坛第 15 届夏季高峰会等重要会议，带动会展消费经济增长。

（七）地理区位影响消费

从消费环境的地理空间位置看，天津形成了以和平区为圆心，向外辐射延伸的消费圈。在各区比较上，和平区、滨海新区是最令消费者满意的消费区，河西区、河北区、河东区、南开区排名紧随其后，静海区、西青区的消费环境已经超过红桥区，而东丽区、津南区、蓟州区、宝坻区、北辰区则排名较为落后。

二 天津消费环境发展存在的主要问题

（一）收入增长放缓引致消费需求降低

与北京和上海相比，2016 年天津城市人均可支配收入为 34074.46 元，相比于北京和上海,低于北京 35.13%,低于上海 37.25%。从 2016 年到 2019 年期间,随着天津城市经济的发展,城镇人均可支配收入显著增加,但与上海和北京之间的差距在继续拉大。在 2019 年,天津城镇人均可支配收入达到 42404.14 元,但仍低于北京 67755.91 元的 37.42%,低于上海 69441.56 元的 38.94%。随着居民收入水平增速的放缓,引致的消费需求降低将对消费市场造成不利影响。

(二)二元消费结构制约整体消费水平提升

天津农村居民消费水平与城镇居民消费水平仍存在较大差距,2016 年到 2019 年,我市居民的消费总体上呈现平稳小幅上升趋势,但农村居民消费支出一直大幅低于城市居民消费支出,具体如图 1 所示。城乡消费能力不均衡性制约消费能力整体提升。

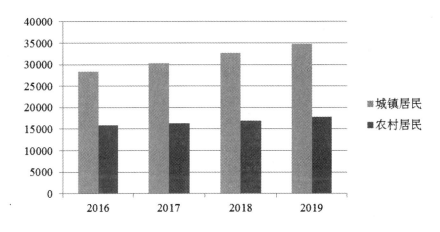

图 1 2016—2019 年天津城乡居民人均消费支出情况(单位:元)

(三)消费引导机制与城市定位不相称

作为传统制造业城市,天津城市符号与城市形象中缺乏消费尤其是高品质消费的基本特征,缺乏对形成具有地域特点且和本土产业关联的消费引导。城市文化中消费特色的筹划与设计不系统、不充分,符号性、引领性的消费观尚未成型。以购买力为标志的消费能力、以消费地标为标志的消费档次、以多元消费为标志的消费形态都和超大型直辖市的城市地位不符。

（四）消费性服务业对城市发展引领不足

从产业结构看，天津 2019 年三次产业占比分别为 1.3%、35.2% 和 63.5%，第三产业占比超过 60%，从 2015 年到 2019 年，服务业占比提高了约 10 个百分点，渐趋成为拉动经济增长的主要动力。信息传输软件和信息技术服务业、租赁商务服务业和科学研究技术服务业等生产性服务业增速显著加快，但对高端化消费类产业与活动如全球性高端服饰、时尚会展、顶级娱乐赛事等消费性服务业涉及较少，消费性服务业在城市经济中的占比存在巨大上升空间，对财税的贡献比例不足，一般性消费和普通生活服务消费多，高附加值、高税收的消费性产业少。

（五）中心城区消费商圈文化消费特色不明显

中心城区消费商圈主要以传统餐饮、购物等商业布局为主，新业态和消费亮点对时尚性、潮流性的消费引领不足。滨海新区消费经济的空间布局和企业结构不均衡，消费类龙头企业不多且缺爆款服务品类。夜间经济存在网点少、规模小、业态单、客流少等问题。

（六）消费基础设施建设空间布局不均衡

中心城区缺乏国际知名的主题消费设施和导向性消费地标。滨海新区品质消费的基础设施薄弱，消费网点的联通性需要强化。区域之间消费的差异化和符号化缺乏专门的规划与设计，影响市民消费需求和消费升级。部分区域内部因为缺乏对用地功能的综合与融合，政、商、居的功能过于单一、缺乏混搭，导致一些核心地块功能单调，消费活力不足。部分社区路网和地块的物理隔离导致居民消费服务的便捷性与舒适度大打折扣。部分区域社区消费基础设施建设呈现结构性失衡，不科学的社区发展规划、社区商业基础设施缺位、社区商业业态单调、大中型商业设施缺乏合理分布，这些都严重影响社区消费环境建设。

三 "十四五"时期促进天津消费发展的政策建议

按照《中共中央关于制定国民经济和社会发展第十四个五年规划和二〇三五年远景目标的建议》的要求,天津应结合实际,以建设消费中心城市为引导,大力倡导"消费之都"建设目标,全面优化城市消费环境。通过增强"国际性现代化大都市"的消费吸引力,完善消费网络体系建设和促进自由消费空间形成,加强对城乡零售市场和社区消费环境的科学规划,提升中心城区活力与优化农村消费环境,积极推动夜间消费、假日消费、休闲消费等措施,着力塑造"智能制造+品质消费"的新城市形象,进一步提升现代化大都市的核心功能和综合承载力,增强城市的吸引力与影响力,更好满足人民日益增长的美好生活需要。

(一)增强"国际性现代化大都市"的消费吸引力

将"消费之都"作为建设社会主义现代化大都市的核心内涵与优先内容予以考虑。统筹规划建成一批具有显著标识度和繁荣度的国家级商圈,设计推广一批彰显津门特色、人文底蕴的特色商业街区和特色夜生活聚集区,重点引进1~2项全球知名消费类会展,专题策划一批顶级时尚演出和问题赛事活动,重点拓展邮轮母港的欧美航线,围绕"天津购物"专项活动,推动"津城老字号"产品的国际化现代化改造,布局一批离境退税便利店。进一步设计天津世界智能大会的消费环节和消费元素。在城市文化和城市形象宣传上,不断提升品质消费的知名度和辨识度。

以产业转型促消费经济品质与效益提升。打通制造业和消费的产业边界与流程梗阻,鼓励生产型制造向服务型制造转型,通过对企业运营和流通环节的延展,增加观光、体验和消费场景开放,促进"智能制造"与"品质消费"的有机融合。通过开发推广"主题消费""网络消费""文化消费""工业消费"等新业态、新品种推动消费服务向特色化、精细化和高品质转变。加强传统消费业态的升级转型，推动吃、喝、游、娱、购等传统线下消费的网络化升级与文化服务拓展。优化消费类中小企业的营商环境，重视这类企业的成长性以及给城市带来的活力。

将新兴消费作为释放消费需求的重要突破口。围绕"在线新经济"，将"新零售"的发展作为促进辖区消费经济转型的桥头堡。加速推动"新零售"要素集聚，优化业态空间布局，释放"新零售"创新政策红利，充分激发市场主体活力，搭建"新零售"技术应用场景，引领智能商业新范式。发展重点电商企业项目，支持已落户天津的著名电商做大规模，鼓励传统百货零售企业发展线上、线下结合项目，加强第三方电子商务平台建设，发展一批产业优势明显，潜力巨大的电子商务平台，促进天津优秀企业与电子商务融和，推动产业转型升级。加大宣传引导，提高网购普及率、规范网购秩序、挖掘网购潜力。

促进地域文化挖掘与"网红打卡地"策划相融合。万国建筑、名人故居、港口码头，相声快板、煎饼果子等物化资源和海河独特的历史文化资源，是促进城市消费升级的不竭源泉。围绕提升"人气"与"流量"，借势夜间经济示范区建设，积极开发本土化、体系化的消费产品和地域化、时尚化的消费话题，将各类地域资源与旅游产品开发有机融合，策划打造民园、大悦城、瓷房子、意风区、天津之眼、佛罗伦萨小镇等一批"网红打卡地"，加快具有津沽韵味的、体系性、配套性的本土消费品牌和产品开发，发展一批具有地域特色、本土气息、古今融合、中外交融的消费场所和消费项目，满足娱乐化、"情绪化"消费需求。

（二）完善消费网络体系建设和促进自由消费空间形成

实现社区网格化物流技术底层与业态扩张的有效衔接。利用社区资源完善物流体系，鼓励物流行业与线下实体店、官方网站、第三方平台、社区居委会合作，引导新零售物流体系下沉至社区，推动"线下门店+线上服务+小程序+社群"平台建设，探索无人零售、无人配送、社区拼购等新零售方式。搭建网格极速配送平台，助推物流快送业务与本地蔬菜、水果等线下实体商家合作，保证"米袋子""菜篮子""果盘子"等率先实现"新零售"业态升级。预留空间建设配送系统，以 3 公里为服务半径，合理布局各连锁超市和生鲜超市，保障线上订单 30 分钟送达，推进居住人口规模 5000 人以上住宅区建设智能生鲜投递柜，积极发展各类生鲜派送新业务。

合理布局"中心城区+滨海新区"的双中心商业格局。细化商业定位和规划，充分考虑两类商业中心消费群体人员构成和收入特征，形成能够带动消费升级和创造都市商业氛围的消费中心。既打造多区域、重特色的商业核心圈层，也将社区消费环境的规划与城市商业环境的总体规划相结合，以商业服务设施建设分区发展目标和功能定位为基础，统筹构建社区消费环境，合理配置消费网点的总量、规模、档次和业态。城区地块要强调街区功能混合布局，推动商务、办公、居住、文化等功能融合。

（三）加强对城乡零售市场和社区消费环境的科学规划

构建以区为重点、乡镇为骨干、村为基础的农村消费品零售网络。按照城市定位的总体要求，细化城市商业定位和规划，合理布局城市商业中心，形成能够带动消费升级和创造都市商业氛围的消费中心。以小城镇建设为依托开拓农村消费品市场，鼓励各类投资主体投资农村商业设施建设，支持国内外大中型流通企业向小城镇延伸经营网络，采取直营连锁和特许经营等方式改造提升农村集贸市场和代销店。

将社区消费环境的规划与城市总体规划结合并纳入城市总体规划。以城市商业服务设施建设分区发展目标和功能定位为基础，结合社区划分，统筹构建社区消费环境，避免贪大求多、重复建设，充分考虑市场环境、现有社区消费网点状况及社区消费水平，合理配置消费网点总量、规模、档次和业态，构建现代社区消费网络体系。加强公共产品性质的社区消费品供给，在公共医疗、公共教育、社会养老等社会保障体系建设领域，解决居民消费需求的全面增长与供给严重短缺的矛盾，营造和谐的社区消费环境。

（四）提升中心城区活力与优化农村消费环境

更加重视中心城区的辐射带动功能。从发展中央商务区转向发展中央活力区，优化城市自由消费空间。中心城区的活力体现在人才、技术、信息和服务的引领，应以优化中心城区公共交通、信息网络、人才和技术服务平台为抓手，发挥中心城区优势，实现城市中心服务业的集聚和优化，强化辐射带动功能，避免中心城区空心化。新一代的中心区应该是一个为多种活动服务的"中央活力区"（CAZ）。城市中心区功能布置不能仅局限于办公、商业、零售等服务业，同时还应增加居住、社区服务和文化休闲设施，保留某些无污染、与商业办公关系密切的都市型工业。

推动农村流通管理体制创新和农村流通主体创新。当前物流成本占到GDP 的 20%，物流成本明显偏高，农村物流成本更高。应加强农村交通、运输、货场等物流基本设施建设，完善农村现代物流体系，改善农村物流条件。通过环境创建、规划引导、政策扶持，加强宏观谋划和微观推进，加快培育一批面向农村的商业龙头企业，推动其以连锁经营、物流配送、电子商务等为基础的现代流通方式，扎根农村，良性发展，建立新型农村商品市场体系。

（五）积极推动夜间消费、假日消费、休闲消费

精心筛选特色商业街区，积极策划夜市街区商旅文系列主题活动，不断提升夜间购物消费、消夏纳凉、休闲娱乐功能，统筹整合购物、餐饮、娱乐、健身等一条龙服务资源，大力倡导延时经营，吸引更多的市民夜间消费。组织重点百货商场、商业综合体、大型专业店、餐饮店，精心策划推出开展品牌推广、文艺演出、网购团购、体验消费等形式多样的商业促销活动。利用天津河、海、湖、山等各类休闲旅游、特色产品和历史文化资源，带动假日旅游、购物、餐饮、住宿、交通等综合消费。举办各类商贸节庆活动，吸引更多企业、市民和外来游客参与，真正发挥节庆活动扩大城市影响、聚拢人气、拉动消费、促进繁荣的作用。依据区域特点，积极引导市民现代消费理念，加快发展酒吧街、西餐厅、特色餐饮店、品牌影城、KTV 娱乐、室内健

身等生活服务业，创造更加休闲宜居、宜商乐业的生活环境，大力推动和发展生活性休闲服务业。

参考文献：

[1] 叶胥、龙燕妮、毛中根：《"十四五"时期我国居民消费发展：趋势、要点与建议》，《经济研究参考》2019 年第 17 期。

[2] 郭克莎：《中国产业结构调整升级趋势与"十四五"时期政策思路》，《中国工业经济》2019 年第 7 期。

[3] 余剑、方福前：《中国城乡居民消费结构升级对经济增长的影响》，《中国人民大学学报》2015 年第 5 期。

"十四五"时期天津创新
生态环境优化对策研究

赵云峰　天津社会科学院产业发展研究所副研究员

摘　要： 在创新驱动日趋成为中国新时期发展动力源泉的背景下，创新生
态逐步成为现阶段和未来产业与企业提升并保持竞争优势的关
键。近年来天津经济一直维持稳步的发展形势，在看到佳绩的同
时，我们也应意识到天津现阶段的发展中要面临新兴战略产业发
展缓慢、创新动力不足的问题。因此，"十四五"时期及未来一
段时期，应加强相应政策支持、提高区域创新水平、整合区域创
新资源，进而形成符合天津发展定位的创新生态系统。

关键词： "十四五"　创新生态　对策研究

一　天津创新生态环境建设的主要进展与成效

（一）深入践行新发展理念，坚持创新生态环境持续改善

创新生态是创新驱动发展的核心内容。一个优良的创新生态机制应当为
创新创业提供充分且具有生命力的关键要素，还需建立技术资源流通体系，
激励创新的包容性文化等。近年来天津全面加强科技创新生态环境建设，营
造有利于科技创新的社会环境，积极开展创新平台建设、创新企业培养等工
作。2019 年，全市 17 项技术成果获国家科技奖且获奖数量达成翻倍增长，
周其林院士获国家自然科学一等奖，技术市场交易额突破 920 亿元、与同期
相比上升了 27%，综合技术创新水平指数连续 17 年蝉联全国第三。国家高新

技术企业、国家科技型中小企业数量增长突破"双六千"，高企在企业法人数量中的占比在全国位居前列。天津设立了"雏鹰—瞪羚—领军"企业等级培养与动态管理体系，分级分类一对一支持，评估入库雏鹰企业1500家、瞪羚企业245家，共认定科技领军（培育）企业170家。

（二）坚持国家战略导向，搭建重大科技创新平台

不断优化科技管理体制，推动重大创新平台建设，充分释放科技创新潜能。近年来天津获批国家级重大平台数量与级别均取得较好成绩。全球最大、性能最佳的大型地震项目模拟分析设备系统启动建设。国家合成生物技术创新基地获批建设，重点建设引领生物科技进步的创新产业集群。作为全国五个试点省市，天津率先申报并获批建设首批国家应用数学中心，批复组建智能安防、合成生物、新药临床分析、锂离子电池4家市级科技创新基地与20家市级企业重点实验室，国家级平台后备支撑体系更加完善。

（三）加快创新企业发展，全面激发科技创新活力

天津坚持企业创新主体地位，全面推进政府组织内部机制改革，组建创新创业服务专业化团队，持续优化政府公共服务。积极发挥引导协调的作用，通过制定战略规划和推出支持政策等方式，积极为企业和科研机构牵线搭桥，推进企业与科研机构的创新合作，对创新生态系统进行优化和改善。全市260家众创空间、孵化器聚集常驻创业团队3000多个、孵化企业超过4400家。新认定8家产业技术研究院、总数达15家，衍生孵化科技型企业300家。"七链"聚集高企超600家且实现翻番。坚持围绕智能科技、生物医药、新能源新材料新兴战略产业，提升主要技术的突破能力。局区协同发力，出台配套政策并精准措施，共同引育创新型企业，加快新动能成长壮大。

（四）突出制度建设优势，推动创新人才的聚集与培养

党的十九大报告指出："创新是引领发展的第一动力，是建设现代化经济

体系的战略支撑。"科技创新是创新生态体系构建的源动力，人才是科技创新的根本，是衡量一个国家综合国力的重要指标，也是创新活动中最为活跃、最为积极的因素。天津充分发挥中国国际人才交流大会、外籍人才招聘会等平台作用，大力推进外籍人才聚集、开发等工程，积极引进外籍高层次人才。依托外国人来华工作许可及 209 项引进国（境）外专家项目，引进外籍人才近万人，其中高端外国专家超过 2000 人。举办 20 场"新型企业家大讲堂"等专题培训，帮助 2000 多名高层次人才学习新知识、开阔新视野。

二　天津创新生态环境建设存在的短板

（一）创新主体总量偏少，创新能力有待加强

现阶段，创新能力对区域经济发展的影响至关重要，而区域内创新生态的差距可能是导致地区经济发展差距的主要原因。创新生态是由企业、科研院所、政府、金融机构、中介等为主体的复杂系统，通过对不同创新主体间的交互，达成创新要素的高效集中，达成不同创新主体的共同进步，为区域经济提供更多的经济效益。2018 年天津 R&D 机构个数为 61，在全国 31 个省市、自治区、直辖市中居 25 位。R&D 人员数 9618 人，在全国 31 个省市、自治区、直辖市中居 15 位。在产业创新生态系统构建过程中，科研院所是创新生态体系的重要基础，政府及相关主管部门起到辅助作用。我市研发机构及研发人员的量体居于全国中等偏下水平，未来时期应积极鼓励科技领军企业、科研院所围绕天津重点发展领域打造创新生态体系。

（二）战略新兴产业基础薄弱，创新培育能力有待提高

天津智能科技、生物医药、新能源新材料产业的发展十分迅速，近年来取得了一定成绩，然而战略新兴产业中的领头羊企业较少。2019 年 11 月份工业和信息化部与中国工业经济联合会公布我国第四批制造业单项冠军企业及产品名单中，64 家单项冠军企业天津 1 家企业入围。60 项单项冠军产品天津

入围 1 项。生物医药、新能源新材料等产业中单项冠军企业及产品近 70% 分布在京沪粤江浙等地区。行业龙头企业是区域创新生态系统发展的中坚力量，应积极引导培育我市战略新兴产业链条中行业龙头企业，快速向"专、精、尖"方向发展，完善培育机制，实现产业升级发展，是"十四五"期及未来一段时期的重点工作内容。

（三）新兴战略产业链薄弱，缺乏整体产业规划布局

针对创新生态系统产业链条分布而言，天津部分产业链基本上都是位于垂直分工机制的尾部。新兴战略产业的部分关键环节仅仅有 1~2 家有关企业，规模和技术能在市场中的竞争能力不足，导致产业链整体水平较低，未形成良好的产业生态圈，未能凸显产业集群效应的优势。以天津半导体产业为例，天津在产业链上游有中环、海光等企业，中游则包括中芯国际，下游有紫光、中环等应用领域的大型公司。产业链的日趋完善不断催生天津安全可靠领域成为全国最具优势的产业集群，但现阶段仍然不具备完整的产业链布局和生态链布局，导致整体产业配套能力不足，难以发挥集群效应，进而对整体创新生态系统发展产生抑制作用。

（四）金融服务质量亟须提高，产业链条构建支撑力不足

海河产业基金作为天津市政府产业引导基金，为企业发展提供投融资服务。但是除此以外的金融机构只是在正常业务范围内为企业的创新活动提供相应的金融服务。在经济全球化背景下，企业要在激烈竞争中长期生存和发展就必须不断的进行改革和创新，不断地对自身的产品和服务进行更新换代，不断地打破现状，提高自身核心竞争力，才能获取更大的市场份额和占有率。但是，企业的技术创新活动需要长期大量的资金投入并且面临一定的投资不确定性风险，良好的金融生态环境可以为企业提供更多的融资渠道，提高资金的配置效率。要开拓性利用金融组合政策，支持更多拥有核心关键技术的企业及下游应用企业的创新发展，增加天津新兴战略产业的集聚和市场黏度。

三 国内国际知名创新体的发展经验及其启示

（一）中关村创新生态体系的探索实践

从国内来看，中关村作为我国第一个国家自主创新示范区，经过 30 来年的发展，中关村已然变为我国相对成功且在全球拥有巨大影响力的创新基地。作为我国科教人才资源最为密集的区域，中关村拥有以北京大学、清华大学为代表的高等院校 90 余所，以中国科学院、中国工程院所属院所为代表的国家（市）科研院所 400 余所；拥有国家级重点实验室 120 余家，300 多家跨国公司研发中心，80 多万在校大学生，738 名院士，高新技术企业 2.2 万家，丰富的创新资源为中关村创新生态的形成提供了良好的基础。同时中关村为打造科技创新生态机制在技术创新、产业集群、要素集中等领域也开展了丰富的实践探索。

1.设置全生命周期的企业培育支持计划

中关村围绕企业种子期、初创期、成长期、发展期、成熟期的不同阶段建立系统化的培育支持计划，如促进企业种子期和初创期培育的"金种子工程""小微企业研发补助"。针对企业成长期的 "瞪羚计划""展翼计划"。针对企业发展期的"改制支持资金""上市辅导培育基地""海外参展、建设研发机构支持资金"。针对企业成熟期发展的"新技术新产品支持计划"等，致力于企业全生命周期的培育支持。

2.打造全方位的科技金融服务体系

中关村通过打造融资服务平台、建立与主要资本市场的合作机制、推动科技金融创新等举措凝聚整合各类金融资源，引导金融机构服务创新创业，全面促进科技与金融的对接。以企业在各个发展时期的各种资金需求为出发点，中关村在企业建立的开始阶段使用天使投资、政府资金进行金融支持，成长期使用风险投资、PE、VC、股权投资等方式培育生长，发展期以投资银行、产业投资资金、并购基金、银行信贷为企业支撑开拓，成熟期以"四板市场"和债券融资为主导的科技金融机制促发展。不仅如此，中关村还设立探究服务中小微企业筹资的担保融资、信用贷款等各种信贷创新试点，全方位推进科技企业金融服务体系的建设。

3.建立系统的人才支持政策体系

为了培养、引进和激励人才，中关村建立了全方位人才政策支撑体系，如促进高等级人才聚集的"高级领军人才聚集"，扶持青年人才创新、为高端领军人才培育提供储备队伍的"雏鹰项目"，聘请留学归国人士的"留创园项目"，促进人才流动兼职和产学研结合创新的"开放实验室"，扶持外籍人才选拔与应用的"北京人才20条"与"中关村20条国际人才新政"，协助企业人才评价的"企业人才职称评审直通车"，推动人才快速落户的"优秀人才落户直通车"等，形成了良好的聚才用才环境。

4.推进全社会参与支持创新

中关村通过各种方式，调动社会各方资源，推进全社会参与支持创新。如大力发展创新创业服务和中介服务，建立了由上千家法律、会计、知识产权服务机构与产业协会、民间非政府组织支撑的创新创业服务体系。积极推动大学、大企业举办创新大赛活动，调动各类市场化机构举办各类国际化研讨交流会、展览展示活动，推动国内外科学家、创业人士、企业家之间的互动，举办双创周、科博会、科技周、中关村论坛、中关村前沿科技大赛等活动，通过调动社会各方资源参与支持创新，聚集创新要素，展示创新成果，促进技术和产业的创新协作，建立技术供给方与需求方的对接体系，促使技术成果往生产力方向的有效转化。

（二）新加坡产业创新生态系统的发展特点

新加坡岛国属性特征注定其存在资源稀缺问题。因此，新加坡经济的发展必须通过产业创新而进行。20世纪60年代起，新加坡历经了5轮经济转型升级，现正处于第6轮的"未来经济升级"阶段。此轮经济转型，新加坡提出产业创新生态系统，旨在借助本国成熟的互联网金融、健全的知识产权制度、新兴的人工智能体系带动科技创新能力。2016年，新加坡国立研究基金会推出的《研究、创新与创业 2020 规划》，注重建立更为灵活、开放的产业创新生态机制，将创新设定为未来经济发展的核心任务。据《2019 年全球创新指数》可知，新加坡在 129 个国家中排名第八，是亚洲最具创新力的国家。可以说，新加坡依托产业持续创新能力，已形成非常成熟的产业创新生态系统。

1.互联网金融导向发展

纽约、伦敦、香港与新加坡均为世界著名的金融产业孵化中心。新加坡地域狭小、资源有限，其政府一直提倡凭借地缘优势，发挥金融熔炉作用。国际货币基金组织称，新加坡较其他三地更具金融科技优势，是孕育互联网金融思想的理想国。新加坡中央银行和新加坡金融局共同建立了"互联网金融与创新组织（FTIG）"，旨在建立本国金融行业所需的技术力量。2017—2021 年，FTIG 预划拨 2.25 亿美元资助新加坡互联网金融项目发展，着力打造积极、可持续的金融创新生态圈。为进一步推进上述举措，新加坡金融局以提升创新转化速率，建立"快捷监管沙盒"体系，为金融科技企业的创新金融商品与服务进行更为高效的测试服务，从而实现金融科技的多元化发展。

2.知识产权导向发展

《2019 年全球竞争力报告》指出，知识产权保护领域，新加坡在亚洲地区排名第一，全球首位。近十年来，新加坡政府极为重视知识产权保护，积极营造鼓励创新创造、方便科研成果转化的商业与政策环境。商标、专利、版权、属地品牌、商业秘密等都在保护范围内，并且针对单独款项也有详细规定。不仅如此，2017 年 4 月 26 日新加坡知识产权局宣布成立"马卡拉创新基金"，政府企业共同协作将知识产权进行商品化。2018 年 7 月，该基金获得 1.5 亿美元投资，用以投资国内具有竞争力的知识产权与技术，促进企业知识产权与创新意识提升。另据新加坡媒体报道，自 2016 年到 2019 年，新加坡知识产权局共计投入 69 万美元，培育 500 名科学领域创新专业人士，从人才方而引导知识产权领域不断涌入活水，持续保障本国产业创新生态系统高标准运行。

3.人工智能导向发展

人工智能作为前沿科技重要领域之一，对新加坡生态智能存在多方面影响。长期以来，新加坡因其尖端技术引用的前瞻性受到国际认可。为紧抓生态智能发展风向，新加坡在早期便开始规划人工智能，驱动全产业生态的发展。早在 2017 年 5 月，《新加坡人工智能战略》就投资 1.5 亿美元，扩大人工智能利用率，为未来智能生态经济奠定基建基础。同时，此战略还分阶段制定出本国人工智能市场规模，预计到 2030 年实现 160 亿美元的智能生态商业价值。此后 2018 年 5 月，新加坡国家研究基金会发起人工智能新加坡计划，试图利用人工智能促进智能市镇和邻里、教育、医疗保健等方面的智能创新生态进步。另外，该计划在强势的金融领域更形成了完整的产业生态链，包括人工智能金融产品开发、科研能力深化、金融机构与用户匹配、金融纠纷解决等，都实现了自主化与智能化。

四　优化天津创新生态环境的主要路径

（一）聚焦创新主体培养，提升自主创新实力

"十四五"期间，天津逐步提升科技创新综合实力，积极策应国家创新驱动发展战略，加大科技投入力度，建成一批较高水平创新平台，科技服务体系日益完善。不断强化产业技术创新水平，探索资源多元投入、学科交叉融合、成果应用贯通的应用研究新路径，加大财政科技支出，引导企业、高校、科研机构等社会力量共同参与，促进产学研创新。在智能科技、生物医药、新能源新材料等新兴产业领域内，按照"少而精"原则，推动科技领军企业组建技术创新中心，支持企业打造核心技术、提升核心竞争力。引导传统优势产业中龙头企业加大研发投入，以突破行业关键和共性技术为重点，曾强单项冠军企业培育力度。

（二）聚焦人才引育，提升创新创业扶持力度

积极落实各级人才引进政策，用好用足"海河英才""项目+团队"等人才政策，进一步完善外籍人才需求发布、推荐和对接机制，设置分门别类的人才支持计划，围绕重点产业发展，大力引进企业首席科学家、企业创新领军人才、投资家等高端人才和一流创新团队并给予顶级支持。组织实施精英企业家、新生代企业家培育工程，建立"一企一策"精准培育清单。践行蓝领精英培养项目，迅速建立一支技术优良、拥有"工匠精神"的高技术人才团队。建立高端人才创业中心，吸引具有全球前列技术优势、可促进战略新兴产业发展的优秀队伍与人才，从而达成人才的高效聚焦。

（三）聚焦载体平台发展，提升创新支撑能力

积极融入京津冀协同发展战略，将部市、院市、校市合作为抓手，加大平台、项目引进力度。结合天津市产业发展特点，采取"引、育"结合的方式，引入、培养一系列依托知名高校、面向经济主战场的研发机构，力争在若干领域形成具有建设国家实验室的后备梯队，弥补基础性研究短板，形成对产业发展的支撑。建立具有比较优势的各类园区，改进载体能力，发挥园区聚集企业和培育企业的作用，加强规划指导、打破自我循环模式，加大力度推动园区间的合作互动，将各类园区发展为创新资源完善、技术支持有力、培育服务健全、生活设施齐全的高新技术企业集中区。

（四）聚焦金融和科技的深度融合，增强科技创新活力

实施科技金融伙伴工程，建立与深交所、上交所等全国性资本市场和相关地方性资本市场的合作机制，与全国主要的创投组织、商业银行、证券单位等建立长久的互动与协作体系，主动指导不同的金融中介组织服务创新创业企业。扶持孵化中心、大学科技园、协会等团体在科技企业聚焦地区建立科技金融公共服务系统，使用网络与实体彼此融合的形式，利用项目对接、融资培训等各种形式促进企业与金融组织的合作。深入加强科技创新对新动

能引育的支撑引领,将天津建设为科技创新的热土和企业创新的宝地。

参考文献:

[1] 陶金元、陶秋燕:《发达国家的创新战略及其对我国的启示》,《宏观经济管理》,2017 年第 3 期。

[2] 洪帅、吕荣胜:《中国产业创新生态系统研究综述》,《经济问题探索》,2017 年第 5 期。

[3] 刘光辉:《"一带一路"发展下中国和新加坡区域经济合作新格局》,《对外经贸实务》,2019 年第 7 期。

产业发展篇

天津工业经济发展研究报告（2021）

李恭谦　天津市统计局工业统计处高级工程师

苑英海　天津市统计局工业统计处

滑树松　天津市统计局工业统计处中级统计师

葛　宁　天津市统计局工业统计处中级统计师

李　萍　天津市统计局工业统计处高级统计师

摘　要： 2020 年初，新冠肺炎疫情对我市工业经济造成巨大冲击。自二季度以来，伴随各项惠企政策措施的落地显效，企业生产有序恢复，经营状况持续改善，工业经济稳步回升，5 月份起规上工业增加值连续五个月实现增长。前三季度，规上工业增加值增速实现由负转正，同比增长 0.1%。但当前天津工业经济依然面临着生产低位运行、市场需求不振、企业效益偏低、景气预期谨慎等问题。为进一步加快天津工业经济发展，巩固向好态势，应按照构建新格局要求，深化"放管服"改革，激发市场活力，持续增强经济内生动力，稳步化解疫情对我市工业经济的冲击和影响。

关键词： 新冠肺炎疫情　工业经济　效益　景气

一　2020年天津市工业经济运行的主要特点

2020年初，受新冠肺炎疫情影响，天津工业企业面临员工返岗受限、物流受阻、防控物资短缺等不利因素，导致企业复工复产率偏低。面对疫情的巨大冲击和工业生产状况的下行压力，天津工业系统全力保安全、促开工、抓生产、提效率，始终坚定信心、稳定预期，生产运行由加快恢复到实现增长。前三季度，天津规模以上工业增加值增速由负转正，效益状况逐季向好，效益水平持续好转，景气状况明显改善，市场供需衔接有序，企业生产经营呈加快恢复态势，产能利用水平保持回升态势。

（一）规模上工业生产由负转正

1.工业增加值实现增长

工业增速由负转正。受新冠肺炎疫情影响，天津一季度规模以上工业增加值同比下降16.0%。随着疫情防控和企业复工复产统筹推进，特别是二季度以来，在重点行业的带动下，工业生产持续回升，规上工业各月增加值连续五个月实现增长。前三季度，市场需求明显改善，工业企业生产稳步加快，规上工业增加值同比增长0.1%，年内增速首次实现由负转正，与一季度和上半年相比，增速分别加快16.1和5.8个百分点，见图1。

三大门类"一升两降"。前三季度，规模以上工业中采矿业同比增长4.6%，增速较上半年小幅回落0.1个百分点；制造业同比下降1.3%，降幅较上半年大幅收窄8.4个百分点；电力、热力、燃气及水生产和供应业同比下降1.7%，降幅较上半年收窄2.8个百分点。

行业增长面超过1/3。前三季度，规上工业39个行业大类中，14个行业同比增长，较上半年增加6个；行业增长面为35.9%，较上半年提高15.4个百分点。

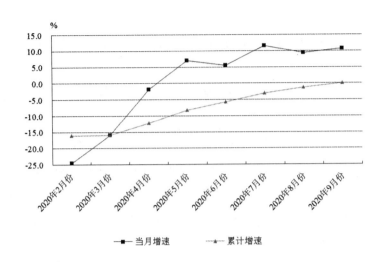

图1 2020 年前三季度全市规模以上工业增加值当月和累计增速情况

重点行业持续发力。前三季度，天津规上工业 5 个重点行业合计拉动全市工业增加值 3.8 个百分点，拉动作用较上半年提高 3.1 个百分点。其中，石油和天然气开采业拉动工业增加值增长 1.9 个百分点，电气机械和器材制造业拉动增长 0.8 个百分点，汽车制造业拉动 0.7 个百分点，计算机通信和其他电子设备制造业拉动 0.3 个百分点，铁路船舶航空航天和其他运输设备制造业拉动 0.1 个百分点。

2.新动能产业实现领跑

前三季度，战略性新兴产业增加值占规模以上工业的 26.0%，比重较上半年提高 0.7 个百分点，同比增长 2.8%，上半年为同比下降 5.1%，正负相抵后，加快 7.9 个百分点；高技术产业(制造业)增加值占规模以上工业的 15.4%，同比增长 1.3%，上半年为同比下降 5.3%，正负相抵后，加快 6.6 个百分点。

3.装备、石化产业带动作用突出

前三季度，装备制造业增加值占规模以上工业的 37.5%，同比增长 6.2%，上半年为同比下降 4.1%，增速由负转正，加快 10.3 个百分点，拉动工业增加值 2.0 个百分点，作用较上半年提高 3.3 个百分点；石化产业增加值占规模以上工业的 27.0%，同比增长 0.9%，上半年为同比下降 1.8%，增速由负转正，加快 2.7 个百分点，拉动工业增加值 0.3 个百分点，作用较上半年提高 0.9 个百分点。

4.工业品生产平稳加快

前三季度，天津规模以上工业生产目录产品 407 种，其中，165 种产品产量同比增长，占目录产品的 40.5%，与上半年相比，增长面扩大 8.6 个百分点。其中，规模以上工业企业生产医用口罩同比增长 21.0 倍，医疗仪器设备及器械增长 1.5 倍；服务机器人产量同比增长 1.9 倍，集成电路增长 27.8%，电子元件增长 39.7%，光纤增长 50.9%，电子计算机增长 1.2 倍，光电子器件增长 1.9 倍；汽车产量同比下降 8.7%，降幅较上半年收窄 13.1 个百分点。其中，新能源汽车产量同比增长 36.2%，上半年为下降 31.8%。

（二）工业效益逐步改善

1.重点效益指标逐季回升

收入和利润降幅收窄。前三季度，规模以上工业企业完成营业收入 13180.02 亿元，同比下降 3.1%，与一季度和上半年相比，降幅分别收窄 16.8 和 5.8 个百分点；实现利润总额 683.02 亿元，同比下降 25.8%，与一季度和上半年相比，降幅分别收窄 26.0 和 9.8 个百分点，见图 2。其中，制造业利润同比下降 6.7%，降幅较一季度和上半年分别收窄 84.6 和 14.0 个百分点。

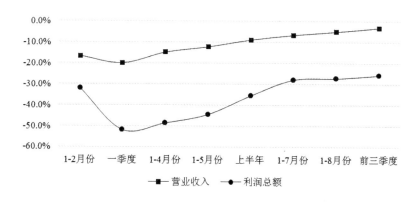

图 2　2020 年前三季度全市规上工业主要指标同比增速（%）

效益水平稳步提高。前三季度，规模以上工业营业收入利润率为 5.18%，比一季度和上半年分别提高 1.64 和 0.40 个百分点。9 月末，规模以上工业企业每百元资产实现的营业收入为 82.2 元，比 3 月末和 6 月末分别增加 18.07 和 6.12 元；人均营业收入为 190.35 万元，比 3 月末和 6 月末分别增加 43.61 和 15.25 万元。

2.行业盈利增长面保持稳定

八成以上行业实现盈利。前三季度，在工业 39 个行业大类中，16 个行业营业收入同比增长，比一季度和上半年分别增加 6 和 10 个；32 个行业实现盈利，较一季度增加 12 个，较上半年减少 1 个，盈利行业占全部行业的82.1%。

重点行业效益拉动作用增强。受市场需求改善，生产加快等有利因素的带动，前三季度，通用设备制造业利润同比增长 40.8%，拉动工业利润 1.2 个百分点，拉动作用较上半年提高 0.4 个百分点；汽车制造业利润同比增长 11.8%，拉动工业利润 1.1 个百分点，上半年为影响工业利润 3.6 个百分点；计算机、通信和其他电子设备制造业利润同比增长 7.6%，拉动工业利润 0.5 个百分点，上半年为影响工业利润 0.2 个百分点。前三季度，三个行业合计拉动利润 2.8 个百分点，拉动作用较上半年提高 5.8 个百分点。

亏损面降至三成以下。前三季度，规模以上工业企业中亏损企业占 29.8%，亏损面较一季度和上半年分别减少 23.1 和 6.5 个百分点，且低于上年同期 0.1 个百分点，亏损面年内首次降至 30%以下。

3.产业效益状况分化明显

前三季度，天津高技术制造业保持较高盈利水平，装备制造业利润显著改善，消费品制造业利润持续快速增长，高耗能行业利润大幅减少。其中，高技术制造业实现利润总额同比增长 8.5%，高于工业平均水平 34.3 个百分点，同时，凭借其高技术含量和高附加值，呈现较强的抗风险能力，营业收入利润率达 7.13%，高于平均水平 1.95 个百分点；装备制造业实现利润总额同比增长 6.2%，高于工业平均水平 32.0 个百分点；消费品制造业利润同比增长 27.0%，与一季度和上半年相比，增幅分别加快 8.1 和 19.3 个百分点；高耗能行业实现利润总额同比下降 59.3%，其中原材料制造业下降 68.0%；高耗能行业营业收入利润率仅为 1.11%，低于平均水平 4.07 个百分点。

（三）工业企业景气状况改善明显

1.企业景气判断良好乐观

企业对行业的判断持肯定态度比例超过九成。三季度，企业对本行业生产运行持肯定判断（良好及一般）的企业比重超过九成，为 93.3%，比重较二季度回升 4.7 个百分点。其中，持良好判断的企业占 38.1%，比重较二季度回升 8.4 个百分点；持一般判断的企业占 55.2%，比重较二季度回落 3.7 个百分点。同时，企业对自身的判断接近行业水平。在自身经营方面，对三季度运行持肯定判断（良好及一般）的企业占 93.1%，比重较二季度回升 5.1 个百分点，略低于企业对行业的判断 0.2 个百分点。其中，持良好判断的企业占 36.5%，比重较二季度回升 7.7 个百分点；持一般判断的企业占 56.6%，比重较二季度回落 2.6 个百分点。

2.工业生产加快恢复

三季度，天津七成以上企业订单水平恢复正常，资金周转趋于稳定，用工需求温和回暖。调查结果显示，认为三季度生产订单高于或处于正常水平的企业占 76.1%，比重较二季度提高 7.8 个百分点，产品出口订货量也表现出恢复态势，高于或处于正常出口水平的企业比重较二季度提高 5.6 个百分点；认为三季度资金周转充裕或者正常的企业占 81.3%，比重较二季度提高 1.4 个百分点，超过八成的企业预计四季度固定资产投资同比增加或者持平，比重较三季度提高 3.3 个百分点；认为用工需求比上季度上升或持平的企业占 91.3%，比重较二季度提高 1.5 个百分点。

（四）产能利用水平持续回升

1.产能利用率高于上年同期水平

三季度，我市规模以上工业产能水平继续保持回升态势，产能利用率为 76.8%，较一季度和二季度分别回升 14.2 和 2.1 个百分点；规模以上工业产能利用率已恢复至上年三季度水平，并高于同期 0.2 个百分点。与全国（76.7%）相比，我市高于全国平均水平 0.1 个百分点。调查结果显示，89.2% 的企业认为三季度生产能力发挥稳定向好，比重较二季度回升 0.8 个百分点。其中，认为产能利用率提高的企业占 31.7%，比重较二季度回落 24.5 个百分点；认为产能利用率不变的企业占 57.5%，比重较二季度上升 25.3 个百分点。

2.近九成行业产能利用率保持增长

三季度，规模以上工业 39 个行业大类中，30 个行业的产能利用率保持或高于二季度水平，行业增长面为 76.9%。其中，十个重点行业产能利用水平"九升一降"，继续保持增长势头。

3.大中型企业产能利用率超过 80%

三季度，天津大中型工业企业产能利用率为 80.7%，较二季度回升 1.6 个百分点，高于平均水平 3.9 个百分点；小微型工业企业产能利用率为 68.9%，较二季度上升 2.8 个百分点，低于平均水平 7.9 个百分点，见图 3。

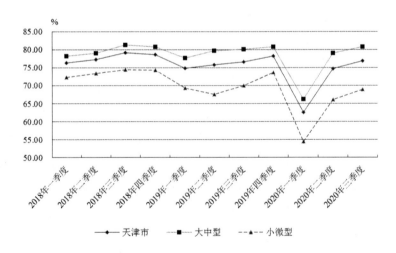

图3　全市规模以上工业及大中、小微型企业产能利用率情况

二 当前天津市工业生产运行的主要问题

尽管二季度以来，工业生产明显加快，工业经济形势继续向好，但从前三季度累计看，工业生产增速仍在低位运行，工业经济依然面临着市场需求不振，效益恢复较慢、水平偏低，企业对四季度预期趋于谨慎等问题。

（一）市场需求有待全面修复

1.工业出口降幅扩大，产销率小幅回落

前三季度，工业出口交货值同比下降 5.2%，降幅较上半年扩大 1.8 个百分点；出口交货值占销售产值的 12.9%，比重较上年同期回落 1.1 个百分点，在 32 个涉及出口的行业中，仅 8 个行业实现增长，24 个行业出口同比下降；冶金、石化、汽车等重点行业出口大幅下降，前三季度，黑色金属冶炼和压延加工业出口交货值同比下降 38.6%，石油、煤炭及其他燃料加工业下降 25.1%，化学原料和化学制品制造业下降 21.6%，汽车制造业下降 16.5%，金属制品业下降 15.8%，通用设备制造业下降 14.1%，6 个行业合计下拉规上工业出口交货值 3.8 个百分点；规模以上工业产销率为 99.7%，较上半年小幅回落 0.2 个百分点，在 39 个行业大类中，20 个行业产销率较上半年出现回落。

2.大宗商品需求不振，影响有所增加

前三季度，天津工业生产者出厂价格同比下降 3.1%。其中，石油和天然气开采业同比下降 32.4%，石油煤炭及其他燃料加工业同比下降 12.0%，化学原料和化学制品制造业同比下降 11.3%，黑色金属冶炼和压延加工业同比下降 3.2%。天然原油、汽油、钢材等大宗商品的价格波动，对生产企业排产计划造成一定影响的同时，也增加了工业生产稳增长的压力。

（二）企业效益恢复较慢，水平偏低

1.石化产业盈利状况下滑，影响我市利润近三成

今年以来，受石化产品需求不振以及国际油价震荡影响，石化产业的上

下游行业风险加大，效益空间受到严重挤压，利润大幅减少。前三季度，天津石油和天然气开采业实现利润总额较同期减少 209.41 亿元，同比下降51.6%，下拉工业利润 22.7 个百分点，成为影响程度最高的行业；石油、煤炭及其他燃料加工业亏损 25.39 亿元，下拉工业利润 4.4 个百分点，影响程度居行业第二位；化学原料及化学制品制造业实现利润总额同比下降 33.6%，下拉工业利润 2.4 个百分点，影响程度居各行业第四位。前三季度，石化产业利润合计同比下降 55.8%，影响工业利润 29.5 个百分点。

2.大中型企业效益水平低迷，小微企业利润实现增长

前三季度，规模以上工业中，大中型企业实现利润总额 523.09 亿元，占规模以上工业的 76.6%，同比下降 33.1%，降幅大于工业平均水平 7.3 个百分点；小微型企业实现利润总额 159.93 亿元，占规模以上工业的 23.4%，同比增长 15.6%，上半年为下降 6.8%。

3.疫情影响企业收入减少，成本持续增加

前三季度，规模以上工业企业每百元营业收入中的成本为 86.17 元，高于同期水平 1.12 元。今年以来受疫情影响，市场需求下降导致企业营业收入减少，但工资、房租等刚性成本不减，企业综合成本上升。随着工业生产的企稳回升，营业收入降幅虽然在不断收窄，但截至三季度，企业单位成本仍未恢复至疫情前水平。

4.效益水平尚未恢复到位，与全国及其他直辖市差距明显

从全国看，前三季度，全国规模以上工业实现营业收入同比下降 1.5%，降幅小于天津 1.6 个百分点；实现利润总额同比下降 2.4%，降幅小于天津 23.4 个百分点；全国营业收入利润率为 5.88%，高于天津 0.70 个百分点。

从直辖市看，前三季度，北京和重庆的规模以上工业营业收入均实现增长，增幅分别为 1.2% 和 5.0%；上海降幅（-4.4%）大于天津 1.3 个百分点。前三季度，北京和重庆的利润总额同比分别增长 6.0% 和 16.7%；上海降幅（-4.2%）小于天津 21.6 个百分点。在效益水平方面，北京、上海、重庆的营业收入利润率分别为 7.60%、7.57% 和 5.32%，高于我市 2.42、2.39 和 0.14 个百分点。

（三）企业对四季度预期趋于谨慎

1.对行业的预期持肯定态度的企业比重小幅回落

调查结果显示，企业对四季度行业运行状况持肯定预期（乐观及一般）的企业占91.3%，比重较三季度回落2.0个百分点。其中，持乐观预期的企业占34.2%，比重较三季度回落3.9个百分点；持一般预期的企业占57.1%，比重较三季度提高1.9个百分点；而持不乐观态度的企业占8.7%，比重较三季度提高2.0个百分点。

2.对企业自身的预期略低于对行业的预期判断

在自身经营方面，企业对四季度运行持肯定预期的企业占91.0%，比重较三季度回落2.1个百分点，低于行业预期0.3个百分点。其中，持乐观预期的企业占33.9%，比重较三季度回落2.6个百分点；持一般预期的企业占57.1%，比重较三季度提高0.5个百分点；而持不乐观态度的企业占9.0%，比重较三季度提高2.1个百分点。

三 2021年天津市工业发展形势分析

目前，我国国内疫情防控和统筹经济社会发展已走在世界前列，由此带来全国和天津前三季度工业经济持续稳定恢复。但是，国内疫情外防输入、内防反弹的压力仍然存在，国际环境仍然复杂严峻，不稳定、不确定性因素较多，国内经济仍处在恢复进程中，我市工业运行复苏向好的基础仍需进一步巩固。

2021年我市工业经济面临的风险和挑战依然存在，实现工业经济稳增长目标仍需多措并举加强"逆周期"调节，持续优化营商环境，稳定发展预期、提振市场信心，充分发挥产业优势和创新优势，加快工业新动能引育产业发展，推进信创产业集聚升级，推动天津工业经济高质量发展。

四　助推天津市工业经济发展的对策建议

为进一步加快天津工业经济发展，巩固向好态势，应按照构建国内循环为主体、国内国际互促双循环新格局的要求，深化"放管服"改革，提振企业信心、激发市场活力，着力解决企业生产经营困难，持续增强天津经济内生动力，稳步化解疫情对我市工业经济的冲击和影响，不断加快巩固工业恢复基础，全力实现工业经济稳增长的发展目标。

（一）提振市场主体信心，聚力重点领域发展

聚焦信创产业、人工智能产业、新能源、新材料产业、生物医药产业等重点领域，持续改善营商环境，加大引资力度，完善产业链条，提高竞争力；推动传统产业进行智能化改造升级，不断提高产品附加值；积极优化营商环境，吸引市场前景好、盈利能力强、符合天津发展规划布局的优质企业来津投资；加快推动新增项目的投达产进度，引导新建项目做精做强，努力提升增量贡献。

（二）关注国内外形势变化，加强监测预警

密切关注当前复杂多变的国际国内经济走势，加强形势预判和政策协调，积极有效应对因大宗商品需求不振等因素带动的外部冲击，稳定市场预期，提振企业信心，维护市场平稳运行；针对石化企业受价格因素影响较大的情况，加强对原油等重点工业产品价格的监测，引导企业降低市场价格波动对经济效益的影响。

（三）加强企业调研服务，发挥政府服务纽带作用

充分发挥政府纽带作用，加强大中型企业和需求方信息联通，促进生产循环畅通；加强市场精准对接，重点瞄准国内市场，强化产品线上线下营销推广，拓宽产品销路；密切关注效益恢复缓慢企业的运行动态，有针对性地

帮助企业解决资金、人员等方面的问题，为企业提高盈利能力创造良好的政策环境。

参考文献：

[1] 覃成林、张震、贾善铭：《东部地区率先发展战略：变迁、成效与新构想》，《北京工业大学学报：社会科学版》2020 年第 4 期。

[2] 李雪松等：《未来 15 年中国经济增长潜力与"十四五"时期经济社会发展主要目标及指标研究》，《中国工业经济》2020 年第 4 期。

[3] 张其仔：《"十四五"时期我国区域创新体系建设的重点任务和政策思路》，《经济管理》2020 年第 8 期。

天津服务业发展研究报告（2021）

韩　璐　天津市经济发展研究院经济师

周腾飞　天津市经济发展研究院经济师

摘　要： "十三五"时期，天津市服务业发展规模不断壮大，已成为带动全市经济发展的主引擎。服务业内部结构不断优化，批发零售等传统产业加快转型，以信息、科技、商务服务为代表的新兴服务业蓬勃发展；载体平台建设加快，服务业空间布局更加优化，营商环境持续改善。预计 2021 年，全市服务业增加值占比和劳动就业占比将分别达到 65.6%和 67.3%，服务业劳动生产率将由 2015 年的 17.07 万元/人提高到 2021 年的 23.41 万元/人，服务业主导地位将更加巩固，"服务经济时代"正加速到来。为实现全市服务业高质量发展，应加速推动二、三产业深度融合，建立健全服务业创新体系，加速创新主体集聚，加强服务业对外开放与区域合作，不断完善服务业发展体制机制。

关键词： 服务业升级　高质量发展　服务经济　新动能

一　天津市服务业发展现状与比较分析

（一）天津市服务业发展现状分析

1.总量规模逐步壮大，成为经济发展主引擎

2019 年天津市服务业增加值实现 8949.87 亿元，占地区生产总值的比重

达到 63.5%，较 2015 年提高了 11.6 个百分点，其中生产性服务业增加值占全市生产总值比重达到 40% 以上。新冠肺炎疫情冲击下，服务业稳步复苏，2020 年前三季度服务业增加值同比增长 0.1%。服务业平稳发展对全市经济平稳运行发挥了关键作用，2019 年新增服务业市场主体 23.8 万户，占全市新增市场主体的 89%，服务业成为全市新增市场主体的主力军和新动能的主要来源。

2.内部结构不断优化，重点产业全面发展

2019 年，金融业增加值达到 1908 亿元，占全市生产总值比重的 13.5%，截至 2020 年前三季度，金融业增加值增长 5.3%，比上半年加快 0.6 个百分点。以信息、科技、商务服务为代表的新兴服务业蓬勃发展，2019 年全年电信业务总量增长 62.4%，互联网和相关服务业、软件和信息技术服务业、商务服务业营业收入分别增长 23.5%、9.6% 和 32.1%。规模以上服务业中，战略性新兴服务业、高技术服务业营业收入分别增长 12.5% 和 19.1%。传统产业加快转型，限额以上网上零售额 508.6 亿元，较"十二五"末翻了一番，占全市限额以上社会消费品零售总额的 24.7%，较"十二五"末提高了 15.8 个百分点。

3.载体平台建设加快，空间布局显著优化

重点服务业领域平台载体功能逐步显现。金融服务领域，已形成友谊路、解放北路、于家堡金融区、南京路、小白楼等金融集聚区，初步建成"新八大里"等新金融承载区。设计领域，集聚了以河西陈塘自主创新示范区、C92 科技文化创意产业园、意库创意产业园等优质载体，其中，河西陈塘自主创新示范区已成为国家火炬天津陈塘工程设计特色产业基地。信息服务领域，形成了天津高新区软件园、天津市 IC 设计中心、滨海新区信息安全产业园、红桥光荣道科技产业园区等特色载体。科技服务领域，启航湾创新产业区规划建设步伐加快。商务服务领域，和平人力资源产业园区重点打造国家级人力资源服务产业集聚高地。商贸服务领域，先后建成和平区五大道等 6 个市级和 11 个区级夜间经济示范街区，带动试点区域商贸经济快速发展。航运服务领域，以万通大厦——天津国际航运金融中心为载体，集聚船舶融资、船运保险、资金结算等航运服务资源。

"两区一带、多点支撑"的服务业发展空间布局基本形成。中心城区以特色楼宇培育为着力点，滨海新区已初步建成全国生产性服务业集聚区，海河现代服务业产业发展带初步形成。同时，形成了东丽区科技服务业组团、西青区商贸物流组团、蓟州区文化与休闲服务业组团、宝坻区物流与科技服务业组团、武清区电子商务组团、静海区物流和健康休闲组团等多个服务业组团。

4.创新发展成效显著，发展环境持续改善

服务业创新成果丰硕。服务业新增长点不断涌现，商务服务业、软件和信息技术服务业成为拉动服务业的重要引擎，滨海高新区成为国家第二批双创示范基地；5G整体改造及部分区域先行先试；互联网、大数据、人工智能与实体经济相互渗透。"互联网+先进制造业"实现新突破，培育一批智能制造关键装备、新模式项目、标杆企业，大数据、云计算产业全面推进，进一步拓展了天津工业云、滨海工业云 2.0 版等一批公共云功能，推动一批行业云平台迭代更新。

服务业发展空间不断拓展。2018 年以来天津把服务业发展作为经济转型升级的主战场和突破口，连续出台《关于加快推进夜间经济发展的实施意见》《关于促进市内六区高端服务业集聚发展的指导意见》《关于完善本市促进消费体制机制进一步激发居民消费潜力的实施方案》《服务业质量提升行动计划》等政策，积极推动工业 App（应用程序）、大数据、互联网等新兴领域发展。通过制定《天津市软件和信息技术服务业三年行动方案（2018—2020）》、召开全国首届工业 App（应用程序）创新应用大赛，打造国家级试点示范项目，成功引进同道精英、紫光云、贝壳网等一批优质企业相继落户，服务业发展环境持续改善。

（二）天津市服务业发展当前面临的问题

1.总体规模偏小，增速疲软

2019 年是全市经济发展形势较为严峻的一年，地区生产总值增速同比增长 4.8%。从服务业增加值规模来看，2019 年北京、上海、广州、深圳服务业增加值分别为 29542.53 亿元、27752.28 亿元、16923.23 亿元、16406.06 亿元。

相较之下，天津服务业增加值（8949.87亿元）仅为北京市服务业规模的三分之一，也远落后于上海、广州和深圳，见图1。从服务业发展速度来看，全国及五市服务业增加值增速变化波动较大，总体介于7%~10%之间。天津近五年年均增速达到7.2%，分别低于北京、上海、广州和深圳，低于全国平均水平0.5个百分点，见表1。

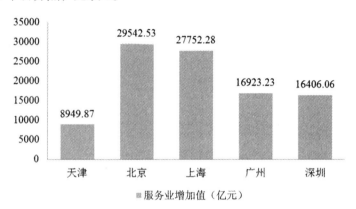

图1　2019年五市服务经济规模比较（单位：亿元）

表1　2015—2019年五市服务业增加值增速对比表（单位：%）

市别	2015年	2016年	2017年	2018年	2019年	2015—2019年均增速
天津	8.3	10.0	6.0	5.9	5.9	7.2
北京	8.0	7.1	7.3	10.9	6.4	7.9
上海	8.7	6.9	18.9	11.3	8.2	10.8
广州	9.4	9.6	8.2	7.5	7.5	8.4
深圳	10.1	9.8	8.8	8.3	8.1	9.0
全国	8.3	7.8	8.0	7.6	6.9	7.7

数据来源：2015—2019年全国和各市国民经济和社会发展统计公报。

2.产业结构有待优化

2013年以来，天津服务业增加值增速逐渐开始领跑全市经济，成为经济增长新动能，2015年服务业增加值首次超越第二产业，比重突破50%，截至2020年前三季度服务业占比达到65.5%，服务业主导地位确立。从横向比较来看,天津服务业增加值占 GDP 比重(2019 年为 63.5%)略高于深圳(60.9%),但远低于北京（83.5%）、上海（72.7%）、广州（71.6%），天津服务业进一步提升还存在很大潜力。

根据各省市 2019 年统计年鉴数据,五市在服务业内部结构上存在明显差异。天津服务业中批发和零售业所占比重较大,2018 年为 21.41%,高于北京等其他四个城市;其次为金融业,高于广州 5.16 个百分点;信息传输、软件和信息技术服务业比重仅为 5.49%,在五个城市中最低,远低于北京（16%）、深圳（13.94%）。天津服务业主要集中在批发零售业和金融业,传统服务业比重高,新兴服务业尚未形成集聚和规模的发展形态。高端生产性服务业发展较为薄弱,信息传输、软件和信息技术、节能环保、供应链管理等专业服务业发展规模和水平相对不足,对城市功能和服务能级提升的支撑作用尚不突出,生产性服务业整体竞争力不强,产业层次较低。

3.企业竞争能力薄弱

2020 年 9 月,全国工商联合会发布 2020 中国民营企业服务业 100 强榜单,榜单中的服务业企业主要分布在 11 个细分行业,其中有 36 家企业属于房地产行业,有 17 家企业属于零售业,其余企业是综合（10 家）、批发业（13 家）、商务服务业（8 家）、邮政业（5 家）。总体上看,传统贸易零售和交通运输等企业占比持续走低,互联网、金融和供应链等现代服务业企业快速崛起。其中,北京 10 家、广东 24 家、上海 7 家,而天津仅入围云账户技术（天津）有限公司和天津亿联控股集团有限公司,分别位列第 80 位和 86 位。

天津服务业整体竞争力不足,体现为市场化及专业化程度不高、产业集中度较低、自主创新能力不足、有影响力的品牌和有带动效应的龙头企业较少。不同于北京、上海、广州、深圳等城市均拥有规模较大的总部型服务业企业,天津服务业企业数量少、体量小、排名比较靠后、分布较散,服务业资源并没有得到有效整合。除此之外,天津服务业企业大多集中在金融、交通等产业,互联网信息服务等新兴服务业企业缺乏,服务业增长新动能不足。

4.区域空间协同不足

目前，全市范围内生产性服务业和生活性服务业空间分布较不均衡。生活性服务业主要集中在市内六区，与环城区域、滨海新区出现一定断层；生产性服务业以滨海新区为主要发展区域，要素分布在各功能区组团，聚集能力不强，对区域辐射带动作用也有待提高。从中心城区来看，同质竞争现象明显，市内六区服务业多集中于商贸、金融产业，缺乏一定的差异化定位；从滨海新区来看，与中心城区的互动不足，教育、医疗等服务资源尚未充分流动；从各区来看，各服务业组团主要以商贸、旅游为主，存在差异化定位不清、发展主线不明、衔接性差的问题，区域特色未能完全发挥，尚未形成全市服务业协同发展合力。

二　天津市服务业发展形势分析

（一）面临机遇

1.经济全球化加速服务业迭代升级

当前，移动互联网、物联网、人工智能、虚拟现实、区块链等新兴技术日益广泛应用，推动服务业加快向全球化、网络化、数字化、虚拟化、智慧化加速转型，催生出更多新业态、新模式，成为全球服务业发展新增长点，服务业成为国际产业投资热点。制造业跨国布局带动生产性服务业全球化发展。跨国公司在全球范围内整合各类资源要素，资本、技术和人员的跨境流动更加便利，带动全球服务投资贸易快速增长，服务贸易占全球贸易比重正逐步上升，新兴经济体服务业发展面临重大机遇。

2.服务业向高端化、体系化、专业化、融合化发展

当前，我国经济长期向好的基本面没有改变，发展前景依旧广阔。随着我国居民收入水平不断提高和消费结构不断升级，催生出以"首店经济""流量经济""银发经济""他/她经济"、DIY 设计、体验店等为代表的定制化、个性化、多元化的服务需求，推动服务业向高标准、高品质、高体验方向发展。

随着社会老龄化程度不断加深，市场化、专业化、精细化的社会养老服务需求逐步扩大，推动智慧医疗、旅游康养等领域规模化提升。同时，我国制造业转型升级步伐持续加快，呈现出技术体系化、生产绿色化、模式创新化的新趋势，进一步推动信息技术服务、科技服务等生产性服务业向高端化、专业化、体系化、融合化发展。

3.全面对外开放壮大服务业新动能

2019 年 3 月通过的《中华人民共和国外商投资法》，标志着我国对外开放进入了新的发展阶段，为我国对外开放的扩大和巩固提供了明确的方向。在服务业领域，《深化服务贸易创新发展试点总体方案》《深化服务贸易创新发展试点开放便利举措》等政策措施加大金融服务、电信服务、旅行服务、专业服务开放度，《完善促进消费体制机制实施方案（2018—2020 年）》等政策措施促进养老、医疗、旅游、家政等细分行业开放发展。2019 年 8 月国家批准新设立的河北自贸区将与天津滨海自贸区共同构成京津冀自贸区协同发展的空间新格局。新一轮扩大开放和自贸区建设发展新格局将为天津服务业发展提供新的空间和动力，有利于在金融、航运等服务经济领域释放改革开放活力和创新动力，也为加大优势服务业企业"走出去"提供了良好的外部环境与契机。

（二）面临挑战

1.国际经济发展格局调整和新冠肺炎疫情双重影响带来较多不确定性

随着国内外发展环境更加错综复杂，贸易保护主义、单边主义等"逆全球化"思潮抬头，势必导致天津享受全球化红利空间进一步缩小。受疫情冲击影响，全市主要产业市场需求出现明显下降，汽车等可选消费市场动力明显不足。社会消费意愿和习惯发生变化，消费恢复时间拉长，疫情期间市民养成的数字化和低接触行为习惯预计将继续保持下去，"报复性消费"预期效果不强。外贸进入发展瓶颈期，国际供应链不畅，需求端受到冲击，展会、洽谈会等传统经贸活动延迟或取消，企业承接新订单难度加大，海外买方拒收货物或拖欠货款屡有发生，履约风险增大。

2.国内外城市服务经济竞争日益激烈

现代服务业具有智力要素密集度大、科技含量高、产出附加值高、资源消耗少、环境压力小等特点，成为各地争相扶持发展的经济增长点和战略制高点。随着我国服务业增加值占比超过 50%及其对经济增长贡献率提高，大城市产业竞争正在由制造业向服务业竞争转变。一方面，北京的政治和经济资源对天津总部经济等高端服务产业和要素形成了强大吸附力，雄安新区未来的高新产业对天津发展高端服务业带来在一定程度挑战。另一方面，粤港澳大湾区、长江经济带、中原经济区、成渝经济区、海峡西岸经济区、山东半岛蓝色经济区等重点区域发展不断加速，对天津的高端服务业资源产生一定高程度的虹吸效应及稀释作用，对天津吸引服务业高端人才、集聚高端资源、提升产业能级形成了较强挑战。

3.服务业管理机制体制亟待完善

服务业涉及行业类别较多，多数服务企业难以界定行业归属，政府对服务业管理的领导体制仍属于"条块分管"模式，缺乏横向协调机制和统一监管机构。区域技术变革与商业模式迭代缓慢带来相对滞后风险，重点表现在"互联网+"新时代背景下，服务业新业态、新模式不断出现，而现行的体制和管理模式对服务业组织结构调整和创新创业存在一定制约。此外，新兴服务行业在规则制定、行业自律、监督管理等方面存在诸多不足，导致服务市场无序竞争严重。

三 天津市服务业发展趋势预判

（一）天津服务业发展主要指标预测

未来 3～5 年将是天津现代服务业飞速发展的重要时期，将保持平稳较快增长态势，服务业增加值在经济发展中比重也将逐年上升。为准确预测全市现代服务业未来发展趋势，报告选取 2010—2019 年数据，采用趋势外推法建立模型，以《天津统计年鉴》和国家统计局天津调查总队公布数据为研究依据，对服务业增加值、就业规模及劳动生产率指标进行预测。

一般公式为：

$$Y_t = b_0 + b_1 X_1 + b_2 X_2^2 + ... + b_t X_t^t$$

拟合直线方程为：

$$Y_t = a + b X_t$$

其中：

$$a = \frac{1}{n} \sum_{t=1}^{n} Y_t - b \frac{1}{n} \sum_{t=1}^{n} X_t$$

$$b = \frac{n \sum_{t=1}^{n} Y_t X_t - (\sum_{t=1}^{n} X_t)(\sum_{t=1}^{n} Y_t)}{n \sum_{t=1}^{n} X_t^2 - (\sum_{t=1}^{n} X_t)^2}$$

1.服务业增加值规模及占 GDP 比重预测

根据模型预测，未来全市服务业规模将进一步扩大，2021 年服务业增加值预计达到 12575.8 亿元，占 GDP 比重为 65.6%，与"十三五"期末相比提高了 2 个百分点，见表 2。这意味着服务业仍将是我市第一大产业，行业主导地位更加巩固，对天津国民经济和社会发展的贡献作用更加重要。

表 2　2020—2021 年天津服务业增加值规模及占 GDP 比重预测

年份	服务业增加值 （亿元）	服务业增加值占 GDP 比重 （%）
2015	8714.26	51.9
2016	10098.08	56.7
2017	10786.64	58.2
2018	11027.12	58.6
2019	8949.87	63.5
2020 预测	11873.90	63.6
2021 预测	12575.80	65.6

数据来源：2015—2019 年度天津国民经济和社会发展统计公报。

2.服务业就业规模及占比预测

服务业增加值规模及其占 GDP 的比重，由于可能受价格核算的影响，因此对服务业劳动就业情况进行预测，用来衡量一个国家或地区服务经济的地位。根据国家人社部发布 2019 年度人力资源和社会保障事业发展统计公报数据，截至 2019 年，全国就业人员中第三产业就业人员比重为 47.4%，比 2015 年提高 5 个百分点。

"十三五"时期，天津服务业经济加快发展，服务业就业贡献显著提升，其中，房地产业、租赁和商务服务业、信息传输、软件和信息技术服务业等行业就业人数平均增幅最高。预测 2021 年全市服务业就业规模将达到 653.2 万人，在社会从业人员总量中比重达到 67.3%，与"十三五"期末水平相比提高 1.9 个百分点，见表 3。事实上，该指标存在被低估情况，目前全市实施乡村振兴战略，大力发展现代都市型农业，农业与工业、服务业深度融合，其中部分从事农村电商、民俗旅游或农家乐的就业并未准确计入，因此，服务业就业人员占比可能被低估。

表 3　2020—2021 年天津服务业就业规模及占比预测

年份	服务业就业规模 （万人）	服务业就业人员占比 （%）
2015	510.5	56.9
2016	530.9	58.8
2017	541.2	60.5
2018	551.5	61.5
2019 估算	598.4	63.6
2020 预测	625.8	65.4
2021 预测	653.2	67.3

数据来源：2016—2019 年天津统计年鉴和天津统计局 2019 年 12 月统计月报。

3.服务业劳动生产率预测

服务业劳动力生产率是衡量服务业发展质量和效益的重要指标之一。由于服务业具有显著的一致性，各行各业差异较大，部分行业属于垄断行业，市场竞争充分，因此在服务业增加值和就业预测的基础上，采用劳动生产率即单位就业人员创造的增加值进行预测。2019 年全市服务业劳动生产率预计为 21.51 万元/人，到 2021 年将提高到 23.41 万元/人，与"十三五"期末相比提高了 9500 元/人，见表 4，高于全国平均水平（根据中国社会科学院财经战略研究院预测，2021 年全国服务业劳动生产率为 15.43 万元/人）。从总体趋势上看，服务业劳动生产率的提高是必然的，随着经济社会数字化、智能化程度不断加深，技术进步对服务业的影响将更加重要。

表 4　2020—2021 年天津服务业劳动生产率预测

年份	服务业劳动生产率（万元/人）
2015	17.07
2016	19.02
2017	19.93
2018	20.00
2019 估算	21.51
2020 预测	22.46
2021 预测	23.41

数据来源：2016—2019 年天津统计年鉴和天津统计局 2019 年 12 月统计月报。

（二）趋势判断：天津正快速迈向"服务经济时代"

"十三五"时期天津加快实现"一基地三区"功能定位，积极承担建设"五个现代化天津"重大使命，经济发展的质量和效益稳步提升，产业结构加快优化调整、迭代升级，为服务业高质量发展奠定坚实基础。随着后疫情时期的到来，在疫情防控常态化基础上，实体消费逐渐恢复，天津积极融入国内大循环为主体、国内国际双循环相互促进的新发展格局中，服务业发展潜力巨大，将延续稳中向上的发展态势。2021 年，全市服务业增加值占 GDP 比重、服务业就业人数占社会从业人员比重和服务业劳动生产率将分别达到 65.6%、67.3% 和 23.41 万元/人。值得注意的是，截至 2019 年，服务性消费支出在全市居民人均消费支出中比重已经达到 48.2%，有望在"十三五"末超过 50%，服务消费的主体地位将基本确定。因此，作为"十四五"规划年的开局之年，2021 年全市经济的服务化特征将更加明显，服务业主导地位将更加巩固，"服务经济时代"正在加速到来。

四　促进我市服务业高质量发展的对策建议

（一）加速推动制造业与服务业深度融合

聚焦做强高端服务业，大力实施新动能引育五年行动计划，重点挖掘培育研发设计、检验检测、知识产权、科技中介等领域具有行业影响力的高技术服务业企业，以及新一代信息技术、数字经济等领域以互联网和相关服务业为代表的现代新兴服务业企业，全面提升高质量综合服务功能。"以用立业"，留住先进制造业关键环节，提升核心研发能力和配套服务能力，促进先进制造业和现代服务业深度融合。鼓励服务型企业跨越传统产业边界，创新服务模式，增强对先进制造业研发、生产、商务、运营、管理等全过程服务供给能力，加快发展科技服务业、信息服务业及各类专业服务业，进一步发挥生产性服务业对制造业转型升级的支撑作用，提升产业基础能力和产业链水平。构建市区两级联动的服务业与制造业深度融合公共服务平台，推动制造型和服务型企业之间供需顺畅对接，构建一体化产业联盟及区域产业生态圈。

（二）建立健全服务业创新体系

引进培养高层次人才，创新服务业人才引进方式，开展组团走出去引才、线上线下引才、中介机构引才。加强与北京、天津高校院所合作，探索"高层次人才+创新团队+创新项目"联合培养模式，着力培养一批高技术人才团队。加大服务业资金支持。设立服务业发展专项资金，打造"政府引导+社会投资+市场运作"的金融支撑体系。引导银行机构、风险投资机构、担保公司等金融机构为服务业企业提供风险投资、贷款担保、资金融通等一系列专业化多元化的融资服务。打造一批服务业综合大平台。聚焦智慧医疗、信息安全、金融科技等领域，构建集信息咨询、创业成长、市场开拓、合作交流、政策培训等功能于一体的服务业企业综合服务中心。建立开放实验室认定、挂牌、评价、奖励制度，鼓励高校开放相关服务并给予相应奖励。

（三）加速提升服务业主体竞争力

以培育新型市场主体为核心，着力引进服务业头部企业、培育高成长企业、推动服务业大企业平台化转型、支持制造企业服务化转型，引进一批瞪羚企业、领军企业、独角兽企业落地天津发展，加快构建服务业新型主体队伍。重点围绕现代商务、现代物流等服务业领域，引进上市公司等国内外知名头部企业。支持综合实力强的本土企业跨地区、跨行业、跨所有制兼并重组，发展成为关联带动力强、发展层次高的行业头部企业。激发大企业内部创业活力，支持服务业大企业内部创业，成立服务内部创业的专业委员会，筛选与培育创意项目，利用股权、红利等方式激发员工创业活力。鼓励建立大企业、中小企业相互协作的战略联盟，支持头部企业技术创新、管理创新和制度创新，推动专业化、社会化、品牌化服务发展。

（四）加强服务业对外开放与区域合作

推动京津冀服务业协同发展。积极承接北京非首都服务功能疏解，推动京津通关服务和口岸物流一体化、金融服务和监管一体化、区域要素资源配置一体化，建设以滨海新区为综合承载平台、宝坻京津中关村科技城等为专业承载平台的"1+16"承接体系，壮大金融创新、现代商贸、航运物流、信息服务、健康养老等现代服务业。推动服务业国际化发展。梳理全球创新资源和产业资源，制定国际合作指导目录。支持服务业企业走出去，鼓励服务业企业全面融入国际创新网络，通过开展跨国技术并购、设立海外第二总部等方式提升企业对全球高端资源的整合链接能力。积极参与"一带一路"建设，依托中欧班列，通过构建"多国多园""两国双园"等方式，链接国际化服务业资源，持续推进多方位、多层次互利合作。

（五）持续优化服务业空间布局

围绕增强城市定位功能特色，健全"两区一带、多点支撑"的服务业发展空间布局，推动服务业产城人文融合发展。促进中心六区"一核、三带、六园"建设，重点发展金融服务、高端商务、创意设计、智能科技等高端服务业。推动滨海新区核心区生产性服务业与生活性服务业和先进制造业融合发展，大力发展金融创新、航运物流、科技服务等生产性服务业。继续实施沿海河服务业发展空间拓展策略，统筹考虑中心城区段、海河中游段、滨海新区段、北运河段综合开发改造。加快推动外围区县建设现代服务物业集聚区，打造各具特色的现代服务业产业组团。

（六）完善服务业体制机制

建立服务业市场准入负面清单，对未纳入负面清单管理的行业、领域、业务等，各类市场主体皆可依法平等进入，针对新技术、新产业、新业态、新模式，实行动态审慎监管。放宽公共服务的市场准入门槛，支持社会资本进入教育、医疗、卫生、养老等公共服务领域，推出一批高质量服务业项目吸引民间资本参与，实行内外资、内外地企业同等待遇，拓宽服务业创新发展的市场空间。出台服务业专项政策，面向信息服务、科技服务、金融科技等重点领域的产业发展需求，围绕人才、资金、空间、场景等方面，研究制定针对性强、更具操作性的促进现代服务业发展的激励政策，以及相应的政策实施细则。建立服务统计监测机制。持续完善服务业统计调查方法和指标体系，率先探索形成以新经济为代表的新兴服务领域的统计监测体系，利用大数据、云计算、区块链等前沿技术，搭建天津市服务业大数据监测平台，依托统计数据构建多元治理体系，探索服务业分类、精准、动态监管。

参考文献：

[1] 夏杰长：《迈向"十四五的中国服务业：趋势预判、关键突破与政策思路"》，《北京工商大学学报（社会科学版）》2020 年第 35 卷第 4 期。

[2] 江小涓、罗立彬：《网络时代的服务全球化——新引擎、加速度和大国竞争力》，

《中国社会科学》2019年第2期。

[3] 天津市统计局：2016–2019 年《天津统计年鉴》，http：//stats.tj.gov.cn/TJTJJ434/TJCP574/TJTJNJ697/。

[4] 2020 中国民营企业服务业 100 强榜单，https：//www.sohu.com/a/417646498_99920760。

[5] 郑宇、黄凤羽、朱鹏：《大都市中心城区服务业高质量发展研究——以天津中心城区为例》，《天津经济》2020 年第 1 期、第 2 期。

天津消费品市场发展研究报告（2021）

许自翔　天津市统计局贸易外经处中级统计师

康佳迎　天津市统计局贸易外经处

摘　要： 随着一系列扩消费政策的落实落地，天津消费需求逐步释放，夜间经济、旅游经济全面回暖，居民生活供给保障稳定，消费品市场持续稳定加快恢复。天津消费品市场后续发展仍然面临较大挑战，网上消费龙头企业总部较少，汽车市场后续发展动力不足，消费品供应链整体不够健全等问题依然存在，预计2021年天津消费品市场仍将延续今年回暖态势，但部分重点行业和重点商品会面临较大阻力。下一阶段，为进一步促进天津消费品市场发展，应深入推进供给侧改革，继续加大招商引资力度，全面统筹电商规划，优化消费环境，推进线上线下融合。

关键词： 消费品　恢复　网上零售

为加快消费品市场复苏，尽快摆脱疫情带来的冲击和影响，天津采取了一系列扩消费政策措施，实施发放消费券、活跃夜间经济、丰富商业业态等积极举措，居民消费信心逐步恢复，消费需求逐步释放，零售业、住宿业和餐饮业持续回暖，转型升级稳步推进，居民生活供给保障稳定，网上零售等新兴产业快速发展。

一 2020年天津市消费品市场总体情况

一季度，天津商贸经济受疫情冲击严重，在与居民日常生活密切相关的超市、市场等生活必需品经营企业稳定供应的同时，百货、酒店和餐馆等人员聚集型企业均暂停营业，经营活动受到了较大影响。随着疫情防控取得阶段性成果，居民消费基本实现了全面放开，消费品零售行业呈现出明显的回暖态势。

（一）消费品市场平稳有序恢复

前三季度，随着疫情防控成果不断巩固，消费刺激政策效果持续释放，供需基本稳定，消费品零售市场触底反弹，逐步回暖的趋势明显，前三季度社会消费品零售总额恢复到去年同期的83.2%，比上半年提高4.9个百分点，比一季度提高8.7个百分点。

从分月情况看，消费规模逐步扩大，每月消费总量由3月份的248亿元扩大至9月份的328亿元，月均新增消费13多亿元，月均环比增长4.8%，月同比降幅由28.0%收窄至8.0%，月均收窄3.3个百分点。

（二）消费供给持续稳定

前三季度，商业企业经营明显复苏。春节期间我市商贸经济受到疫情冲击明显，企业纷纷推迟开业时间。数据显示，2月下旬，在限额以上批发和零售业企业中，已复工企业比重不足10%，近七成企业计划在3月份以及之后复工；住宿和餐饮业企业中，仅有13%的企业复工，近八成企业计划在3月份以及之后复工。随着疫情得到有效管控，商贸企业复商复市稳步推进。到4月下旬，66.3%的限额以上批发和零售业企业恢复到正常经营水平的50%以上，75.6%的企业员工到岗率超过80%；27.0%的限额以上住宿和餐饮业企业恢复到正常经营水平的50%以上，29.5%的企业员工到岗率超过80%。

截至9月下旬，我市商贸经济已基本全面恢复。近八成的限额以上批发和零售业企业、近七成的限额以上住宿和餐饮业企业恢复到正常经营水平的50%以上；近九成的限额以上批发和零售业企业、超六成的限额以上住宿和餐饮业企业员工到岗率超过80%。

（三）消费需求逐步回升

居民收入和支出稳步回升。年初，疫情对我市企业正常生产经营活动造成了较大冲击，进而使居民收入正常上升的压力加大；同时，受疫情管控影响，居民的消费需求也受到了抑制。随着疫情防控取得良好成效，居民生产生活基本回到正轨，居民收入恢复增长，同时政府出台了多项扩大消费措施，鼓励各区发放餐饮、家电、建材等领域消费券、优化机动车限购管理措施、挖潜汽车消费、活跃夜间经济、打造精品夜市，发展休闲农庄特色民宿等业态、丰富旅游产品，刺激居民消费意愿回暖，消费支出降幅收窄。

一方面，居民收入水平恢复增长。前三季度，我市居民人均可支配收入为34469元，同比名义增长2.5%，较上半年回升4.3个百分点，较一季度回升0.6个百分点；扣除价格因素，实际下降0.3%，实际降幅比上半年收窄4.5个百分点，比一季度收窄1.7个百分点。

另一方面，居民消费支出降幅明显收窄。前三季度，我市居民人均消费支出20858元，下降12.2%，降幅较上半年收窄4.6个百分点，较一季度收窄1.6个百分点，扣除价格因素，实际下降14.6%，降幅较上半年收窄4.8个百分点，较一季度收窄2.5个百分点。

二 天津市消费品零售市场主要特点

（一）轻装上阵，转型升级加快推进

1.民营和外资经济占比进一步提升

前三季度，限额以上民营企业零售额占限额以上企业零售额比重由2019年的60.5%提升至63.2%，零售额同比下降12.2%，降幅低于限额以上零售额

2.3 个百分点。外商（含港澳台）企业零售额占限额以上企业零售额比重由2019 年的 16.6%提升至 17.1%，零售额同比增长 13.1%，降幅低于限额以上零售额 1.5 个百分点。

2.新型商品零售提速

前三季度，限额以上商品中，智能家用电器和音像器材零售额增长 5.8倍，智能手机增长 27.2%，体育娱乐用品类、文化办公用品类零售额分别增长 1.1 倍和 39.6%。受新能源汽车政策利好影响，特斯拉、理想、蔚来、小鹏等 56 家电动汽车经销商落户津门，有效带动汽车消费。1—9 月，限额以上单位新能源汽车零售额同比增长 37.7%，拉动限额以上社零额增长 0.3 个百分点。其中，9 月份增长 71.9%，连续 3 个月增速超过 70%。

（二）效益提升，发展质量不断提高

前三季度，随着疫情防控和复商复市形势不断向好，各项减税降费政策措施效果逐步显现，限额以上批发和零售业企业利润总额增速由负转正，限额以上住宿和餐饮业企业亏损额逐季降低。

1.批发和零售业利润总额增速由负转正

随着减税降费、减免租金和金融支持等多项政策措施的落地实施，企业利润增速由负转正实现增长。前三季度，企业实现利润总额同比增长 21.1%。

企业效益增长面持续向好。前三季度，18 个行业中类里有 7 个行业营业收入同比增长，比上半年增加 4 个；有 11 个行业实现盈利，较上半年增加 1个；盈利行业占全部行业的 61.1%，增长面较上半年提高 5.5 个百分点。

重点行业带动利润增长。金属及金属矿批发业利润总额同比增长 2.4 倍，拉动我市利润总额增长 9.9 个百分点；其他化工产品批发业利润总额同比也增长 2.4 倍，拉动利润总额增长 6.4 个百分点。

小微型企业实现利润增长。前三季度，限额以上批发和零售业小微企业利润总额同比增长 93.7%，拉动我市利润增长 20.3 个百分点。

2.住宿和餐饮业企业亏损额逐步减少

疫情的发生对天津住宿和餐饮业企业经营冲击最为严重，企业恢复正常

经营周期相对较长。前三季度，限额以上住宿和餐饮业企业营业收入同比下降 26.6%，降幅较上半年和一季度分别收窄 9.5 个和 15.1 个百分点；企业利润总额亏损额较上半年减少 2 亿元以上。

（三）业态丰富，商业模式持续完善

1.网上零售快速增长

今年年初受疫情影响，线下实体店受到明显冲击，消费者购买力逐步向线上转移，"宅经济"带动网上消费快速发展，"6.18"年中电商节抓住居民报复性消费反弹期，促销力度空前，京东、唯品会等电商龙头企业增速明显，我市网上零售额呈现快速增长。前三季度，限额以上单位通过公共网络实现的网上零售额同比增长 5.4%。

2.商业综合体蓬勃发展

综合体成为继百货商场后新的消费中心，引领我市实体零售转型升级。2019 年，我市达到一定规模的城市商业综合体 33 家，全年总客流量 5.6 亿人次，同比增长 5.1%，车位数 3.3 万个，全部可出租（使用）面积 177.84 万平方米；综合体商户数达 5198 个，其中零售业 2736 个，餐饮业 1616 个，服务业 846 个。商户实现销售额（营业额）同比增长 9.6%。其中，零售业增长 7.0%，餐饮业增长 15.0%，服务业增长 11.5%。居民消费升级迹象明显，化妆品、日用品、家用电器及电子产品零售额分别增长 14.1%、14.8%、15.4%。

（四）繁荣发展，消费氛围逐步养成

1.夜间经济持续升级

天津加快实施《关于打造天津夜间经济街区可持续高品质发展 2.0 版的实施方案》，不断提升六个市级夜间经济示范街区品质，制定了《天津市发展夜间经济十大工程（2020—2022 年）》，加快推动复商复市。2019 年中国旅游研究院公布的"夜间经济十佳城市"，天津位列其中。2019 年以来，先后建成和平区五大道、南开区时代奥城、河北区意式风情街等 17 个夜间经济示范街区，经营面积超过 60 万平方米，聚集商户 2300 余家，全部实现市场化运作，四季持续运营。前 7 个月，天津又新建津湾广场、河邻巷、涂克小镇、智慧山等 15 个夜市，组织各大商场、步行街、批发市场、体育馆等举办啤酒节、美食节、集市等夜市活动超过 50 场。近两年来，天津还陆续建成了 300 余家特色深夜食堂，超过 600 家 24 小时便利店。

2020 年上半年，各大夜市加快复商复市，努力克服疫情带来的不利影响，"五一"期间各大夜市全部恢复营业，7 月份，客流量和销售额已经恢复到去年同期水平。各夜市开街后人气旺盛，销售火爆，带动了周边商场、餐馆等营业收入提高。爱琴海购物公园、天河城、乐宾百货等一批商场，通过开设夜市、举办夜间促销等，客流量同比增长 20% 左右；五大道、摩天轮夜间经济街区建成后，带动周边餐厅、酒吧等商户营业额增长 30%～50%。

根据全国餐饮商家在线指数显示，2020 年天津位列全国"夜经济"复苏最快的十个城市之一。阿里巴巴发布的《天津市"夜经济"报告》显示，天津在夜间演出最活跃城市中位列全国第三。

2.假期旅游经济明显复苏

2020 年，中秋、国庆两节叠加，我市商贸企业在做好疫情防控的同时，促销活动异彩纷呈，节日气氛浓郁，市民消费热情高涨。根据天津市商务局监测的 246 家商贸企业数据显示，10 月 1—8 日，商贸企业实现销售额 20 多亿元，按 1—7 日可比口径（下同）同比增长 1.5%。国庆期间，各类商业载体共推出各类活动超过 150 场。从监测的重点商业业态来看，购物中心、奥特莱斯、超市销售额分别同比增长 2.4%、8.3%、16.1%。梅江会展中心举办年度首次大规模车展，5 日内订单量超过 1.28 万辆，抖音平台同一时间有 10 个以上车展直播。金街、吾悦广场、欢乐谷分别举办了各式特色活动，吸引了大量游客。

三　天津市消费品零售市场需关注的问题

（一）消费品供应较弱，产品竞争力不足

随着天津消费品零售市场供给侧结构性改革深入推进，在增加有效供给方面取得了积极成果，前三季度，服装、食品、汽车和石油等传统消费热点持续升级，市场占比达到67.9%，基础消费和耐用消费供给能力增强。但是，引领转型升级的消费热点相对较少，供给与需求不相适应的现象依然存在。一些在其他省市已经形成热点消费的商品增长乏力、规模偏小，如通信器材、家用电器和文化办公用品合计零售额占比仅为8.2%，远不及北京市的36.5%和上海市的13.8%。

（二）市场主体不足，龙头企业较少

缺少大型零售企业落地是目前制约天津零售业发展的主要因素之一。龙头企业是零售业发展的中坚力量，前三季度，我市百强企业零售额占限额以上社会消费品零售额的66.1%。近年来，天津招商引资力度工作力度不断加大，但从商贸企业看，主要集中在流通领域的批发业，大型龙头零售企业落地较少。从限额以上百强零售业企业开业时间看，2017年以后开业的仅有8家，占比不足10%。

（三）网上零售侧重自给，对外输出有待增强

天津近年来不断重视线上经济发展，着力打造网上零售枢纽、中继站，但是区域优势还不突出，消费品输出不强。从供给看，天津网上零售多半来自京东、天猫、唯品会等大型电商在津公司，主要面向本地消费品零售市场，加上小微电商活力不足，导致天津形成了以城市自给为主的网上零售结构。在线上经济愈加成为消费主渠道的背景下，需进一步坚持全国导向，发挥作为传统商贸中心的比较优势，引进知名品牌中心，培育壮大自有企业、自有

名牌产品企业以及老字号企业，推进天津商品与互联网资源深度融合，加快建设同经济社会高质量发展相适应的京津冀网上零售高地。

四　天津市消费品零售市场影响因素分析

在构建以国内大循环为主体、国内国际双循环相互促进的新发展格局中，按照"一基地三区"的功能定位，天津应从国际和国内市场两方面入手，加强自身产业链建设，完成产业转型升级，推动消费品零售市场实现持续健康发展。

（一）从国际情况看，外贸进出口加快发展

随着国内疫情防控形势的持续稳定和经济增长的不断恢复，有效助力了天津外贸进出口快速回暖。前三季度，我市外贸进出口同比增长 1.3%，高于全国 0.6 个百分点，其中：出口增长 3.8%，高于全国 2.0 个百分点；进口下降 0.4%，好于全国 0.2 个百分点。

（二）从国内情况看，与先进地区仍有差距

限额以上企业零售额占社会消费品零售总额超过 50%，是扩大消费的基础所在、中心所在。近年来，天津限额以上企业发展与京沪等城市之间存在着明显的差距。2015—2019 年，天津限额以上企业零售额增速由 7.6% 降为 −11.9%；北京零售额增速由 6.4% 回至 3.2%，与北京增速相比，天津由领先 1.2 个百分点变为落后 15.1 个百分点；上海零售额增速由 7.1% 回至 5.1%，与上海增速相比，天津由领先 0.5 个百分点变为落后 17.0 个百分点。

（三）从本地情况看，消费品制造业偏少

商业是"生产—流通—消费"的中间环节，发展情况受上下游产业链影响较大。一方面，天津近年来以装备制造业发展为主，产品多为生产资料型，消费品生产能力较弱。前三季度，消费品制造业增加值同比下降 5.2%，规模

总量占比仅为 15.0%。另一方面，天津在网上零售等新兴供应渠道方面仍有较大短板。2000 年以来，全国涌现出一大批电商企业，通过信息技术优势，打通生产商和消费者之间的信息屏障，有效提升了流通效益，短短几年已成长为我国特色产业和拉动经济增长的中坚力量。前三季度，全国实物商品网上零售额同比增长 15.3%，占全国社会消费品零售总额的 24.3%，增速高于社会消费品零售总额 22.5 个百分点。从天津情况看，前三季度，全市限额以上企业通过公共网络实现的零售额同比增长 5.4%，低于北京 22.1 个百分点，低于上海 18.5 个百分点。

五　2021 年天津市消费品市场发展预测

（一）促进消费品市场发展的有利因素

一是流通市场明显好转将有利于下游消费品市场长远发展。商品流通是消费的前提，消费品流通体系健全对建立扩大消费长效机制具有重要意义。近年来，天津大力推进制度改革，加大招商引资力度，流通市场明显好转。前三季度，我市批发和零售业销售额同比下降 5.3%，降幅较上半年收窄 8.4 个百分点，较一季度收窄 22.3 个百分点。其中，三季度同比增长 12.2%，增速较二季度加快 11.7 个百分点。

二是成品油价格保持稳定减弱对零售额的不利影响。2020 年初，国际原油价格下跌导致国内成品油价格同比回落超过 10%，同时疫情影响下居民出行减少，对天津成品油零售造成较大影响。前三季度，我市限额以上单位石油制品类零售额同比下降 20.9%，下拉限上社会消费品零售额 3.1 个百分点。随着明年成品油价格逐步趋稳和可比性提升，预计成品油零售额将逐步回升。

（二）影响消费品市场发展的不利因素

一是汽车消费刺激政策效果对明年市场产生较大压力。汽车零售是天津特色产业，为对冲疫情对经济的不利影响，刺激居民消费，今年天津加大了汽车促销力度，有效激发了居民消费热情，拉动天津消费市场实现了快速复苏。6月1日，《天津市促进汽车消费的若干措施》正式实施，通过新增 3.5 万个轿车摇号指标（平均分摊到 6—12 月）和放宽资格等十一条措施，大幅放开汽车消费市场限制。前三季度，限上单位汽车零售额同比下降 16.7%，降幅较 1—8 月收窄 3.3 个百分点。其中，9 月份汽车零售额同比增长 10.4%，连续三个月保持两位数增长。今年消费刺激政策效果预计将延续至明年一季度，但同时应看到，汽车作为耐用品，不同于一般快消品，更换周期长达数年，短期的消费刺激政策将对明年汽车市场发展造成较大压力。

二是平行进口汽车下行趋势对天津汽车市场和消费市场的影响将延续至明年。作为北方最大的港口城市，进口汽车销售是天津特色产业之一，今年受国际疫情影响以及汽车国六排放标准的实施，销售额和零售额均明显回落。自 7 月 1 日开始，全国实行汽车国六排放标准，平行进口车三季度进口量基本为零。前三季度，监测的 76 家限额以上平行进口车企业销售额同比下降 50.2%。同时，对天津汽车零售额下拉作用最大的前 10 家企业全部经营平行进口汽车业务，合计下拉限上单位汽车零售额增速 7.6 个百分点。

（三）2021 年消费品市场运行走势预测

随着我国疫情防控形势的不断巩固，天津严格落实常态化疫情防控措施，前三季度经济明显回暖，规模以上工业增加值由降转增，服务业生产实现增长，固定资产投资增幅提升，全产业链发展向好，这些都会对天津消费品市场形成重要拉动作用，预计明年实体经济有望延续回暖态势。

六 加快天津市消费品市场发展的对策建议

（一）深入推进供给侧改革，提升零售市场竞争力

在计划经济时代，由于商品匮乏和居民收入较低，企业提高生产能力就能做到盈利，而随着改革开放的不断深入，人民生活水平逐步提升，我国的

主要矛盾已经变成人民日益增长的美好生活需要和不平衡不充分的发展之间的矛盾，居民生活消费品的竞争重心已从提"量"转变为提"质"。因此，不应盲目追求高大快上，而应以提升产品竞争力为目的，打造高品质消费品生产、流通、消费整体供应体系，满足社会消费需求。一是以先进制造业为引领，促进绿色、智能等新商品供给，推进消费提质升级；二是推进本地零售商品品牌建设，从品质管控、服务质量、供给效率等方面入手打响天津商品知名度，引入全国消费流量；三是进一步推动新零售发展，促进业态融合，打造消费热点。

（二）继续加大招商引资力度，增强零售市场稳定性

从与其他直辖市对比情况看，天津零售业规模仍有较大提升潜力。一方面，要加大招商引资力度，扩大市场规模，补齐产业短板；另一方面，要持续培育本土企业，打造天津零售明星品牌。通过提升规模和调整产业结构，应对日益激烈的市场竞争，提升零售市场稳定性。

（三）全面统筹电商规划，协调健康长远发展

天津近年来吸引了一批优质电商企业落户，为全市网上零售发展做出了突出贡献，但与其他先进省市相比仍有较大差距，综合水平与直辖市的地位不匹配。从短期看，要持续加大精准招商力度，吸引总部结算型法人企业落户津门。从长远看，要加大数字经济投入力度，完善配套设施吸引相关行业人才，培育本地高端零售企业。同时鉴于当前网上零售企业结算灵活的特点，对大型企业要实现统筹规划，避免各区间不正当竞争造成政策资源浪费。

（四）优化消费环境，释放消费潜力

一是着力提升本地居民收入水平。结合招商引资工作，以产业带动就业，以就业拉动创收，以创收带动消费。要进一步推进收入分配制度改革和税收体制改革，改善收入分配结构，积极推进社会保障体系建设，消除居民消费的后顾之忧，提升居民消费信心和消费能力。

二是继续加大消费环境培养力度。旅游经济和夜间经济是吸引购买力内流和刺激消费活跃经济的重要载体，既带来新的发展动力，丰富了居民生活，又提供了大量的就业岗位，增加了居民收入。下一步要主动贴近消费者需求，继续丰富体验型、娱乐型等经营业态，按照天津特色整合优势资源，打造夜消费片区，持续优化停车场等基础设施，落实好"夜间经济街区可持续高品质发展 2.0 版"，使夜间经济在秋冬季热度不减，为居民和游客持续打造消费新场景，提升城市消费吸引力。

（五）推进线上线下融合，加快实体经济转型升级

从全国零售行业发展看，线上流量获取成本逐渐加大，线下经营效率亟须提升，线上线下融合是大势所趋。从前三季度数据看，线下实体经济与居民生活密切相关，经营稳定性较强，但发展效率仍然较低，应加大企业关注力度，引导其加快数字化转型升级进程，运用信息技术手段，加强物流配送体系，形成"线上+线下"的新零售运营模式，增强市场竞争力。

参考文献：

[1] 丁超勋：《扩大消费长效机制的消费品流通体系研究》，上海大学博士学位论文，2014。

[2] 梁诗怡：《消费品进口对我国消费需求的影响研究》，天津商业大学硕士学位论文，2016。

[3] 苏会开：《中国消费品的质量问题与改进路径研究》，首都经济贸易大学硕士学位论文，2017。

[4] 晁彦利：《中国社会消费品零售总额的相关问题研究》，华中师范大学硕士学全论文，2017。

天津海洋经济发展研究报告（2021）

董微微　天津社会科学院城市经济研究所副研究员

钱元熙　天津社会科学院城市经济研究所助理研究员

摘　要： 当前，世界各国对海洋资源的开发和保护活动日趋活跃，竞争也日趋加剧。海洋经济面临着转变发展方式、优化产业结构、提高资源利用效率、增强创新能力等发展要求。国内沿海地区竞争态势愈加激烈，探索海洋经济差异化发展模式，促进沿海地区在海洋产业链上形成优势布局、协同共赢成为发展趋势。天津先后获批建设全国海洋经济创新发展示范地区、海洋生态文明示范区和国家科技兴海海洋示范基地，海洋产业特色鲜明、滨海元素突出的"蓝色经济"发展新模式正在形成。未来，天津将积极建设全球海洋经济中心城市，进一步发挥海洋经济的重要支撑作用，打造现代经济体系的主要支撑和动力引擎。

关键词： 海洋经济　产业结构　海洋中心城市

当前，世界各国对海洋资源的开发和保护活动日趋活跃，竞争也日趋加剧。随着经济增长方式的转变和海洋开发保护可持续发展的迫切要求，充分利用海洋资源、大力发展海洋经济成为解决陆域资源矛盾日益突出的有效途径。习近平总书记多次强调海洋是高质量发展战略要地。党的十九大报告明确提出"坚持陆海统筹，加快建设海洋强国"战略部署，首次将这一表述置于"建设现代化经济体系"的章节中，从国家战略的层面明确了海洋经济在我国社会经济发展中的地位和作用。

2020 年 5 月发布的《2019 中国海洋统计公报》显示，2019 年全国海洋生产总值达到 89415 亿元，比上年增长 6.2%，占沿海地区生产总值的比重增加到 17.1%。海洋经济正在成为推动我国经济实现高质量发展的重要引擎之一。天津作为沿海直辖市、京津冀城市群的重要组成部分、环渤海区域的中心，海洋经济总量占全市地区生产总值比重逐年提升，已成为全市经济发展的重要支柱和新增长点。近年来，天津先后获批建设全国海洋经济创新发展示范地区、海洋生态文明示范区和国家科技兴海海洋示范基地，海洋产业特色鲜明、滨海元素突出的"蓝色经济"发展新模式正在形成。未来，天津将积极建设全球海洋经济中心城市，进一步发挥海洋经济的重要支撑作用，打造现代经济体系的主要支撑和动力引擎。

一　天津海洋经济的总体运行情况

近年来，天津市高度重视海洋经济发展，深入落实海洋强国战略，积极引导海洋产业转型升级，推动海洋经济实现高质量发展。市委、市政府印发的《关于建立更加有效的区域协调发展新机制的实施方案》中明确提出，构建海洋科技创新体系，推动海洋经济跨越发展，凸显海洋城市文化特色，建设全球海洋中心城市。2020 年，全市海洋产业结构稳步升级，发展方式持续优化，海洋经济实现高质量发展。

（一）海水淡化产业链条不断健全

一是大幅提升海水淡化生产能力。天津是我国最早开展海水淡化科技创新及应用的城市，拥有北疆电厂、大港电厂等 4 家海水淡化及综合利用企业，总设计规模为 31.6 万吨/日，占全国的 26.3%，海水淡化能力全国第一。北疆电厂海水综合利用项目，采用了"发电—供热—海水淡化—浓海水制盐—土地节约整理—废物资源化再利用"的六位一体循环经济模式，是我国首个大规模对社会供水的海水淡化项目。

二是"补链、延链、强链"，提升海水综合利用价值。聚焦自主可控海水淡化产业链的各个环节，构建集研发设计、装备集成、设备加工、工程总包于一体的海水淡化产业链，形成全链条、全生命周期发展模式。自然资源部天津海水淡化与综合利用研究所与天津港保税区管理委员会、天津渤化永利化工股份有限公司针对海水淡化的卡脖子问题开展产学研协同攻关，打造具有天津特色海水淡化与综合利用循环经济产业链，推动海水淡化产业与生态环境协调发展。

二是政企合力拓展海水淡化应用场景。市委、市政府高度重视海水资源利用产业的发展，研究出台相关配套政策鼓励和支持海水淡化产业链发展。自然资源部天津临港海水淡化与综合利用示范基地加快建设，打造具有区域领先地位的海水淡化产业基地。目前，海水淡化水占滨海新区总用水量的6.1%，其中14%为生活用水，86%用于工业。滨海新区不断扩展海水淡化工业规模化应用空间，目前拥有南港世界一流石化产业基地和中石油、中石化、中海油、渤海化工等一批大型石化企业。

四是强化科研院所与企业合作。自然资源部天津海水淡化与综合利用研究所作为全国唯一的国家级海水淡化科研机构，海水资源综合利用多项技术成果进入国际先进行列。天津大学、南开大学、天津工业大学、天津科技大学等高校全面展开学科建设、课题合作和人才培养合作，开展关键核心技术攻关，加强产学研用一体化，为全国海水淡化产业发展提供技术支撑。2020年8月，天津市率先建立了以淡化所为牵头单位的天津市海水淡化产业（人才）联盟，来自天津、北京、山东等10个省（市）的研究机构围绕海水淡化技术研发、装备制造、产品生产、工程建设及场景应用等领域，形成更多创新成果，不断提升海水淡化产业创新能力，形成强大的海水淡化技术储备。

（二）海洋装备制造业加快发展

一是海洋装备制造产业发展路线图进一步清晰。2020年7月，《天津市海洋装备产业发展五年行动计划（2020—2024）》正式发布，明确了海洋装备制造产业发展路线，提出打造海洋油气装备、高技术船舶、港口航道工程装备、海水淡化装备和海洋能开发利用装备五大高端产品，拓展延伸产业链，加速产业集聚，构筑五大产业集群，预计到 2024 年，海洋装备制造产业规模将达到 600 亿元。天津市相继出台涵盖从组织管理、政策环境、招商引资、国际合作和人才培养等一揽子政策措施，强力支持海洋装备制造产业发展。天津保税区出台了《支持海洋产业发展的若干政策》，鼓励现有海工装备企业建设工程中心、科技中心等创新平台，对新设立的海工装备制造项目，自企业实际投产之日或下一公历年度起，给予 80%的企业发展金支持。同时，鼓励设立设备或原材料集中采购结算平台、技术交易平台等服务业平台，并给予一定比例的企业发展金支持。

二是高端海洋装备产业体系初步形成。滨海新区海洋经济产业基础雄厚，海洋装备制造、海洋工程总承包和服务位居全国前列，2019 年海洋装备产业实现总产值约 200 亿元。海洋油气装备制造、高端船舶装备制造、港口航道工程装备制造、海水淡化成套装备制造、海洋能开发利用装备制造五大产业集群初具规模。在海洋油气装备制造领域，目前已形成了以海油工程、中海油服等为龙头，以浮式生产储油卸油装置（FPSO）、浮式储存及再气化装置（FSRU）等高端油气装备生产项目为依托的发展格局，涵盖了勘探开发到炼油、乙烯化工完整的产业链，总承包、核心装备制造和服务领域位居全国前列。在高端船舶装备制造领域，形成了以新港船舶重工为核心的高端船舶制造产业链，促进船舶制造向高技术、高附加值发展。在港口航道工程装备制造领域，形成了以天津港为载体、以中交天航局为核心的智能化、绿色化产业集群。在海水淡化成套装备制造方面，形成了以自然资源部天津临港海水淡化与综合利用示范基地为载体，以海水淡化试验场工程、临港浓海水淡化及综合利用一体化项目、海水淡化水处理药剂产业化等项目建设为支撑的发展格局。在海洋能开发利用装备制造领域，形成了海水风电安装、施工、运维于一体的海水风电装备产业集群。

三是海洋装备制造产业链协同创新深入推进。一是产学研融合持续深化。依托自然资源部国家海洋技术中心、天津大学等 20 余家重点企业和科研搭建以天津大学滨海研究院为中心的海洋科技创新平台，推动天津海洋装备龙头企业与高校院所开展协同创新，续航持续创新能力。科技创新成果实现重大突破，尤其是"水下航行器协同创新服务平台"——第二代万米级"海燕-X"全海深水下滑翔机成功研制，实现了人类在万米深海观测上从点到持续剖面的历史性跨越。二是搭建海洋装备制造产业协同创新平台。成立天津海洋装备产业（人才）联盟，汇聚来自北京、天津、上海、浙江、深圳等20多个省（市）的工程设计、装备制造、工程建设、研发咨询及配套服务等智力资源，加强海洋装备企业之间交流互动、信息共享、沟通合作。

（三）海洋石油化工产业势头良好

一是石油化工产业规模不断壮大。涵盖了油气开采、基础化工原料、合成材料到高技术含量、高附加值中下游产品、精细化工等全产业链。渤海油田海上油气田勘探开发深入推进，在国家能源体系中的战略地位不断提升，成为我国重要油气生产基地。南港工业区建设稳步推进，渤化集团天化和大沽化搬迁改造加快实施。中俄炼化一体化、中石化液化天然气（LNG）等一批龙头项目深入实施，形成了以炼油乙烯为龙头的大石化、原料多元化及低碳化、传统盐化工产业升级改造、高端石化产品集群和石化装备制造等五大产业发展体系。石化产业向下游深加工发展，形成以渤化集团为代表的跨国运营商（MTO）及氯碱产业链；形成以壳牌、英国石油公司（BP）为代表的150万吨规模润滑油产业基地；下游聚集了以中沙新材料、阿克苏诺贝尔过氧化物、亨斯迈聚氨酯、优美科催化剂等细分行业领军企业为代表的精细化工及新材料组团。

二是海洋化工产业技术创新取得新突破。推进下游合成树脂、合成橡胶、合纤单体、化工新材料、新领域精细化学品等系列产业规模化程度不断提升，一批重要创新成果持续涌现。天津科技大学与长芦海晶集团开展联合攻关，攻克反渗透海水淡化浓海水处理技术，改造原有浓海水处理盐田和处理车间，解决海水淡化浓海水排放的环境问题，带来了良好的生态社会效益。海水淡化高效膜组件、高端盐化工系列产品、海洋生物医药新技术新产品等不断助推海洋化工产业转型升级。

（四）海洋旅游服务业加快发展

一是海洋旅游发展格局初步形成。2020 年启动海洋特色旅游攻坚行动以来，滨海新区通过推动旅游项目建设、丰富旅游产品、提升服务水平加快推动形成富有特色的滨海旅游产业。目前，已经初步构建起沿海蓝色旅游走廊、海河都市观光带、中新天津生态城全域旅游示范区为主体的"一廊一带一区"旅游空间布局，不断打造海洋旅游文化新地标。

二是海文化元素特色项目不断丰富。随着交通日益便捷，滨海新区已成为京津冀游客短途游的首选目的地之一。2020 年以来，天津东疆湾沙滩景区推出"海誓山盟"——70 米长的爱情栈道成为新的网红打卡地；泰达航母主题公园推进主题演出全面升级，特效效果、设备、演出剧情均有显著提升，带有海洋元素的特色旅游项目成为天津海文化的集中呈现。

三是海洋旅游景区数量和质量实现双提升。南堤滨海步道、南湾滨水景观区一期等景观工程建成，形成了高品质、功能完善的滨海景观带。泰达航母主题公园创建国家 5A 级旅游景区，把"到天津看航母"打造成新区特色旅游名片。浪花艺术馆建成，亿利生态精灵乐园开业，游艇泊位、码头、俱乐部等基础设施建设步伐加快。国家海洋博物馆创建 4A 级旅游景区积极推进，探索成为国家公共文化服务体系的重要组成部分。

四是打造滨海旅游精品线路。2020 年 8 月，滨海新区发布 2020 年精品旅游线路，围绕滨海休闲、工业体验、历史文化、都市风光、科普教育、亲子陪伴等多个主题，设计推出了一日游、二日游、三日游等 15 个主题、22 条精品旅游线路，全面覆盖滨海新区文化旅游资源，全方位展示滨海新区旅游的独特魅力。"一日游"线路依托海滨、海港、海滩、海景发挥滨海新区海洋旅游资源优势，不断丰富和拓展海河两岸风情游、都市观光购物游、欢乐家庭亲子游、现代工业体验游、航空航天科技游、郊野生态健康游、生态湿地休闲游、高空跳伞和农牧体验游、爱国教育红色游、历史民俗文化游等多种形式。"二日游"的线路海滨休闲度假游、特色农渔体验游和"三日游"亲子科普欢乐游，将满足不同层次、不同地域游客的观光、娱乐、购物、文化体验等多种需求。

五是加速提升游客满足感。实施"旅游+"战略，探索"旅游+文化""旅游+工业""旅游+农业"的多产业融合的跨界旅游产品。建设方特欢乐世界亲子酒店，开发文化旅游景点全程串联旅游巴士专线，加强配套服务设施建设，提升游客体验舒适度和旅游公共服务水平。

二 天津海洋经济发展存在的主要问题与制约因素

（一）海洋经济发展模式亟待升级

虽然我市海洋经济的发展取得了很大进步，发展质量效益明显提升，但由于长期以来粗放式的海洋资源开发和集约利用率低下的问题仍旧存在。当前，我市海洋经济发展正在向绿色化、节约化发展。油气资源勘探开采技术工艺仍需改进，油气资源的勘探规模有限、效率低、效益不高的问题仍旧存在。滨海旅游业虽然规模不断提升，但滨海国际旅游发展相对滞后，海上旅游开发仍需提升，邮轮游艇等高端旅游产品开发仍有一定差距。交通运输业等产业发展对自然海岸线产生一定破坏，仍需下大力气协调推进经济高质量发展与生态环境高质量保护。

（二）海洋经济结构发展层级较低

总体上看，我市海洋经济结构仍处于由"二三一"向"三二一"的调整发展过程中。天津的海洋自然资源和科技资源优势明显，但产业结构仍需调整优化。海洋油气、海洋化工、海洋盐业等传统产业占比较大，海洋战略性新兴产业虽然增长较大，但总体规模还不大，占全市海洋经济总量的比重较低。海洋服务业层级还不够高，滨海旅游的高端产品供给能力仍需进一步提升。

（三）海洋资源利用水平有待提高

在海域和岸线资源利用上，仍以近岸利用为主，用海方式还不够多元化，生活岸线和景观岸线缺乏，市场化配置海域资源机制尚未建立。在海洋资源利用上，主要集中在海洋油气业、化工等行业，海洋生物、矿产资源的利用不足。海洋生态环境保护有待强化，陆源入海污染压力持续存在，入海河流和陆源入海排污水体中氮磷和化学需氧量等主要污染物存在超标现象，海洋生态环境保护和生态修复仍面临较大压力。

（四）海洋自主创新能力仍需增强

科技创新对海洋产业发展的支撑引领不强，海洋科研机构和高等院校的科研成果有效转化率较低，国际领先的研发成果不足，产学研用结合不够紧密，涉海企业自主创新能力仍需强化，重要领域缺乏领军人才，海洋科技成果资本化、产业化程度较低，海洋科技创新还不能满足高质量发展的需要。

（五）人才培养结构的供需不匹配

当前，海洋经济领域的人才主要集中在临港大工业、港口服务业和海洋渔业等领域，在相对较高层次的航运金融、航运保险等高端海洋服务业的人才较为匮乏。而在海洋经济的人才培养计划中，更加注重理论知识的学习，相对缺乏实际应用、技术创新和实践应用人才的培养，创新型人才队伍建设仍需加强。

三　天津海洋经济发展面临的形势与对策建议

（一）海洋经济发展形势

从国际看，海洋对经济社会发展的战略意义日益突出，世界各沿海国家纷纷制定计划采取行动推动海洋经济发展，抢占海洋规则"先手棋"、海洋科技"制高点"、海洋产业"桥头堡"成为争夺发展主导权和确立国际竞争优势的重要途径。当今世界正经历百年未有之大变局，新一轮科技革命和产业变革深入发展，将引起产业链分工和生产组织网络的重大调整，对我市开放型经济带来深远影响，也将促进海洋产业结构和布局深刻调整。

从国内看，我国正处在实现"两个一百年"奋斗目标的历史交汇期，十九届五中全会明确提出到 2035 年基本实现社会主义现代化远景目标，党中央做出建设海洋强国的战略部署为天津市推进国家海洋经济科学发展示范区建设和建设全球海洋中心城市提供了历史性机遇。我国进入高质量发展阶段，经济社会发展面临许多新特征新要求，海洋经济也面临着转变发展方式、优化产业结构、提高资源利用效率、增强创新能力等发展要求。同时，全国沿海发展布局出现新特点，深圳、上海、广州、青岛、大连、宁波、舟山等城市均启动推进全球海洋中心城市规划建设，不同地区面临着抢市场、抢资源、抢腹地的竞争更加激烈，同时，探索海洋经济差异化发展模式，促进沿海地区在海洋产业链上形成优势布局、协同共赢成为发展趋势。

从全市看，天津进入加快建设"一基地三区"和"五个现代化天津"的关键阶段，京津冀协同发展深入推进，双城战略深入实施，新旧动能转换加速，空间格局和产业布局重塑，天津濒海临港的"出海口"优势更加突出，作为全国海洋经济发展试点地区、海洋经济创新发展示范城市、海洋经济发展示范区等，天津海洋经济在高端产业集聚、各类要素融会对接、新动能培育壮大等方面具有广阔发展空间。与此同时，海域空间有限、近海资源稀缺、渤海湾海洋环境承载力低的现实短期内不会改变，人民对享受洁净沙滩、欣赏美丽海景、吃上健康海产的期待更加迫切，提高海洋资源开发利用水平的任务十分艰巨，海洋创新驱动更加期待。

（二）推动天津海洋经济发展的建议

立足海洋资源禀赋和特色产业基础，加快推进国家海洋经济创新发展示范城市和临港海洋经济发展示范区建设，加快海洋产业结构升级，构建现代海洋产业体系，促进海洋科技创新和成果高效转化，带动环渤海城市群成为我国具有显著竞争优势的蓝色经济区。

1.打造国家级海水淡化产业集群

充分发挥天津临海资源和海水淡化应用规模优势，依托海水淡化与综合利用研究所、临港海水淡化与综合利用示范基地、海水淡化产业（人才）联盟等平台，引育一批海水淡化与综合利用装备制造、新材料工程服务等企业，推动10万吨/日海水淡化试验场工程、临港浓海水淡化及综合利用一体化项目、大型海水淡化实验厂及综合利用、200万平方米/年高性能反渗透膜及元件规模化制造平台、海水淡化水处理药剂产业化等建设，打造海水淡化成套装备制造集群。将海水淡化产业作为"十四五"时期天津市重点产业和助推京津冀协同发展的重大规划。打造海洋产业发展生态圈，营造涵盖海域规划、装备制造、工艺集成、科学研究、终端用户等多元主体的产业生态，打造成为具有全球产业引领的示范样板工程。

2.打造海洋高端装备制造业基地

依托海油工程、中海油服、新港船舶重工、中交天航局等重点龙头企业，积极推进串链补链强链，推动形成海洋油气装备制造、高端船舶装备制造、港口航道工程装备、海洋能开发利用装备产业集群，打造成国内海洋装备制造领航区。加快构建海洋油气装备制造体系，实现设计、建造、管理、维修和拆除一体化服务能力，加快建设海洋油气装备基地等一批项目，打造海洋油气装备产业集群。加快建设天津临港造修船基地技术中心，发展高端船舶和特种船舶研究设计，提升全产业链标准化、智能化水平，打造高端船舶装备制造集群。以天津港为载体，以绿色、智能、环保为目标，以场景式工程化应用项目为带动，补齐产业链条，打造港口航道工程装备制造集群。发挥重点企业带动作用，加快大功率风电整机、海上风电整机的研发和创新，引育一批海上风电安装、施工、运维企业，提升全产业链条的智能化、清洁化水平，促进海上风电装备产业集聚发展。

3.提升海洋石油化工产业层级

充分发挥现有产业基础和比较优势，以产业结构升级为突破口，优化产业布局，提升安全环保水平，打造符合产业发展规律、资源综合承载能力和产业链完善的绿色安全、现代高端石化产业。南港工业区作为天津市石化产业发展的唯一承载地，未来，将加快推进渤化集团南港基地、中沙聚碳酸酯、亨斯迈聚氨酯等项目建成投产，重点瞄准产业龙头企业，量身定制项目促进方案，积极引入国内外一流企业级项目，持续培育新的经济增长点，以化工新材料、功能性化学品和精细化工为重点，打造油气开采、基础化工原料、合成材料到高技术含量、高附加值中下游产品、精细化工等石化全产业链。到"十四五"末期，南港工业区将拥有乙烯丙烯、润滑油、聚氨酯、新能源电池、清洁能源综合利用等多条产业链，形成几个百亿级大型企业，以及一批"专精特新"中小企业，打造世界一流化工新材料基地，实现跨越式发展。

4.打造天津特色的滨海旅游"名片"

建设滨海旅游产业集聚区，打造若干临海地标性建筑和5A级景区，做足大气洋气的"海味"文化。创建一流国家海洋博物馆，完善并丰富场馆功能，建设集收藏、展示、科学、交流、旅游于一体的国家海洋博物馆。构建"一廊一带一区"旅游空间，打造蓝色旅游走廊、建设海河都市观光带、中新天津生态城国家全域旅游示范区。规划建设游船码头，串联东疆湾沙滩、国家海洋博物馆、妈祖文化园、航母主题公园等海洋旅游资源，推动泰达航母主题公园、国家海洋博物馆创建国家5A级旅游景区，构建沿海岸线蓝色旅游走廊。串联海门大桥、海河外滩公园、塘沽火车站旧址、潮音寺、大沽船坞、海河大桥等历史文化资源，推动海河游船提质升级，打造历史与现代交融的魅力海河观光带。支持中新生态城国家全域旅游示范区建设，提升全域旅游示范区公共服务水平。推动重大旅游项目建设。依托经开区、保税区、天津港三大工业聚集区，打造工业旅游研学基地。

5.提高海洋经济科技创新实力

开展海洋科技研发攻关，跟踪海洋科技发展新趋势，整合全市各涉海单位的科研资源，围绕海水淡化、海洋装备等重点领域开展关键技术攻关，加快突破膜技术、浓盐水综合利用等领域卡脖子关键技术，提高自主创新能力。促进海洋科技成果转化，打造国家级科技兴海成果转化基地，强化企业在科技创新中的主体地位，加速产学研用结合，建设综合性公共科技创新服务平台、产业技术平台和创新创业平台，推动科研院所、科技服务业、生产性服务业协同集聚发展。推进海水淡化、海洋装备、海洋生物医药等领域新技术产业化，形成科技创新和产业应用互相促进的良好发展局面。

6.加大海洋新兴产业人才培养

坚持人才优先战略，加快海洋人才培养模式创新，紧密结合重大项目和关键技术攻关，引导推动海洋人才培养链与产业链、创新链有机衔接。加强多层次、跨行业、跨专业的海洋人才培养，支持高等院校海洋经济相关专业建设，加快建设海洋科技创新领军人才和高技能人才队伍，集聚创新人才，优化人才队伍结构，注重培养一线创新人才和青年科技人才。引导和鼓励涉海企业建立创新人才培养、引进和股权激励制度，支持科研单位和科研人员分享科技成果转化收益。落实涉海科研人员离岗创业政策，建立健全科研人员双向流动机制，促进海洋人才资源合理流动。

参考文献：

[1] 习近平：《决胜全面建成小康社会夺取新时代中国特色社会主义伟大胜利——在中国共产党第十九次全国代表大会上的报告》，人民出版社，2017 年。

[2] 王梓：《"一廊一带一区"做足"海洋文章"》，《滨海时报》2020 年 6 月 6 日。

[3] 战旗：《构建全产业链 打造海水淡化产业高地》，《滨海时报》2020 年 8 月 3 日。

[4] 商瑞：《天津港保税区：打造海洋全产业链》，《经济日报》2020 年 6 月 6 日。

[5] 赵晖、张文亮、张靖苓等：《天津海洋经济高质量发展内涵与指标体系研究》，《中国国土资源经济》2020 年第 6 期。

[6] 王梦倩、王艳红：《天津发展海洋经济的建议》，《中国国情国力》2017 年第 8 期。

天津房地产业发展研究报告（2021）

高　峰　天津社会科学院经济分析与预测研究所副研究员

摘　要： 与全国平均水平相比较，2020年天津房价走势较为温和，但根据国家统计局和国研网数据分析，其依然呈现出价涨量跌的态势。从供给侧看，由于受到疫情影响，2020年天津房地产开发投资、土地购置费、房地产新开工和竣工面积均有显著下跌，所幸房地产总施工面积未受较大影响，且近期投资力度明显加大，逐步走出困境的可能性较大。从需求侧看，天津乃至全国房地产市场均出现了价涨量跌的走势，说明由于受到适度宽松货币政策影响，即使在商品房销售面积受挫情况下房价依然坚挺。在适度宽松货币政策背景下，预计2021年房价走势延续2020年走势的可能性较大。具体来看，本文分两种情境预估2021年天津商品房价格走势，结果显示：在8.26%的相对较低货币增速水平下，天津16区整体的商品房平均价格可能会在14800～16500元/平方米的价格区间内波动；在9.61%的相对较高货币增速水平下，天津16区整体的商品房平均价格可能会在14900～16700元/平方米的价格区间内波动。

关键词： 房地产　房价收入比　货币政策　供需　预测

一 2020年房地产业发展环境分析

（一）宏观经济形势分析

1.全球经济形势

2020年，全球经济形势复杂多变。经济处于国际金融危机后的深度调整期，全球化受阻，再加之受到新冠疫情影响，经济不确定性加剧。联合国一份报告指出，新冠肺炎疫情将导致前所未有的经济危机，堪与20世纪30年代的大萧条相提并论。联合国官员舒特指出，全世界有1.76亿人面临贫困威胁，相比没有新冠肺炎疫情的情况，全球贫困率会增加2.3%。虽然许多国家在疫情期间采取了短期措施帮助国民，但这些措施保障能力已显不足。9月，欧洲理事会主席米歇尔表示，欧盟要制定新路线，保障疫情后实现战略性经济自治，避免产业链单一依赖，在生产加工药品等方面要更加独立于美洲、亚洲的全球大国。欧盟拟推出的战略性经济自治计划，无疑将导致全球化的进一步受阻。为促进全球经济复苏，全球主要经济体纷纷开启了新一轮降息周期。自新冠肺炎疫情爆发以来，美国已先后通过了4轮经济刺激方案，拨款超过2万亿美元。这些无疑都会影响我国接下来的货币供应和信贷政策。

2.我国整体经济形势

在国际国内经济环境复杂多变背景下，我国供给侧和需求侧均表现出"双收缩"形势。从需求侧看，外贸不振、居民消费能力持续下滑，2020年上半年，进出口总值同比下跌6.3%，城镇居民人均消费支出同比下跌11.2%。从供给侧看，能源、环境、土地等资源约束更为严格，依靠增加要素投入拉动经济高速增长的可能性变小。为应对供需双收缩形势，2020年国家采取明确的扩张性宏观经济政策进行逆周期调节。2020年5月22日的《政府工作报告》中提到要"综合运用降准降息、再贷款等手段，引导广义货币政策供应量和社会融资规模增速明显高于上年"。2020年8月，M0、M1和M2货币供应量同比增速分别为10.40%、7.99%和9.42%，均较2019年8月增速（分别约为 8.21%、3.43% 和 4.84%）明显提高。2020 年 1 至 8 月，中国社会融资增量数据约为 26.14 万亿元，意味着实体经济从金融体系得到新的信用货币总额约为 26.14 万亿元，同比 2019 年 1 至 8 月 18.09 万亿元的社会融资增量提高了 44 个百分点。根据中国社会科学院国家资产负债表研究中心（CNBS）数据，2020 年上半年一改前几年平稳态势，中国实体经济杠杆率出现大幅度提升，相比 2019 年底整体提升 21 个百分点，达到 266.4%，创中国有史以来的历史新高——无论是居民杠杆、政府杠杆还是非金融企业杠杆，都创出历史新高。

3.我国房地产业整体形势

从房地产供给侧看，截至 2020 年 8 月，我国房地产累计投资 88454 亿元，相比去年 8 月同比增长 4.6%；我国房地产住宅累计投资 65454 亿元，同比增长 5.3%；土地购置面积累计值约为 11947 万平方米，同比下跌 2.4%；土地成交价款累计值约为 7088 亿元，同比增长 11.2%。截至 2020 年 8 月，我国房地产施工面积累计值约为 839734 万平方米，同比增长 3.3%；房地产新开工施工面积累计值约为 139917 万平方米，同比下跌 3.6%；房地产竣工面积累计值约为 37107 万平方米，同比下跌 10.8%。截至 2020 年 8 月，我国商品住宅施工面积累计值约为 592216 万平方米，同比增长 4.3%；商品住宅新开工施工面积累计值约为 102486 万平方米，同比下跌 4.3%；商品住宅竣工面积累计值约为 26498 万平方米，同比下跌 9.7%。虽然土地购置面积、新开工面积和竣工面积均下跌，但跌幅逐渐收窄，且截至 2020 年 8 月份，包括施工面积在内的其他指标均为正增长，房地产投资和住宅投资由年初的负增长转为正增长，说明国家稳房地产供应的政策已然见效。

从房地产需求侧看，我国商品房总体上呈现价涨量跌的态势。截至 2020 年 8 月，我国商品房销售面积累计值约为 98486 万平方米，比上年同期下跌 3.3%；商品房销售额累计值约为 96943 亿元，比上年同期增长约 1.6%；商品房平均价格约为 9843 元/平方米，比上年同期增长约 5.12%。截至 2020 年 8 月，我国商品住宅销售面积累计值约为 87220 万平方米，比上年同期下跌 2.5%；商品住宅销售额累计值约为 86769 亿元，比上年同期增长约 4.1%；商品住宅平均价格约为 9004 元/平方米，比上年同期增长约 7.66%。

（二）产业政策环境分析

1.中央楼市调控政策

进入 2020 年，我国楼市调控政策从主要限制需求侧开始向同时限制供需两侧方向转变。在当前内循环背景下，消费乏力，中短期只能依靠投资。房地产投资作为三大重要投资领域之一，其保持稳定的重要性不言而喻。而长期看，为防范金融系统性风险，势必仍要严管房地产金融，防止房地产继续过度金融化、泡沫化。因此 2020 年中央楼市调控政策，一方面继续保持房地产调控力度，坚持"房住不炒"总基调，从需求侧加以限制；另一方面出台了被业界称为"3-4-5-12 数字密码"的资金管控政策，旨在从供给侧优胜劣汰房地产企业。"3"即三道红线：一是剔除预收款后的资产负债率大于 70%；二是净负债率大于 100%；三是现金短债比小于 1。"4"即根据三道红线的触发情况分绿、黄、橙、红四档分别管控。"5"即 15%、10%、5%、0% 的有息负债规模年增速分档阈值。"12"即对 12 家房企进行的融资债务总规模控制。

2020 年 5 月 28 日，十三届全国人大三次会议表决通过《中华人民共和国民法典》，对 70 年产权续期做了规定，提出：住宅建设用地使用权期间届满的，自动续期。续期费用的缴纳或者减免，依照法律、行政法规的规定。非住宅建设用地使用权届满后的续期，依照法律规定办理。该土地上的房屋及其他不动产的归属，有约定的，按照约定；没有约定或者约定不明确的，依照法律、行政法规的规定办理。此条法规，为房地产持有税的实行扫除了法律上的障碍。

在租赁市场管控方面，住建部 9 月 7 日公布了《住房租赁条例（征求意见稿）》，就出租与承租、经纪活动、租赁企业、法律责任等提出 60 多条规范措施，明确提出严控长租公寓领域租金贷、高进低出等现象，规范住房租赁合同的网签备案，稳定各地区租金水平。

2.各地房地产业政策

2020 年，各地开发商普遍存在刚性预期，认为房价不应该降，特别是在货币宽松背景下。2020 年持续有地方出台"降首付、松限购、免契税"等楼市刺激政策试图托住房价。中原地产研究中心统计数据显示，2020 年上半年，各地发布的与房地产市场有关的调控政策共计 304 次，其中包括全国各地力度不一的购房补贴政策、人才政策、落户政策以及为房企减负等宽松政策。上海易居房地产研究院综合研究中心总经理崔霁在接受《证券日报》记者采访时称，今年受疫情影响，各地迎来较为宽松的政策制定空间，疫情期间各地主要政策手段包括增加优质土地供给、取消土地出让方面限制性规定等；而疫情后期阶段则更多从房地产交易政策下手，如限价放松、放宽预售、变相松绑限购、人才新政、购房补贴以及公积金政策调整等。

3.天津房地产业政策

2020 年 3 月 2 日，天津市发改委门户网站发布《天津市支持重点平台服务京津冀协同发展的政策措施（试行）》文件。其中针对滨海新区中关村科技园、宝坻中关村科技城相关企业职工，给予购房和落户方面的放宽政策。9 月 4 日，天津政府网站发布了一则由天津市市科技局会同滨海新区政府，组织滨海高新区管委会，共同起草的《关于促进天津滨海高新技术产业开发区高质量发展具体落实举措》，文件对符合滨海高新区产业发展定位的外省市项目在职职工开放买房绿灯，为满足符合滨海高新区产业发展定位的外省市项目在职职工居住需求，项目转移后，户籍暂未迁入本市且家庭在津无住房的在职职工，可购买 1 套住房，所购住房取得不动产权证 3 年后方可转让。

二 2020 年天津房地产市场运行情况分析

（一）房地产市场供给情况分析

1.房地产开发投资资金情况

截至 2020 年 8 月，天津当年房地产开发投资累计值约为 1863.84 亿元，同比下跌 5.41%。截至 2020 年 8 月，天津当年房地产住宅开发投资累计值约为 1498.51 亿元，同比下跌 5.70%。2020 年 8 月，天津当月房地产开发投资完成额约为 203.72 亿元，同比去年增长 3.04%，环比上月下跌 1.89%。2020 年 8 月，天津当月房地产住宅投资完成额约为 158.38 亿元，同比去年增长 0.30%，环比上月下跌 5.06%。

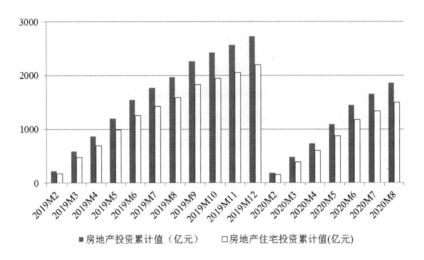

图 1　房地产开发投资当年累计情况

数据来源：国家统计局网站。

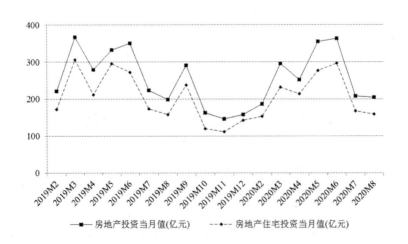

图 2　房地产开发投资当月走势情况

数据来源：国家统计局网站，后经作者整理计算所得。

2.土地购置情况

2020 年天津土地购置面积和土地购置费明显回落。截至 2020 年 8 月，天津房地产业土地购置费当年累计值约为 514.28 亿元，同比去年下降 46.17%。明显低于同期全国土地购置费累计值约 8.18% 的平均涨幅。

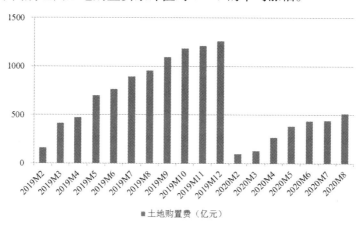

图3 土地购置费当年累计情况

数据来源：搜狐网数据，后经作者整理计算所得。

3.新开工、施工、竣工面积情况

截至 2020 年 8 月，天津房地产新开工施工面积当年累计值约为 1254.71 万平方米，同比去年下降 30.96%，降幅明显高于全国平均水平（-3.59%）。就房地产开发类型而言，截至 2020 年 8 月，住宅新开工面积当年累计值约为 900.46 万平方米，同比去年下降 38.01%；办公楼新开工面积当年累计值约为 25.99 万平方米，同比去年下降 12.49%；商业营业用房新开工面积当年累计值约为 141.26 万平方米，同比去年增长 22.45%。2020 年，除去商业营业用房新开工面积增幅明显外，其他类型房地产新开工面积均有较大程度减少。

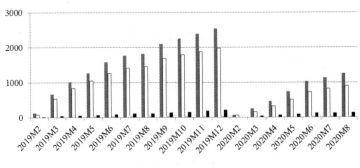

图4 房地产新开工施工面积当年累计情况

数据来源：国家统计局网站。

截至 2020 年 8 月，天津房地产施工面积当年累计值约为 11005.05 万平方米，同比去年提高 6.34%，增幅明显高于全国平均水平（3.27%）。就房地产开发类型而言，截至 2020 年 8 月，住宅施工面积当年累计值约为 7821.61 万平方米，同比去年提高 7.31%；办公楼施工面积当年累计值约为 543.15 万平方米，同比去年下降 4.07%；商业营业用房施工面积当年累计值约为 1022.14 万平方米，同比去年增长 5.53%。2020 年，除去办公楼施工面积减少外，其他各类型房地产施工面积均有不同程度的增长。

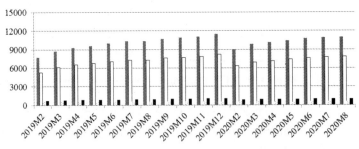

图5 房地产施工面积当年累计情况

数据来源：国家统计局网站。

截至2020年8月,天津房地产竣工面积当年累计值约为226.32万平方米,同比去年下降43.09%,降幅明显高于全国平均水平（-10.82%）。就房地产开发类型而言,截至2020年8月,住宅竣工面积当年累计值约为172.52万平方米,同比去年下降30.42%;办公楼竣工面积当年累计值约为5.82万平方米,同比去年下降25.10%;商业营业用房竣工面积当年累计值约为24.59万平方米,同比去年下降71.09%。2020年,各类型房地产竣工面积均有较大程度减少。

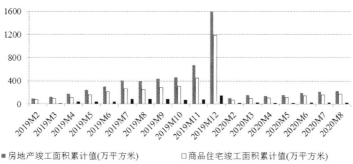

图6　房地产竣工面积当年累计情况

数据来源：国家统计局网站。

从房地产开发面积类型结构看,就新开工面积而言,截至2020年8月,虽然住宅和办公楼新开工面积当年累计值同比显著下降,但商业营业用房新开工面积却显著增加,商业营业用房占比也较去年明显提高,而住宅占比较去年明显下降。就施工面积而言,住宅施工面积和占比均有提高,办公楼施工面积和占比均下降,商业营业用房施工面积增加但占比略有减少。就竣工面积而言,虽然各类型房地产竣工面积绝对值显著减少,但住宅和办公楼占比显著提高,商业营业用房占比明显减少,考虑到竣工面积和现房销售之间的互动影响,说明住宅在抵御疫情影响方面要优于办公楼和商业营业用房。

表 1　各类型房地产开发面积占比情况

占比		2018 年 8 月	2019 年 8 月	2020 年 8 月
新开工面积	住宅	73.89%	79.93%	71.77%
	办公楼	1.16%	1.63%	2.07%
	商业营业用房	7.99%	6.35%	11.26%
施工面积	住宅	68.74%	70.43%	71.07%
	办公楼	6.30%	5.47%	4.94%
	商业营业用房	9.78%	9.36%	9.29%
竣工面积	住宅	70.44%	62.35%	76.23%
	办公楼	9.14%	1.95%	2.57%
	商业营业用房	7.14%	21.39%	10.87%

数据来源：国家统计局网站，后经作者整理计算所得。

（二）房地产市场销售情况分析

1.房地产市场价格变动情况

2020 年，在适度宽松货币政策背景下，从国家统计局和国研网数据分析来看，房价迎来新一轮普涨。全国商品房平均价格从 2019 年 8 月的 9364 元/平方米上涨到 2020 年 8 月的 9843 元/平方米，同比提高 5.12%；全国商品住宅平均价格从 2019 年 8 月的 8363 元/平方米上涨到 2020 年的 9004 元/平方米，同比提高 7.66%。相较全国平均涨势，天津是比较温和的。2020 年 8 月，天津 16 区商品房平均价格约为 15965 元/平方米，同比提高 3.53%；天津 16 区商品住宅平均价格约为 16192 元/平方米，同比提高 5.02%。涨幅均低于全国平均水平。

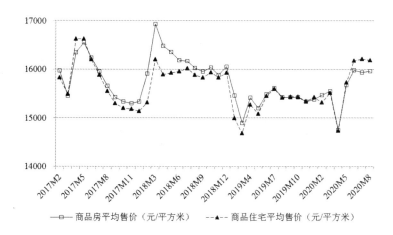

图 7　天津房价变动情况

数据来源：国家统计局网站和国研网数据库，后经作者整理计算所得。

2.房地产市场销售面积变动情况

2020 年，从国家统计局和国研网数据来看，天津 16 区房地产市场整体表现为价涨量跌的态势。天津商品房销售面积当年累计值从 2019 年 8 月的 969.97 万平方米下降到 2020 年 8 月的 791.07 万平方米，同比下降 18.44%；商品住宅销售面积当年累计值从 2019 年 8 月的 907.69 万平方米下降到 2020 年 8 月的 734.50 万平方米，同比下降 19.08%。

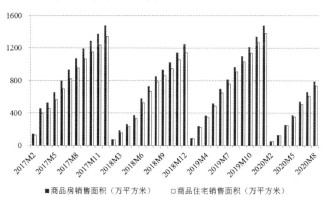

图 8　天津商品房和商品住宅销售面积变动情况

数据来源：国家统计局网站和国研网数据库。

141

（三）房价收入比情况分析

2020 年上半年，对于全国而言，城镇居民人均可支配收入 1.47%的涨幅远追不上房价约 5.12%的涨幅。

由表 2 可知，全国平均的房价收入比从 2019 年上半年的 8.9 提高到 2020 年上半年的 9.2，最近一年房价收入比上涨了 0.3。天津房价收入从 2019 年上半年的 12.9 提高到 2020 年上半年的 13.7，最近一年房价收入比上涨了 0.8。

表 2 天津和全国房价收入比变动情况

地区	2019 年上半年	2020 年上半年	房价收入比变动情况
全国平均	8.9	9.2	0.3
天津	12.9	13.7	0.8

数据来源：国家统计局网站和国研网数据库，后经作者整理计算所得。

三 2021 年天津房地产业发展趋势预测

（一）政策走向预测

1.适度宽松货币政策或会持续发力

基于政策逆周期调节考量，从利率及货币发行状况来看，未来适度宽松的货币政策或将持续。但理论上讲，如莱因哈特和罗格夫（2009）所言：过度的债务积累，无论是政府、银行、企业还是消费者，经常会导致非常严重的系统性风险。过多的现金供给会使政府看起来在为经济强劲增长提供动力，但实际上却会适得其反。现实中，更有津巴布韦、委内瑞拉等国货币滥发导致的国家信用丧失作为前车之鉴，因此相信央行的宽松货币政策未来仍会适度，但不会过度。

2."3-4-5-12 数字密码"的资金管控政策或将在 2021 年看到实效

"3-4-5-12 数字密码"的资金管控政策尤其是其中限制房地产企业融资的"三条红线"，会进一步优化房地产企业的负债等问题，由此造成的房地产企业优胜劣汰、正向筛选会使房地产企业间格局愈发分化，尝尽房价领头羊甜头而不愿转向寻找第二条出路的地方小房地产企业可能会面临更多的发展困境，而融资相对便利的大型国有房企的并购扩张机会也正蕴含其间。

3.老旧小区改造项目或会引领下一轮房地产业发展

2020 年 7 月 20 日，国务院办公厅发布《关于全面推进城镇老旧小区改造工作的指导意见》。住建部副部长黄艳指出：我国需要改造的 2000 年以前建成的老旧小区约有 30 亿平方米。2019 年，各地改造城镇老旧小区 1.9 万个，涉及居民 352 万户；2020 年，各地计划改造城镇老旧小区 3.9 万个，涉及居民近 700 万户。我国住宅品质较低，目前城镇居民住宅中，建成年代早于 2000 年的占很大一部分，即使建成年代晚于 2000 年的住宅中也有很大一部分需要改造，需要加装电梯、改造线网等。此外，房地产投资作为我国的三大重要投资方式之一，其基础性地位仍然很难被难以突破发展瓶颈的其他新兴产业所替代，因此从未来五年看，我国的房地产市场远未饱和，仍有很大的发展机遇。

（二）房地产市场形势预测

1.从供需角度做出的定性预测

从供给侧看，由于受到疫情影响，2020 年上半年天津房地产供给侧出现了大幅度低走态势。房地产开发投资、土地购置费、房地产新开工和竣工面积均有显著下跌，所幸房地产总施工面积未受较大影响，且近期投资力度明显加大，逐步走出困境的可能性较大。

从需求侧看，截至 2020 年 8 月，天津商品房销售面积和销售额均有较大幅度下降，但由此计算出的天津房价变动幅度不大，比上年同期提高约 3.53%，与全国平均水平相比房价走势较为温和。但根据国家统计局和国研网数据分析，天津房地产市场依然出现了价涨量跌的走势，说明由于受到适度宽松货币政策影响，即使在商品房销售面积受挫情况下房价依然坚挺。

笔者认为，随着疫情处理措施的日益完善和房地产投资力度的加大，天津房地产供给侧逐步趋稳的可能性较大；考虑到我国乃至全球宏观经济状况，未来一年央行延续适度宽松货币政策的可能性较大，天津房地产需求市场可能仍将延续今年状况。因此定性预测 2021 年天津 16 区整体商品房平均价格延续今年涨势的可能性较大。

2.从数据角度做出的定量预测

本文所指的商品房平均价格是基于包括市内六区、环城四区、滨海新区和远郊五区在内的天津全市 16 区商品房销售额和销售面积数据计算所得，可能会与具体各区人们对房价变动的感受有出入。如中国房价行情网数据就显示，2020 年 10 月天津全市二手房价格 26397 元/平方米，虽然整体上环比上月上涨 2.34%，同比去年上涨 3.50%，但各区涨跌幅不一：全市 16 区中有 8 个区二手房价格无论环比还是同比均下降；有 4 个区二手房价格环比下降但同比上涨；有两个区环比上涨但同比下降；还有两个区无论环比还是同比均上涨。其中，同比降幅最大的红桥区，整体二手房价格下降了 5.74 个百分点。但由于单独各区长期的房价时间序列不易取得，所以本文选择对全市 16 区整体的商品房平均价格走势做出预测。

使用格兰杰因果关系检验考察商品房平均价格、货币与准货币供应增速之间的因果关系，发现两者之间存在因果：在滞后 5 期的情况下，货币与准货币供应增速是商品房平均价格的格兰杰原因；在滞后 7 期的情况下，商品房平均价格是货币与准货币供应增速的格兰杰原因。因此要预测房价走势，本文将首先分析货币供应增速对房价的影响，设定滞后 5 期构建 VAR 模型分析房价对货币与准货币供应增速的脉冲响应，发现：随着时间推移，房价对货币与准货币供应增速的响应由负转正，说明货币供应的增加即使当期对房价的影响不显著，甚至在配合其他房住不炒政策下使房价不升反降，但随着时间的推移其对房价的推高是会逐步显现出来的。

由于房价走势与货币政策息息相关，本文下面将使用商品房平均价格、货币与准货币供应增速这两个指标构建向量自回归移动平均模型，分两种情境预测 2021 年天津 16 区房价走势情况。

在 5%显著性水平下，构建方程为：

$$Pf = 7159.54 + 0.5142 \times P_{t-1} - 28387.79 \times M_t + 33801.88 \times M_{t-1} \quad (1)$$

公式（1）中，P代表商品房平均价格；Pf代表商品房平均价格预测值；M代表货币与准货币供应增速；t为时间趋势项。

第一种情境，假定2020年9月以后央行实行相对紧缩的货币政策，即货币与准货币供应增速回到上一年走势，为2018年9月至2019年8月的平均增速（约为8.26%的相对较低增速），则结果显示：2021年在约2.19%的平均绝对百分比误差水平下天津16区整体的商品房平均价格可能会在14800~16500元/平方米的价格区间内波动。

第二种情境，假定2020年9月以后央行实行相对宽松货币政策，即货币与准货币供应增速延续近一年走势，为2019年9月至2020年8月的平均增速（约为9.61%的相对较高增速），则结果显示：2021年在约2.19%的平均绝对百分比误差水平下天津16区整体的商品房平均价格可能会在14900~16700元/平方米的价格区间内波动。

笔者认为，联系定性分析结果，未来一年央行延续最近一年适度宽松货币政策的可能性较大，因此第二种情境出现的可能性较大。

四　政策建议

根据上文分析，本文特提出以下三项政策建议：

第一，增强内循环活力离不开房价的自然回归。消费难以升级部分程度上取决于房地产等资产价格的畸形发展，劣币驱逐良币。壹地产中提到本来计划要有大发展的宝贝王早教业务已经被万达卖掉，宝贝王成本的最大头是房租和员工，单桂林万达广场的宝贝王早教俱乐部一年的租金就高达74万。疫情期间早教项目停课，但房租缴费却不会停。未来若想让消费升级，内循环旺盛，就需逐步还市场以本来面目，降低房地产等资产的资本利得，使房子回归该有的属性，逐步提高劳动力价格，扩大中产阶级占比。一降一补间做到缩小贫富差距、藏财富于多数国民。这样才会有利于人口的流动和增强内循环活力。

第二，受"18亿亩耕地"红线所限，房地产业未来发展更多会以老旧小区改造为主，在旧房拆迁过程中要本着"以人为本"的理念规范操作。在老旧小区改造过程中，只有真正本着"为中国人民谋幸福，为中华民族谋复兴"初心的企业才能获得良性发展。从房地产中介发展情况看，单纯本着推出"真房源"的租售房平台越来越得到消费者青睐，而那些充斥了"假房源"信息的平台陆续倒台，说明遵循简单的"为民服务"初心是有多么的重要。天津以往的棚户区改造成果卓著，在将来以棚户区改造为主的老旧小区改造过程中，特别是涉及拆迁问题时，我们仍要继续保持"为民服务"本色，以利于房地产业的健康长远发展。

第三，继续改善营商环境，为包括房地产企业在内的各企业健康可持续发展创造有利条件。房地产业作为解决就业和带动上下游发展的重要投资领域，其发展依然重要，在严格执行中央"房住不炒"政策和配合央行资金管控政策基础上，依然需要通过营商环境的改善协助解决包括房地产企业在内的各企业生产经营活动中遇到的困难。加大融资驱动力度，调动企业创新活力，着力解决新兴产业发展瓶颈难题。由前文分析可知，今年我国宏观经济实行逆周期调节，社会融资规模增速明显高于往年，上半年社会融资规模增量约为 20.88 亿元，比上年同期增长约 42.80%。而天津 2020 年上半年社会融资规模增量仅有 3037 万元，较上年同期增长约 30.84%，比全国平均涨幅低了 12 个百分点。其中，非金融企业境内股票融资占天津社会融资规模增量的比重仅有 0.40%，远低于同为直辖市的北京、上海、重庆此项目占比。因此接下来可以在融资驱动上继续加大力度，发挥政策特长，着力解决新兴产业发展中遇到的瓶颈难题，想企业之所想、急企业之所急，在推动企业融资和创新活力上下功夫。继续开放搞活市场经济，建立有效市场，充分利用地缘优势上的南北方枢纽地位，利用南方和北方市场，调动南方和北方资源，促进经济内循环发展。利用天津港的海上门户和出海口优势，促进对外贸易发展，加强对外开放水平，为经济外循环发展助力。

参考文献：

[1] Carmen M. Reinhart & Kenneth S. Rogoff，This Time Is Different： Eight Centuries of Financial Folly，Economics Books，Princeton University Press，edition 1，number 8973，2009.

[2] 陈超：《"租金贷"纳入监管、强化承租人权益保障伴房租赁行业迎发展新契机》，《经济参考报》2020 年 9 月 16 日。

[3] 国务院办公厅：《国务院办公厅关于全面推进城镇老旧小区改造工作的指导意见》，中华人民共和国中央人民政府官网，2020 年 7 月 20 日。中华人民共和国中央人民政府官网：http：//www.gov.cn/zhengce/content/2020-07/20/content_5528320.htm。

[4] 国研网行业研究部：《房地产行业分析报告》，《房地产行业季度分析报告》，2020 年。国研网：http：//report.drcnet.com.cn/#/weekReport？uid=季度报告&id=900601&idname=房地产业。

[5] 国研网金融研究部：《国际金融形势周评》，《国研网系列研究报告》，2020 年。国研网：http：//report.drcnet.com.cn/#/weekReport？uid=周评&id=900301&idname=国际金融。

[6] 黄艳：《2020 年计划改造多少老旧小区？投资规模有多大？官方回应》，搜狐焦点，2020 年 4 月 17 日。

[7] 乐居财经：《2020 上半年房地产调控政策发布超 300 次呈"两松两紧"特点》，快资讯，2020 年 7 月 3 日。快资讯网站：https：//www.360kuai.com/pc/9ffdb9067d8e47e54？cota=3&kuai_ so=1&sign=360_57c3bbd1&refer_scene=so_1。

[8] 刘伟：《科学把握 2020 年宏观经济走势》，《经济日报》，2020 年 1 月 9 日。

[9] 凭栏：《中美经济纠缠的宿命》，美股之家，2020 年 7 月 24 日。美股之家博客网站：https：//www.mg21.com/guide/？p=6195。

[10] 新浪财经：《"三条红线"下，房企只能靠管理红利生存了？！》，地产运营智库，2020 年 9 月 21 日。新浪网：https：//finance.sina.cn/stock/estate/2020-09-21/detail-iivhuipp5493175.d.html？vt=4。

[11] 中国法制出版社编：《中华人民共和国民法典》，北京：中国法制出版社，2020 年。

天津智能科技产业发展研究报告（2021）

秦鹏飞　天津社会科学院产业发展研究所助理研究员

摘　要： 天津市智能科技产业权重渐高区域竞争力渐强，实现了多层次、多维度的全面成长，在九大优势领域具有强劲的核心竞争力，头部企业和重大项目引育取得显著成效，智能制造政策效能加速释放，"智能+"向全方位多领域融合发展，新型智能基础设施建设加速推进，同时面临着产业聚集度不高、应用场景有效需求不足、基础研究短板突出、既有科技成果转化不力、数据归集与数据共享不充分和各类信息系统对接不畅等制约瓶颈问题，宜采取以市场换投资、设立智能科技场景应用试验区、争取人工智能大科学装置项目、加速科研成果在津转化和汇聚城市大数据升级城市大脑的政策措施促进天津市智能科技产业的高质量发展。

关键词： 智能科技　产业动态　瓶颈　政策建议

一　天津智能科技产业的发展动态

智能科技是引领新一轮科技革命和产业变革的战略性技术集合[1]，天津市陆续出台 170 余项政策措施，培育和引进了一批智能科技骨干企业，聚集了一批特色平台载体，开展了一批典型应用场景示范，形成了完善合理的智能科技产业体系。2019 年度，智能科技产业营收额度占天津市全行业营收总额的比例高达 16.7%，相较 2018 年提高了 1.8%。中国新一代人工智能发展战略研究院发布的《中国新一代人工智能科技产业区域竞争力评价指数（2019）》

显示，天津市人工智能科技产业区域竞争力指数为 8.1，在全国位列第 10 位，与四川、湖北、辽宁、山东等省份同处于第二梯队，总体发展水平处于全国中上游。

在一系列产业政策的有力加持下，天津市新一代人工智能产业的战略布局已经铺开，在基础层、技术层和应用层都产生了一批具有代表性的标杆企业。在基础层领域聚集了麒麟软件、国家超算天津中心、360 等产业头部企业，技术层领域的代表企业包括天地伟业和讯飞信息等重点企业，位于应用层领域的企业则以易华录和零氪科技等为代表。另有一批重点高端科研院所相继建成，天津市人工智能产业生态系统的完备性日益提高

（一）专注于九大优势领域巩固核心竞争力

天津市将提高自主创新能力作为重点，主攻关键核心技术，不断优化项目、基地和人才的统筹部署，促进优质创新创业资源的汇聚，在信息安全和大数据云计算等九大领域不断培养并巩固产业优势，提高集聚度。

1.信息安全产业链完整，核心竞争力优势明显

天津市智能科技产业要素资源聚焦于核心领域，信创产业竞争优势日趋明显。麒麟软件、鲲鹏、飞腾、紫光云等一批骨干企业在业界声望越来越高；国家超级计算天津中心、天津市滨海新区信息技术创新等一批安全产业高端创新平台日益壮大，天津市信息安全产学研用创新联盟等行业组织发挥的作用渐强，滨海新区信息安全产业园和西青信息安全特色产业基地已经成为具有特色优势的两个核心载体。

2.大数据云计算体系日臻完善

天津市的大数据产业链已经初步建成，聚集了58同城、360 和今日头条等一批样板企业，拥有空港数据中心、华苑国际数据港等 4 个国家绿色数据中心，引建北京大学（天津滨海）新一代信息技术研究院、天津中科智能识别产业技术研究院等一批研发机构，成立天津市智慧金融大数据产学研用创新联盟等行业组织。

3.智能软件应用丰裕度高，产业生态成长迅速

天津市在智能软件领域，拥有规模以上企业 700 余家，覆盖整条产业链，基础软件、分析算法软件和应用软件协同发展，涵盖操作系统、数据库服务以及机器学习与机器视觉等领域，构建了"场景+平台+应用"的产业生态。集聚了以麒麟软件和中科曙光等为核心的基础软件企业，以深思维、讯飞信息、普维等为代表的分析算法软件企业和平台，以云思维、路曼科技、巨蚁信息等为代表的应用软件开发企业。集聚了国家超算中心、中国汽车技术研究中心、天津智能网联车产业研究院等一批研发机构，汇集了滨海"工业云"、紫光云、海尔云等一批工业领域云服务提供商。

4.工业机器人研发资源富集，产业发展潜力巨大

天津市工业机器人产业上下游全程覆盖，聚集了福臻、新松和天锻等 300 多家机器人企业，拥有天津市智能机器人技术重点研究室、天津市车身智能焊接技术工程中心等一批与机器人技术和应用相关的科研院所。工业机器人产业覆盖了"研发—产业—市场"全链条，产业前景广阔。

5.智能网联车产业链初步建成

天津市汽车产业配套基础雄厚，不断攻克智能网联车关键技术，创建了天津（西青）国家级车联网先导区，开放了 29.8 公里智能网联汽车测试开放道路，形成了东丽区、滨海新区两个智能网联车示范运营和产业基地，打造了国内首个 5G+V2X 融合网络无人驾驶业务试点，天津卡达克数据有限公司、北京百度网讯科技有限公司获得了天津市首批路测牌照；成立了天津市智能车辆产业技术创新联盟、智能网联汽车专业技能人才培育联盟、新能源及智能网联汽车检验检测创新联盟等行业组织。

6.智能终端多点覆盖，应用发展势头强劲

在智能终端领域拥有整机制造、片式元件、显示屏、液晶面板、摄像头、传感器、麦克风等产业链重要环节的相关企业，智能终端的产业链完整度和配套能力位居全国前列。初步形成了滨海—中关村科技园、宝坻京津中关村科技城等一批高水平协同创新平台、聚集了天地伟业、九安医疗、一飞智控、塔米机器人、华来科技、深之蓝、蓝酷科技、橙意家人等一批行业特色企业。

7.先进通信快速发展，创新平台不断积聚

天津市在智能科技领域先后突破先进通信核心关键技术，形成了较为完整的产业链条。聚集了大唐终端、华为海洋和北讯电信等一批代表性企业和平台，汇集了无线移动通信与无线电能传输等 4 家市级重点实验室、现场总线控制技术等 2 家市级工程技术中心、中国电信物联网实验室、中国移动联合创新开放实验室等研发机构。

8.识别领域的智能安防应用场景多元丰富

拥有计算机视觉与系统重点实验室、精密测试技术及仪器国家重点实验室、安防视频监控技术国家地方联合工程实验室，打造了滨海新区、东丽区安防科技特色产业园两个产业集聚区，聚集了天地伟业、安普德、安泰微等代表性企业，实现了智能安防领域软、硬件及解决方案的全覆盖。在算法领域形成了从"语音语义识别、计算机视觉、生物特征识别、虹膜识别到集成应用"的模式识别产业链，算法研究取得长足进步。

9.智能医疗产业的行业应用加速拓展

人工智能、大数据等新兴技术在健康医疗领域的应用进程日益加快，医疗健康大数据、智能医疗企业培育等方面成效显著，聚集了华大基因、零氪科技和天津国际生物医药联合研究院等一批代表性企业和科研院所，形成了从智能医疗检测分析设备、健康大数据、新型医用诊断仪器、基因测序到可穿戴智能健康设备的智能医疗产业链，构建了以"互联网+"为依托的智慧门诊、区域智慧医疗、新型医疗健康等一批应用场景和典型范例。

（二）头部企业和重大项目引育成效初显

天津市倾心倾力做好智能科技企业引育工作，吸引了麒麟软件、紫光云、360、TCL 等四大总部企业落户，涌现了一批成长速度快、活力足的初创企业。

1.麒麟软件落地津门

麒麟软件操作系统作为商务部援外的唯一国产操作系统，连续 8 年占据中国 Linux 操作系统市场占有率第一的位置，占据信创国产操作系统市场的 95%以上，广泛应用于银河、天河计算机、大飞机、大船、嫦娥工程、党政、金融能源、企事业单位等领域，有力支撑了国产信息化发展。

2.紫光云助力数字化转型升级

紫光云通过"全栈智能、全域覆盖、全场景应用"的打造，提供计算、存储、网络、安全、数据库和人工智能 6 大基础服务产品，为用户提供"新快智简"的卓越上云体验。形成了覆盖全国的骨干节点+区域节点布局，打造了建筑云、芯片设计云、信创云、教育云、工业云、VR 云 6 个专有的行业云节点。

3.360 总部落户助力天津构建网络安全大生态

360 作为国内最大、全球第二的互联网安全公司和最具影响力的互联网公司之一入驻天津。2019 年，国内首个应急领域场景"360 城市安全大脑"在津启动，打造了全国应急安全大脑的标杆，推动漏洞管理平台、新一代实网攻防靶场和高级攻防人才培训基地建设，加速天津市智慧城市建设。

4.TCL 北方业务总部助力"天津制造"迈向"天津智造"

TCL 北方业务总部聚焦产业生态，推动智能制造、工业互联网、云计算、大数据等领域发展，打造具有特色性、示范性、引领性和标志性的工业互联网及智能制造创新产业聚集区，为推动"天津制造"向"天津智造"转型升级提供了有力支撑。

（三）智能制造政策效能加速释放

天津市顺应全球新一轮科技革命和产业变革趋势，以智能制造为主攻方向，以工业互联网为发展重点，大力推动传统制造业转型升级。《世界智能制造中心发展趋势报告》显示，2019 年世界智能制造中心城市潜力榜中，天津市位居全球第 10 位。

1.智能制造产业政策落实快速成效显著

天津飞腾"神经网络芯片"等 7 个项目入选工信部"新一代人工智能产业创新重点任务揭榜挂帅项目"计划。海尔数字科技、凯发电气、天地伟业、微企、云端科技、中汽研软件测评、卓盛云科技、中汽数据 8 家企业成为 2019年工业互联网 App 优秀解决案例，数量位居全国首位。截至 2019 年底，累计获得国家级智能制造项目 19 个，获得国家资金支持 1.4 亿元。2020 年国家级大数据试点示范入选项目 10 个，比 2019 年增加 5 个，排名从全国第四提高到第二。

2.形成了智能制造四大生产模式

创建并形成了以天士力为代表的流程型智能制造、以丹佛斯为代表的离散型智能制造、以美克家居为代表的规模化定制、以天锻为代表的远程运维服务 4 大模式，先进制造业的智能化和数字化的整体水平明显提高。

3.构建了"企业+平台+服务商"的智能制造生态

2019 年，天津市重点企业数字化研发设计供给普及率达到 51.8%；工业互联网和云平台加速建设，上云工业企业数量突破 5000 家，中环电子制造生产系统、菲利科柔性物联网平台等 5 个项目被评为工信部工业互联网试点示范项目。天锻、中汽工程、天津电气院 3 家企业中标工信部智能制造系统解决方案供应商，数量位居全国第六位。

（四）"智能+"向全方位、多领域融合发展趋势显著

天津市着力发展基于大数据云计算、移动互联网、物联网等新型计算框架和应用场景的软件平台和应用系统，深化在智慧城市、智能交通、智能医疗与健康、智能农业、智能商贸物流等领域的普及应用。

1.中新天津生态城打造全国智慧城市样板试点

中新天津生态城构建了"1+3+N"的智慧城市架构体系，智慧城市"大脑"的城市运营中心可运行 42 个管理系统，可对城市运行实现实时感知、智慧分析和应急调度；生态城设施物联平台建成的综合数据采集终端超过 1200 个，实现了建设、环境、城管、经济运行等数据的实时共享，成为国家首批智慧城市建设试点。

2.天津港为全球港口智慧化转型提供"天津方案"

天津港集装箱码头一体化操作系统首创性地实现了 1 套系统对全部 6 家集装箱码头生产要素的集约化管理；智能调度指挥系统实现了港口生产调度管理协同化、智能化和可视化，船舶、车辆在港等待时间大幅减少；无水港

物流协同系统基于无水港的多式联运智慧物流服务模式，为腹地客户提供网上订舱、报关、保险、多式联运、配送、交易结算等"一站式"物流服务。

（五）新型智能基础设施建设加速推进

天津市与中国移动、联通、电信和铁塔签署战略协议，总投资超过 810 亿元。2019 年，互联网出口带宽达到 25T，是 2017 年的 4.2 倍，4G 移动宽带下载速率、固定宽带下载速率双双跃居全国第三位，分别比 2017 年提高了 4 位、8 位，被国家授予"宽带中国"示范城市称号，通信网络质量跃居全国先进水平。

1.以 5G 网络为重点的通信基础设施建设明显提速

2019 年，家庭固定宽带网络接入能力达到 1000Mbps 以上，光纤宽带用户 477 万户；互联网宽带接入端口 1092.6 万个，增长 20.2%。截至 2020 年 5 月底，建设 5G 基站 1.53 万个，实现了城镇区域基本覆盖。

2.工业互联网平台与产业服务生态圈加快形成

天津市工业互联网专项工作组推动实施了一批国家重点项目。"天津海尔洗衣机工厂集成创新"等 4 个项目入选工信部工业互联网试点示范项目，"高端包装装备个性化定制应用案例"等 2 个案例入选工信部 2019 年工业互联网平台创新应用案例名单。基于智能制造与工业互联网服务机构（第二批）的遴选工作推动工业互联网服务生态圈加速成型。

3.绿色数据中心建设成效突出

形成了以滨海"工业云""紫光云""华为云"、国家超级计算天津中心等为代表的大数据和云计算平台，以腾讯天津数据中心、太平洋电信天津数据中心、华录光存储大数据中心、朝亚北辰云计算中心为代表的一批高等级数据中心，空港数据中心等数据中心入选首批国家绿色数据中心。腾讯天津数据中心投产后年产值达 38 亿元，将成为全国性云计算中心和云服务平台的重要支点。

二　当前制约天津市智能科技产业发展的主要瓶颈

天津市经过连续多年在智能科技产业上的持续发力，已经成为全国智能科技产业发展的高地之一。然而，当前仍然存在一些严重制约智能科技产业发展的瓶颈问题，主要包括以下几点：

（一）应用场景有效需求不足以支撑智能科技商业价值实现

应用场景有效需求不足，商业落地难是目前全国，乃至全球智能科技产业发展面临的主要难题，天津亦是如此。在企业端，天津市大多数企业现有的信息化水平难以满足人工智能等智能科学技术的应用条件，再加上投入大、风险高、收益不确定性强，企业家们对数字化、智能化和自动化改造持谨慎态度；在消费端，由于现有技术还不够成熟，客户体验不佳，广大消费者对绝大多数智能产品认可度不高，导致有效需求严重不足；在政府端，公共服务是目前天津市智能科技最主要的应用场景，但也存在很多体制机制障碍，例如，各级政府及各部门之间的智能科技需求往往相互割裂、自成体系，难以形成规模效应，大大增加了企业的市场开发成本。

（二）产业集聚度还不够高

1.智能科技企业数量少

同类或相关企业只有达到一定数量的集聚，才能形成行业和产业，才能催生出特定的产业生态群落，在企业数量不足的情况下，优质的产业生态是难以形成的，更不会获得快速成长和进化。从统计数据上看，天津市智能科技企业的数量少，以智能科技产业内最具代表性的人工智能企业数量为例，根据深圳市人工智能行业协会统计数据，截至 2019 年底，全国共有人工智能企业超过 5000 家，其中，北京、深圳和上海均超过 1000 家，而天津不足 500家。2019 年，天津市的智能科技企业群体中，凝聚智能科技产业精华要素的高新技术企业仅有 300 余家，与深圳和上海等城市具有很大差距。企业数量不足就难以形成强大的产业集群效应，在发展过程中难以发育为成熟业态，进化速度缓慢、高运行成本使产业处于高耗散的低水平运行状态。

2.龙头企业严重缺乏

天津市尽管在智能科技产业已经初步形成了自主可控、智能安防等9大优势领域，建成了相对完备的产业链，但这些产业链的规模普遍偏小，影响力偏弱，不足以对国内其他地域的智能科技资源形成吸引力和凝聚力。从天津市智能科技产业的整体状况看，具有产业和行业影响力的全国知名龙头企业屈指可数、数量严重不足，对天津市智能科技产业发展的带动能力还非常有限。《2019年中国独角兽企业研究报告》显示，2019年国内共有218家独角兽企业，其中天津共有5家，但5家都位列100名之后，且有2家实际总部并不在天津，而是在北京。由于缺乏龙头企业的带动和引领，天津市智能科技企业与资源的汇聚速度不够快、势头不够猛，甚至在外部力量的牵引下出现了引流、分流和出离的情况。

3.智能科技领域的人才储备严重匮乏

智能科技产业具有鲜明的脑力劳动密集型特征，产业发展离不开人才这一核心要素。天津市智能科技领域的人才储备严重不足，以人工智能领域为例，根据清华大学《2018年中国人工智能发展报告》，截至2017年，我国人工智能人才总量为20.1万人，集中分布在北京、江苏、浙江、上海等地，天津仅为4929人，人才数量不仅低于北上广深等一线城市，甚至少于长沙、成都和哈尔滨。虽然通过"海河英才"计划引入了一批智能科技领域的人才，但是总量较小，高端人才、领军人才和高级科研团队更是凤毛麟角。人才不足，产业发展的即期成效就会欠佳，远期成效也会乏力。《2019世界智能制造中心城市潜力榜》公布的数据显示，天津市排名位列上海、深圳、苏州之后，屈居榜单第10位，与天津市智能科技人才储备不足的实际情况高度相符。与天津相比，上海、深圳、苏州和广州等地的招才引智政策的力度更大、落实更彻底，外部人才引入状况更好，本土人才的留驻更多，因而人才储备的丰裕度更高。

（三）基础研究短板突出与既有科技成果未能有效转化

1.天津市在智能科技领域的基础研究能力较弱

与传统的劳动密集型产业不同，智能科技产业是技术密集型、知识密集型产业，产业发展的关键要素是智能科学技术，需要以强大、雄厚的基础研究能力为基础，才能保证智能科技产业的成长速度、规模和质量。在智能科技领域，天津市的基础研究能力严重不足，已经成为制约天津市智能科技产业发展的最大短板。以最能代表基础研究能力的知识产权为例，在胡润研究院最新发布的《2019中国人工智能产业知识产权发展白皮书》中，2019年中国AI企业知识产权竞争力百强企业分布于北京、深圳、上海等14个城市，但天津却没有一家企业上榜。基础研究不足，就无法掌握关键核心技术，在关键环节就会受制于人，产生的结果是，要么让渡更多既得利益，要么承担更多、更昂贵的隐性或显性成本，如果这种状况长期持续下去，天津的智能科技产业就会沦为其他城市或区域同类产业的附庸，在产业发展方向和战略上失去先机和自主权。

2.智能科技科研成果转化率较低

天津市的一些科研院所在人工智能方面已经积累了一些科研优势，也取得了一些高质量的科技成果，但这些优势并没有得到充分利用。例如，天津大学在智能电网、智慧城市、智能机器人、无人机智能控制、无人驾驶、芯片等人工智能领域拥有发明专利数量超过500件，南开大学、河北工业大学等高校科研院所在智能科技领域的知识产权方面也有了一定的积累，但这些科技成果大多数并没有得到有效转化。高质量成果在本地无法转化的情况下，就会流向其他城市和地区，这就意味着研发创新阶段消耗的资源和成本无法通过产业化过程完成价值实现，无法反哺科技研发，创新资源的投入无法通过市场手段实现有效增值与回收，势必造成后续研发乏力，科技研发力量削弱甚至研发团队整建制流失。

（四）数据归集与数据共享不充分

智能科技产业具有数据密集和知识密集的特征。在缺乏数据的情况下，任何智能模型都无法得到训练与进化，智能科技的进步与发展就会严重滞后。目前，天津市在大数据建设方面已经取得了重大阶段性成果，在很多不同领域积聚成专业型大数据，支持某些专业领域的人工智能技术研发与应用。但是，数据孤岛的现象仍然普遍存在，数据垄断的趋势越发明显，数字鸿沟日渐形成，数据通用性、标准化程度和领域间的数据对接效率相对较低，难以支持更大体量的人工智能算法训练，无法消除片面数据带来的算法歧视现象。数据归集与数据共享是天津市智能科技产业高质量发展的重要前提，这是智能科技产业本身特质所决定的，打破数据垄断、消除数字鸿沟是天津市智能科技产业获得进一步发展的先决条件。

（五）各类信息系统对接不畅

从目前的情况看，天津市的很多传统领域都配备了各自的信息化系统，如医疗、交通、城市管理等，这些系统具有较高的完备性和复杂性。在这些传统领域，智能科技系统通常只是作为一个新增的业务系统，必须在充分对接原有系统的前提下才能正常工作、发挥应有的效能。但是，很多传统领域的信息化系统技术架构较为陈旧，不具备与智能科技系统对接与实时交互的基本条件。如果重新搭建一套新的完整系统，投资极大，而且，业务人员需要重新学习新系统的使用，转换成本很高，但是，如果让智能科技系统与原有系统勉强对接，整体效率会大打折扣。如果畏惧成本而拒绝充分利用智能科技系统，各个分支领域的后续发展就会丧失先机和主动权，后续运转会因为缺少智能科技的加持而承担更加高昂的代价。

三 促进智能科技产业发展的政策建议

（一）试行"以市场换投资"的产业政策

以市场换投资，通过应用场景的政府大额采购吸引国内外知名智能科技企业到天津投资，努力塑造完整的智能科技产业生态链。充分利用政府公共服务市场巨大的规模优势，集成各级政府和部门的智能科技需求，实施100亿元智能科技应用场景招标采购计划，围绕智慧城市、智能安防、智能医疗、智能交通等方面的公共服务需求向全球知名智能科技企业公开进行竞争性谈判招标采购，企业中标有一个前提条件，即必须到天津设立拥有核心技术的智能科技企业，若是将其上下游配套企业一起带到天津投资更好。最终目的是通过市场换投资的策略引进、培育一批具有行业引领带动作用的智能科技企业和科技人才，构建从基础研发、平台技术开发到应用落地的完整生态链。

（二）设立智能科技场景应用试验区

人类对人工智能这一类新鲜事物的接受往往需要一个观望和体验的适应性认知过程。针对智能科技应用场景有效需求不足的产业发展瓶颈，积极向国家相关部委争取在天津市设立智能科技场景应用试验区。在试验区内，突破各种体制机制障碍，大力开展智慧城市、智能安防、智慧交通、智慧政务等全方位的智能科技创新应用场景实验。同时，与华为、腾讯、阿里等大企业合作，在试验区内建立涵盖智慧出行、智慧医疗、智慧教育、智慧家庭、智慧购物、智慧娱乐等多种智慧生活场景的智慧体验小镇，既为企业提供智能技术的应用场景，也帮助广大消费者亲身体验各类智能产品，培育智能消费新风尚，刺激智能产品新需求。

（三）积极争取人工智能国家大科学装置项目落户天津

人工智能是智能科技产业的核心。目前，国家大科学装置已经成为全国各省市竞争的焦点，人工智能国家大科学装置还没有进行布局，这对天津市而言是一大机遇。而且，天津市在这一项目上也有一定的优势：其一，天津市目前正在致力于发展人工智能产业，打造中国人工智能创新中心、人工智能产业集群新高地、国家人工智能创新应用城市；其二，天津市已经在人工智能产业方面形成了一定的规模和较好的产业基础，拥有国家超算天津中心、飞腾、麒麟等一批重要载体和知名企业；其三，天津大学、南开大学等高校科研院所重视人工智能的研究，并已经形成了一批重要的研究成果。因此，建议天津市相关部门与中国科学院、工信部、科技部等积极沟通，力争在天津市建设人工智能国家大科学装置、集聚国家人工智能领域的高端科技创新资源，补齐天津市在人工智能基础研究上的短板，并以之为牵引，吸引人工智能产业链的上下游企业到天津市集聚发展。

（四）促成高校与科研院所的科研成果在津快速转化

1.调查制定智能科技科研成果清单

组织专业人士对天津市辖区内的天津大学、南开大学等高校科研院所目前已经取得的智能科技专利及其他相关科研成果进行甄别、整理，形成能够进行快速转化的智能科技科研成果清单。

2.创新科研成果权益分配方式

制定专门政策鼓励天津市高校科研院所的智能科技科研成果在津转化，考虑给予科研人员对专利成果100%的收益权和自主处置权。

3.设立面向高校与科研院所的智能科技成果转化与创业基金

成立专门面向高校科研院所的智能科技成果转化和创业基金，支持高校科研院所的科技人员在天津创办智能科技企业。

4.创新高校与科研院所的人事管理制度

制定专门政策允许高校科研院所的科研人员在保留原有工作岗位和待遇不变的情况下，兼职创办智能科技企业。

（五）汇聚城市大数据和升级城市大脑

建立天津市大数据中心，将空港数据中心、华苑国际数据港、腾讯天津数据中心等众多机构存储的数据汇聚起来，打破数据垄断、连通数据孤岛，从而避免数字鸿沟，再通过数据清洗、数据归并和去私密化等一系列数据治理流程跨越数据陷阱，最终构建一个高质量的城市大数据，这是构建智慧城市必不可少的一个重要环节。

天津市目前的城市大脑多是区级的或者细分领域性的，更高等级的城市大脑在综合考虑经济性与安全性的前提下，可以采用去中心化的分布式建设或者高度中心化的集中式建设两种方式，从而提高数据要素、资源要素和智能要素的综合开发利用效能，提升智慧城市中枢神经系统的功效。

（六）推动政企信息系统技术架构的智能化改造

企业具有先天的营利性特征，对信息系统的智能化、数字化升级改造产生的成本极其敏感，因此，天津市应该逐步适度加大企业信息系统改造的财政、税收等方面的扶持力度，促进智能科技与传统产业的深度融合，从而进一步激发产业潜力，提升产业绩效。此外，政府部门也应该积极果断地进行公共管理信息系统技术架构的更新改造，从而提高行政效率和行政管理质量，这是当前形势下，优化营商环境、促进智能科技产业发展的可行举措。

参考文献：

[1] 郭凯明：《人工智能发展、产业结构转型升级与劳动收入份额变动》，《管理世界》2019 年第 7 期。

[2] 王砚羽、苏欣、谢伟：《商业模式采纳与融合："人工智能+"赋能下的零售企业多案例研究》，《管理评论》2019 年第 7 期。

[3] 张雁冰、吕巍、张佳宇：《AI 营销研究的挑战和展望》，《管理科学》2019 年第 5 期。

[4] 朱桂龙、李兴耀、杨小婉：《合作网络视角下国际人才对组织知识创新影响研究——以人工智能领域为例》，《科学学研究》2020 年第 10 期。

[5] 陈岩、张李叶子、李飞、张之源：《智能服务对数字化时代企业创新的影响》，《科研管理》2020 年第 9 期。

天津大健康产业发展研究报告（2021）

辛　宇　天津市经济发展研究院经济师

摘　要： 大力发展大健康产业，是贯彻新发展理念、实施健康中国战略的具体体现，是培育创新驱动发展新引擎、实现高质量发展，助力天津"一基地三区"建设的重要途径。近年来，天津市在医疗保障和非医疗康养两大领域积极布局，大健康产业发展取得了一定成就，但与先进城市相比，仍存在产业层次有局限、融合度不高、社会资本投资较弱、产学研未有效形成合力、产业核算标准缺失等问题。借鉴国内外大健康产业发展现状及趋势，结合天津市的基础条件，本文在提升全社会大健康意识、突出医药和医疗器械产业集聚、鼓励非医疗康养领域多元发展、规范大健康产业监管体系、强化专业人才队伍建设、支持社会力量发展健康服务等方面提出意见建议。

关键词： 大健康产业　医疗　非医疗康养

"没有全民健康，就没有全民小康。"当前，天津市正处在全面建成高质量小康社会的关键时期，发展大健康产业有助于城市精准定位、吸引并留住人才，激发经济增长新动能。同时，随着人民群众对健康重视程度的加深，以及人口老龄化进程的加速，大健康产业的客观需求也日益增加，规划并发展天津市大健康产业具有重要的现实意义。

一　天津市大健康产业发展现状分析

天津市委市政府始终牢固树立"大健康"理念，把"健康天津建设"放在优先发展的战略地位。"十三五"以来，天津加速培育医疗卫生、生物医药、医疗器械、健康养老等细分产业。

（一）顶层设计全面布局

为推进健康天津建设长效机制，天津相继出台《关于提升医疗卫生开放水平的实施细则》《天津市支持社会力量提供多层次多样化医疗服务实施方案》等医疗卫生领域支持政策，明确提出大力发展健康产业，加强预防医学和健康管理技术开发与研究，发展养生保健、康复、护理、体检、美容等非基本健康服务等。制定印发《天津市加快发展康复辅助器具产业实施方案》《天津市"十三五"老龄事业发展和养老体系建设规划》《天津市关于加快发展健身休闲产业的实施意见》《关于加快发展商业养老保险促进养老保障体系建设实施方案》等文件，分别在医疗器械、健康养老、健身休闲、商业保险等领域全面布局大健康产业发展。制定出台《天津市进一步激发社会领域投资活力实施方案》《天津市贯彻服务业创新发展大纲（2017—2025 年）实施意见》等文件，支持社会资本投资健康服务业，探索惠及民生的"互联网+医疗健康"新模式。

（二）引才育才智力支撑

扎实推进"千企万人"支持计划、海外人才聚集工程、人才素质提升工程、海外人才开发工程和创新创业成果展示工程，利用高水平研发平台、优惠政策措施等先后引进生物医药领域高端人才团队 200 多个，其中 60% 以上为海外归国人才。开展国际交流合作，中意中医药联合实验室、与英国牛津大学在高新区共建中英生物医药技术转化和产业化基地等，为我市大健康产业发展提供坚实的智力支撑。

（三）园区产业加速集聚

围绕健康产业发展关键要素，天津着力打造滨海新区生物医药产业核心区、东丽高端医疗器械集聚区、西青现代医药与养生服务综合集聚区、津南高端生物医药产业集聚区、北辰现代中药与医药包装物流集聚区、武清生命健康产业集聚区、静海全生命周期健康服务集聚区七大产业聚集区，推动生物医药、医疗器械、养生服务等产业向规模化、集群化高质量发展。其中，经济开发区生物医药产业集群获批国家第一批战略性新兴产业集群。

（四）医疗服务持续优化

天津重视大健康产业基础设施建设，各级政府加大资金投入，新改扩建一批公立医院，初步构建起五大医学中心、九大区域医疗中心和九个专科诊疗中心。国家集中采购和使用试点药品价格大幅降低，二级以上公立医院智慧服务实现全覆盖。院前医疗急救反应速度大幅提高，急救站点增至171个。实施基层医疗卫生机构建设项目，全市共布设267家社区卫生服务中心和乡镇卫生院，分布密度和辐射范围较为均匀，基本实现15分钟医疗卫生服务圈建设，卫生资源不断得到整合优化。截至2019年末，全市共有各类卫生机构5964个，其中医院441个；卫生机构床位6.83万张，其中医院6.10万张；卫生技术人员10.96万人，其中执业（助理）医师4.61万人，注册护士4.14万人；医疗卫生机构诊疗人数12260万人次，其中医院诊疗人数7246万人次[①]。

医疗水平不断提升，持续实施天津市妇女儿童健康促进计划，服务401.4万人次。全年医疗救助总人数29.32万人，医疗救助支出6.13亿元[②]。天津市居民期望寿命81.79岁，孕产妇死亡率为5.12/10万，婴儿死亡率为2.69‰，5岁以下儿童死亡率为3.38‰，远低于同期全国平均水平[③]。

---

① 资料来源：2019年天津市国民经济和社会发展统计公报。
② 资料来源：2019年天津市国民经济和社会发展统计公报。
③ 资料来源：《天津市居民健康状况报告（2019年度）》。

（五）药械产业发展良好

近年来，天津积极启动实施中药大品种系统开发、新药创制、中高端医疗器械、精准医疗等重大专项和互联网健康服务创新示范工程，药械产业发展态势良好。2020 年，我市经济下行压力较大，医药制造业受新冠疫情短期冲击明显，但从前三季度数据看，医药制造业规模以上工业增加值增速降幅显著收窄，见表 1，长期向好的发展趋势没有改变，9 月当月增速 16.5%，占规模以上工业增加值的 5.6%，成为全市经济稳定增长的重要保障[①]。

表 1　2020 年前三季度天津医药制造业规模以上工业增加值增速（％）

月份	比上年同期增长（％）
1—2 月	−25.9
1—3 月	−20.6
1—4 月	−17.3
1—5 月	−15.2
1—6 月	−11.9
1—7 月	−6.8
1—8 月	−4.2
1—9 月	−1.7

医疗器械产量快速增长，2020 年上半年，天津医疗仪器设备及器械规模以上工业产量为 542.28 万台，超过 2019 年全年产量 72.29 万台，前三季度产量增速达 151.1%[②]。

表 2　2020 年前三季度天津医疗仪器设备及器械规模以上工业产量及增速

月份	产量（万台）	增速（％）
1—3 月	111.28	73.0
1—6 月	542.28	200.7
1—9 月	835.77	151.1

① 资料来源：天津市宏观经济监测月报 2020 年 9 月。
② 资料来源：天津统计月报 2020 年 3 月至 9 月。

（六）健康养老特色突出

先后出台《天津市养老机构管理办法》《天津市民政服务设施布局规划》《关于调整养老机构补贴标准的通知》等多项文件，加快扶持养老服务设施建设发展。老年人健康管理率达到 83.8%，65 岁以上老年人中医药体质辨识达到 60%。深入推进家医签约服务居家老年人、社区老年人，重点落实 10 类重点人群家医签约服务。提供入户医疗护理服务 11.3 万人次，家庭病床出院人次数 1400 例，特需上门服务入户 5300 余次。推动养老机构与医疗机构签约服务，服务覆盖 100%。

（七）体育健身方兴未艾

天津成功举办全国第十届残运会暨第七届特奥会、"一带一路"海河国际龙舟赛、环团泊湖国际铁人三项赛等大型赛事。大力发展冰雪健身运动，先后举办第二届中俄青少年冰球友谊赛、天津国际冰壶公开赛等精品赛事。积极开展群众体育活动，举办第七届"体彩杯"市民运动会等群众性赛事活动，打造 15 分钟健身圈，体育惠民卡消费补贴超过 3 万人，人均体育场地 2.26 平方米，经常参加体育锻炼的人数比例达到 43.7%。

二 天津市发展大健康产业存在的问题

（一）产业层次仍有局限

当前，各地积极抢抓大健康产业发展时机，相比之下，天津大健康产业虽已初具规模，但仍存在产业特色不鲜明、集群创新能力较弱、健康服务供给结构与社会期望和需求结构之间不适应等问题，在生物药品制造和医疗诊断、监护及治疗设备制造等技术含量较高、附加值高的领域，缺乏大型创新型龙头企业。

（二）产业融合度不高

天津健康管理、健康养老等健康服务业尚未形成产业集群效应，医疗领域和非医疗领域的健康资源联系紧密度低，金融、法律等专业服务、城市基础设施建设、住宿餐饮等配套服务等的不足，影响对目标客户群的吸引力，导致关联行业的产业联动和资源共享不充分，间接影响大健康产业形成规模优势。

（三）社会资本投资较弱

大健康产业前期一般需要较大资本投入，资金流不畅会严重制约产业发展。目前，天津风险投资、股权融资等市场化融资渠道相对较窄，初创企业仅依靠政策扶持难以长久，一旦政策扶持停止，企业发展陷入停滞，部分企业会转向金融环境更为宽松的上海、深圳等地区。

（四）产学研未有效形成合力

天津拥有数十家三级甲等医院和大健康产业相关科研机构，南开大学、天津大学等高校均设有生物医学相关专业，为天津大健康产业提供了雄厚的技术支持。然而，近年来，天津大健康产业没有与强大的智力资源、临床资源充分结合，造成研究与市场脱节，科研资源未能转化为市场优势和经济优势。

（五）产业核算标准缺失

关于大健康产业全产业链的统计数据不完全，使得天津大健康产业的结构量化、规模评估、绩效测算缺乏可操作性，进而影响产业发展的政策调整缺乏长期、稳定的客观依据。

三 国内外大健康产业发展趋势

（一）规模快速扩大

在政策、市场、技术等共同作用下，我国大健康产业高速发展。前瞻产业研究院的报告显示，2011—2018 年，我国大健康产业规模增长近 3 倍，2018年突破 7 万亿元，占 GDP 的比重也逐年增加，见表 3。

表 3 2011—2018 年中国大健康产业规模及 GDP 占比

年份	产业规模（万亿元）	GDP 占比（％）
2011	2.60	5.33
2012	2.99	5.55
2013	3.74	6.31
2014	4.50	6.99
2015	4.99	7.24
2016	5.61	7.52
2017	6.20	7.45
2018	7.01	7.63

资料来源：黄斌诚：2019 年中国大健康产业全景图谱，https：//www.qianzhan.com/analyst/detail/220/190215-3985023e.html，2019-02-15/2020-10-10。

在国外，大健康产业的相似概念起源于 20 世纪 60 年代，在 2008 年金融危机之后蓬勃发展。2019 年，日本健康服务总支出占 GDP 的比重约为 11.1%，加拿大为 10.8%，英国为 10.3%，OECD 国家平均占比为 8.8%[1]，健康产业已成为发达国家经济支柱性产业之一。而《2019 年我国卫生健康事业发展统计公报》数据显示，2019 年中国医疗卫生总费用为 6.52 万亿元，占 GDP 比例为 6.58%，其中，政府、社会和个人卫生支出分别占 26.73%、44.91% 和 28.36%。相比之下，我国大健康产业虽然增长很快，但总体量和规模占比尚与发达国家差距明显。

---

[1] OECD（2020），Health spending（indicator）.doi：10.1787/8643de7e-en（Accessedon 10 October 2020）。

我国作为世界第一人口大国，大健康产业的未来发展空间仍然巨大，产业发展规模将加速扩大。根据现有市场增速模拟，前瞻产业研究院预计，2020年，我国大健康产业规模将突破 10 万亿元，2019—2023 年年均复合增长率约为 12.55%。同时，按照国家发展规划，大健康产业规模到 2030 年将再翻一番，可达 16 万亿元。

（二）结构趋向均衡

学术界对于我国大健康产业结构的讨论，因各细分领域统计口径不同而不统一。例如，前瞻产业研究院将大健康产业细分为五类，认为现阶段我国大健康产业主要以医药产业和健康养老产业为主，市场占比分别达到 45.60%、36.79%；健康管理产业比重最小，只有 3.05%。

表 4　2017—2019 年中国大健康产业各细分领域规模占比

单位：%

年份	医药产业	医疗产业	健康养老产业	保健品产业	健康管理产业
2017	50.82	9.07	32.67	4.72	2.72
2018	50.05	9.49	33.04	4.72	2.71
2019	45.60	9.55	36.79	5.01	3.05

资料来源：《前瞻产业研究院研究报告》2017 年、2018 年、2019 年版。

根据前文所述，可将大健康产业划分为医疗保障领域和非医疗康养领域两大类，表 4 中的前两项医药产业、医疗产业可划入医疗保障领域，后三项健康养老产业、保健品产业、健康管理服务业可划入非医疗康养领域。可以看出，总体上，我国大健康产业的市场结构呈现医疗保障领域占比大于非医疗康养领域占比的现状。

在国外，医疗保障领域在大健康产业中的占比较低，占比较大的是家庭与社区保健服务等。以药品支出占健康服务总支出的占比来看，2018 年，美国药品支出占健康服务总支出的 11.6%，英国为 12.3%，加拿大为 16.2%，日本为 18.3%[①]，而同期我国医药产业市场规模占大健康产业比重达 50.05%。这在一定程度上反映出，现阶段我国大健康产业中仍以"治已病"为中心，产业结构还远未完善。随着我国大健康产业中"治未病"理念的深入人心，进一步推动医药和康养功能耦合，使医疗保障领域和非医疗康养领域有机整合、互利互补，将是未来发展的大趋势。

（三）各地突出特色

"十三五"期间，全国各地纷纷出台特色突出的产业政策抢占大健康产业发展机遇。2018 年 10 月，北京市发布《北京市加快医药健康协同创新行动计划（2018—2020 年）》，加快推动生物制药、多元办医、智慧医疗等方面发展。上海依托"张江药谷"、国际医学园等，以中西医药、现代医疗服务业、医疗器械及生物医药产业为核心，提出建立具有全球影响力的健康科技创新中心和全球健康城市典范。2020 年 4 月，重庆市出台《重庆市促进大健康产业高质量发展行动计划（2020—2025 年）》，提出推动建立"医+药+养+健+管"五位一体化发展的大健康产业发展新格局。深圳市侧重生物和生命健康产业，2018 年，生物医药产业增加值增速达 22.3%，居深圳市七大战略新兴产业之首，高端生物医学工程、基因测序、生物信息分析等技术跻身世界前沿，2019年以来，深圳市积极谋划合成生物学、脑科学等领域发展。2017—2019 年，江苏省接连发布健康养老、健身休闲、中医药健康服务、生物医药等领域实施意见或规划，利用健康产业集群、商业健康地产等十余种模式综合发展大健康产业。贵州、云南、广西等西部省市依托各自自然地理条件和优势医药产业，努力在医药研发、养生旅游等领域积极布局。

总体上，国内外大健康产业具有高科技化、精准化和专业化、智能化、融合化、国际化的五大发展趋势。未来，各地将发挥各自特色发展大健康产业，提高健康服务质量和效率。

---

① OECD（2020），Pharmaceuticalspending（indicator）.doi：10.1787/998febf6-en（Accessedon 10 O ctober 2020）。

表 5   国内外大健康产业发展热点

发展趋势	具体应用
高科技化	可穿戴设备、远程医疗、双向音频远程、慢病监测、区块链医学等高科技手段在医学领域大范围应用。
精准化和专业化	通过精准检测、治疗、康养实现个性化、专业化的全生命周期健康管理。
智能化	人工智能、"物联网+"等信息化新技术辅助提升诊断治疗的智能化水平。
融合化	生物医药、医疗器械等产业与健康管理、康养旅游等深度融合。
国际化	深入开展国际合作与资源共享，通过"一带一路"大健康驿站建设，搭建大健康产业合作平台。

四   天津市发展大健康产业的基础条件

（一）人口老龄化催生大健康需求

天津人口老龄化趋势严峻，60 岁及以上老年人口从 2010 年的 176.4 万人已经快速增长到 2019 年的 267.7 万人，占全部户籍人口的比例也由 17.91%增加到 24.16%，远超 2019 年全国平均水平（18.1%）。此外，天津的人口老龄化发展还呈现高龄化的特点，2018 年底，天津 80 岁及以上高龄老人 32.77 万，占当年老年人口的 12.65%，对于医疗卫生、健康养老等的大健康服务需求强烈。

（二）消费能力提升带来市场空间

2020 年 1—9 月，天津居民人均可支配收入达 34469 元，同比增长 2.5%；人均医疗保健支出 1907 元，占居民人均消费支出的 9.1%[①]。居民收入水平和消费能力的增加，为大健康产业持续性快速发展带来巨大的市场空间。同时，居民消费观念也由单纯的满足基本生理需求，逐渐转向追求高质量的生存状态，使高端医疗、健康养老、休闲养生、健康旅游等产业迎来巨大发展机遇。

---

① 资料来源：天津统计月报 2020 年 9 月。

（三）关联产业支撑大健康产业链

天津生物医药产业基础强，特别是在中药大品种系统开发、新药创制、中高端医疗器械、精准医疗等重大专项和互联网健康服务创新示范工程等方面处于国内领先地位，初步形成以"医药制造—医疗器械—医药流通—医疗服务—医疗保健衍生品"为主的医药健康产业链。天津医药科教力量雄厚，创新能力较强，物流、服务外包等相关辅助产业发展较好，有力支撑大健康产业链发展。

（四）京津冀协同发展提供发展机遇

在京津冀协同发展战略背景下，交通一体化等保障体系的建设能够充分释放天津的区位优势，为天津吸引高端产业人才、挖掘周边省市大健康市场需求、提供优质医疗健康服务等提供机遇。

五　天津市大健康产业发展建议

大健康产业兼具商业性和公益性，其发展离不开政府的支持与引导。《天津市健康产业发展行动计划（2020—2022年）》提出，到2022年，天津健康产业规模将达到2500亿元左右，逐步建设成为全国重要的健康产业创新基地、具有国际影响力的生物医药研发转化基地。借鉴国内外发展大健康产业的经验和规划，天津应当从以下几方面全面推动大健康产业规模、技术水平、自主创新能力、服务供给结构等迈上新台阶。

（一）推动特色大健康产业集聚发展

以建设生物医药创新研发高地、积极承接北京非首都功能疏解为重点，规划一批发展程度高、集聚作用强的重大项目和产业发展基地，推动生物医药产业、医疗器械产业在地理空间和产业创新方面资源集聚，更好地吸引高端人才。重点谋划中医药优势产业现代化，推动中医养生保健和治未病服务，实施天津中医药传统老字号和优势企业品牌建设工程。

大力倡导引进具有先进管理技术的健康管理、养老、康复等机构，鼓励合作兴办各类大健康相关企业。推动公共文化设施、文物保护等公益性设施建设，将旅游业与大健康产业结合。加快发展冰雪、水上、山地户外、航空运动等健身休闲产业。做大做强以中日（天津）健康产业发展合作示范区、康宁津园等为代表的特色健康服务项目。按照资源配置的集中度和项目的辐射力，深入挖掘天津丰富的健康资源，以产业多元化发展和融合扩展带动大健康产业链共享发展。

（二）规范大健康产业监管体系

加强对保健品、康养、健康保险等健康服务业行业标准的研究和实施，探索包容而有效的监管方式。革新数据统计调查方法，加强数据统计和分析，充分利用大数据技术，构建大健康产业的数字监管体系，保证健康产品和健康服务的标准化、规范化，引导大健康产业均衡有序发展。

（三）强化专业人才队伍建设

进一步整合大健康相关科研院所及产业资源，通过打造深度融合的数据平台、信息平台、创新平台，切实推动产学研协同创新。继续开展全国名老中医药专家传承工作室建设项目和全国基层名老中医药专家传承工作室建设项目，推动具有天津特色的大健康产业提质升级。开展健康服务业相关职业技能培训，支持技工院校开设健康服务业相关专业，规范并加快培养养老护理员、病患护理员、公共营养师、健康管理师等专业人才队伍。

（四）共筑全社会大健康体系

在社会大力宣传大健康理念，改变公众"以治病为中心"的健康理念，构建"治未病重养生"的新健康理念，引导全社会形成健康生活方式。同时，政府部门加强顶层设计，明确大健康产业的发展方向，做好大健康产业的战略定位，提高其产业发展地位，提升全民健康素养水平，促进人与社会和谐发展。

借鉴国内先进地区经验，推动成立大健康产业联盟，整合新社会阶层人士优质资源，优化大健康产业的民营资本结构。支持社会力量举办专科以及康复、护理、体检等专科医疗机构，探索建立社会资本的康复机构与大型公立医院之间的转诊机制等。借助智慧平台信息化系统，构建健康产业集群、健康医药研发生产、慢性病康复中心、健康服务管理等大数据开放体系。

总体上，从供给端看，天津有相对完善的大健康产业链相关产业；从需求端看，天津本地及周边地区对较高品质的大健康产业服务存在较大需求。结合产业发展环境、配套服务，天津大健康产业必将进入高速发展时期。未来，应从培育大健康意识、加强顶层设计、支持科技创新、优化大健康产业结构、强化引才育才、优化营商环境等方面全面提升天津大健康产业发展水平。

参考文献：

[1] 王长君：《东北地区大健康产业主要问题及对策分析》，《全国流通经济》2020 年第 19 期。

[2] 丁晓冰：《重庆欲打造大健康支柱产业》，《知识经济》2020 第 17 期。

[3] 张健：《天津市滨海新区大健康产业深化发展研究—基于 SWOT 分析法》，《企业改革与管理》2020 年第 14 期。

[4] 许进峰、金雨阳、叶子青：《珠海发展大健康产业的可行性探讨》，《现代商业》2020 第 12 期。

[5] 唐钧：《大健康与大健康产业的概念、现状和前瞻——基于健康社会学的理论分析》，《山东社会科学》2020 第 9 期。

[6] 王大卫、樊劭然、田政、张晓海、王昊：《加快南京大健康产业发展的思考与建议》，《中国工程咨询》2020 年第 4 期。

[7] 张笑扬：《湾区城市整合资源加快大健康产业发展研究——以东莞市为例》，《特区

经济》2019 第 9 期。

[8] 厉小菠、李晓强、方纪元、柯洁萍、马海燕：《杭州市健康产业发展的 SWOT 分析及建议》，《卫生软科学》2019 年第 9 期。

[9] 王子会、韩璐、姚晓东：《天津大健康产业发展潜力与路径研究》，《天津经济》2019 年第 6 期。

天津会展经济发展研究报告（2021）

刘　莒　天津市经济发展研究院助理经济师
鹿英姿　天津市经济发展研究院高级经济师

摘　要： 会展经济作为区域经济发展的加速器和助推器，不仅是塑造和宣传城市形象的最佳名片，也是激发经济活力的新引擎。预计2021年我国会展业在全球行业中的比重和地位将会出现明显的提升，随着2021年国家会展中心（天津）一期工程的建成，天津会展经济将实现跨越式发展。天津会展经济综合竞争力仍在一定程度上相对较弱、基础配套设施仍需完善、会展业亟待转型升级、会展主体实力需要做强、高端复合型人才有待充实等问题，天津会展经济在高站位服务国家大战略中，致力于打响天津高端会展品牌、做优国际一流配套服务、打造会展产业生态圈、创新会展发展模式、做强会展主体实力、引进和培养会展人才，助推天津会展经济高质量发展。

关键词： 产业链　会展业　数字化

一　天津会展经济发展现状

会展业具有强大的经济功能，是服务贸易领域的一大亮点，同时与城市发展相辅相成。一方面，天津会展经济的发展具备雄厚的工业基础、完善的交通配套以及丰富的历史文化资源等优势，在产业链配套、品牌影响力和城市营商环境改善方面有利于全方位发展会展经济。另一方面，通过近些年会展活动的关联带动作用，也有效促进了天津产业结构优化升级，正在不断提高城市竞争力。

（一）基础条件优势凸显

工业基础雄厚。产业基础方面，天津具有电子信息、航空航天、机械装备、汽车、新材料、生物医药、新能源、石油化工等优势产业，2020年前三季度，全市规模以上工业增加值同比增长0.1%。39个工业行业大类中，14个行业增加值增长，其中石油和天然气开采业增长8.7%，拉动规模以上工业增长1.9个百分点；电气机械和器材制造业增长20.1%，拉动0.8个百分点；汽车制造业增长6.2%，拉动0.7个百分点。规模以上工业中，战略性新兴产业增加值增长2.8%，快于全市2.7个百分点，占比为26.0%，同比提高5.1个百分点。[1]工信部发布"2020年先进制造业集群项目"公告中，天津信息安全、动力电池两个集群成功入选全国20个先进制造业集群，实现了重大突破。

交通枢纽健全。天津海、陆、空交通配套完善，天津港作为中国北方最大的综合性港口，是京津冀地区的海上门户和"一带一路"的重要桥头堡。天津的铁路路网密度居全国首位，客运铁路形成津秦津保高铁为横向、京津京沪高铁为纵向的"十字"型布局；天津滨海国际机场是区域重要的枢纽中心和我国国际航空物流中心，近年机场旅客吞吐量和港口货物吞吐量稳步增长，2020年前三季度天津港集团累计完成集装箱吞吐量1376.5万标准箱，同比增长5.2%；累计完成货物吞吐量3.36亿吨，同比增长4.3%，见图1[2]。

---

[1]　天津市统计局：《前三季度我市经济运行持续稳定加快恢复》，http://stats.tj.gov.cn/TJTJJ434/JJXX602/202010/t20201022_3993918.html。

[2]　津云：《176.2万！天津港集团9月份集装箱吞吐量再创历史新高！》，http://www.tjyun.com/system/2020/10/09/050544481.shtml。

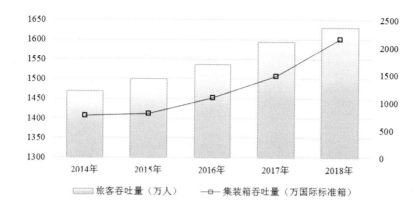

图1　2014—2018年机场旅客和港口集装箱吐量

数据来源：《2015—2019年天津统计年鉴》。

改革开放水平不断提高。天津出台一系列引资政策、搭建服务平台、优化营商环境，进一步打造外商投资热土，吸引了众多世界500强企业、行业龙头企业安家落户。截至2019年年底，天津累计设立外商投资企业2.96万家，合同外资累计达3441亿美元，实际利用外资1818.8亿美元。自贸试验区改革创新步伐不断加快，"深改方案"128项任务完成123项，累计实施428项制度创新措施，累计向国家上报244项试点成果和创新实践案例，向全国复制推广37项试点经验和实践案例，发布65个金融创新案例[①]。

历史文化与旅游资源丰富。天津具有深厚的历史文化底蕴、独特的城市景观，拥有众多珍贵的文物、历史建筑以及保存完好、风貌独特的历史文化街区。历史城区内有老城厢、古文化街、五大道等历史文化街区，杨柳青镇、西井峪村为代表的中国历史文化名镇名村享誉中外；杨柳青木版年画、"泥人张"彩塑等为代表的传统美术与传统技艺作品栩栩如生；京东大鼓、相声等为代表的传统戏剧与曲艺作品丰富多样。2020年7月，天津市文化和旅游局发布的天津市国家A级旅游景区名录中，3A级及以上景点76个。近年旅游

[①]　天津日报：《敞开大门谋发展拥抱世界赢未来——天津持续扩大对外开放综述》，http://epaper.tianjinwe.com/tjrb/html/2020−10/02/content_151_3411985.htm。

人数和旅游收入也逐年增长，见图 2。

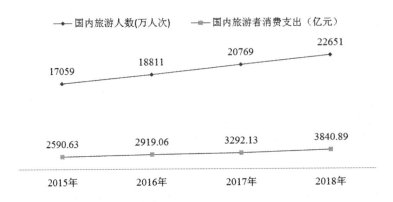

图2　2015 年—2018 年天津国内旅游人数与消费支出

数据来源：《2015—2019 年天津统计年鉴》。

（二）产业链日臻完善

会展规模持续扩大。近年办展数量和面积总体平稳增长，2019 年，天津共举办各类展览 123 场，展览面积 226.73 万平方米[①]，比 2018 年净增长 27.92 万平方米，见图 3。从展馆构建看，现有展览场馆 4 个，包括天津梅江会展中心，天津滨海国际会展中心，天津国际展览中心，龙顺农业博览馆。在建展馆项目国家会展中心（天津）总建筑面积约 134 万平方米，展馆面积 40 万平方米，预计 2021 年完成一期场馆及综合配套区建设，2021 年 6 月将迎来首展。

---

① 中国会展经济研究会统计工作专业委员会：《2019 年度中国展览数据统计报告》，第 11 页。

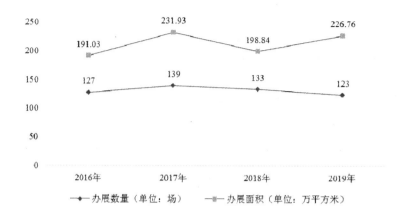

图 3　2016 年—2019 年天津办展数量与办展面积

数据来源：《2016—2019 年中国展览数据统计报告》。

从配套设施看，天津具有相对完善的会展产业配套设施，在酒店配套设施方面，天津中高端酒店总体数量持续平稳，行业发展趋势良好，截至 2019 年 7 月，天津有五星级饭店 13 家，四星级饭店 35 家，三星级饭店 27 家，为中外展客商提供了便捷且多样化的选择。天津拥有全国第一家民营会展专业企业天津振威会展股份有限公司。会展场馆、会展策划与承办、会展工程设计与搭建、会展专业运输等专业（会议）从业人员将近 5 万人，会展行业规模和经济实力都有了较快发展。

（三）品牌影响力逐步增强

中国天津投资贸易洽谈会、中国旅游产业博览会、国际矿业大会等展会的国际影响力不断扩大，有力地宣传和推介了天津；北方自行车展、碧海钓具展、国际装备制造展、冰激凌展成为专业领域全国最大的展览会；天津国际实木家具展、华夏家博会、国际汽车展在国内外同行业展会中处于领先行列。迄今为止，天津连续举办了四届世界智能大会，尤其是第四届世界智能大会，是国内首次采用"云上"模式打造的高端盛会，通过"云签约"方式，签约项目 148 个，总投资约 809.19 亿元人民币，持续打响智能领域的国际化品牌知名度。

（四）政策环境持续优化

营商环境高效便利。施行《天津市优化营商环境条例》，持续推进"放管服"改革，出台营造企业家创业发展良好环境的"天津八条"、吸引各类人才扎根的"海河英才"行动计划、激发民营经济活力的"民营经济19条"等一系列举措。《2019中国城市营商环境报告》显示，在综合评价排名中位列第9，营商环境不断优化，有效助力天津会展经济高质量发展。会展市场环境进一步完善。研究出台《天津市关于进一步促进会展业改革发展的意见》《天津市会展行业新冠肺炎疫情防控指南》等政策文件，有力地支持了品牌展会培育和引进、会展业招商引资和会展设施建设，为进一步明确会展产业发展规范和安全有序推进展览行业复展复业提供指导。

二　会展经济发展趋势

当前，全球范围疫情尚未得到全面控制，全球展览行业产业链供应链因非经济因素而面临冲击。疫情推动了展会的业态创新，已上线智能化服务的场馆会在此次复展过程中体现优势。在我国取得抗击新冠肺炎疫情斗争重大战略成果背景下，预计2021年我国会展业在全球行业中的比重和地位将会出现明显的提升。随着2021年国家会展中心（天津）一期工程的建成，将推动天津会展经济实现跨越式发展。

（一）国际发展形势与展望

国际会展业受损严重。受新冠肺炎疫情在全球的蔓延的影响，许多展会取消或延期举办，全球会展经济因此遭受重创，全球会展业务2020年将缩水60%[1]，展览行业的全面恢复要到2022年甚至2023年才能实现。从地区看，

---

[1]　The Global Association of the Exihibition Industry：《*UFI Global Exhibition Barometer 25th Edition*》。

2020 年全年营业额降幅预计中东和非洲及中南美洲地区将略高于亚太地区或欧洲和北美，新冠肺炎疫情将导致 2020 年亚洲净出租展览面积下降 75%[①]，未来展览和会议等商业模式将成为全球经济复苏的快速通道。

疫情加速国际展览新变化。创新仍是国际展览业发展的主旋律，根据最新版《全球展览行业晴雨表》显示，全球会展业正逐渐重新启动，越来越多的展览公司加快了智能化数字化转换进程，正朝着完全数字化的方向发展。从展览企业看，新冠肺炎疫情加速了中小会展企业的自然出清，未来集团化、品牌化趋势更加明显。从会展类型看，展览业发展趋向专业化，参观者需求更注重现场体验型，展览形式从传统展会向数字化转型、展览会议推介活动融合演变。展览展示技术加快向跨媒体、多媒体展示转变。展览材料向绿色环保、可重复使用以及减少会展固体垃圾的排放等绿色可持续方向发展。

短期看，未来国际展览业发展的影响因素主要是任何市场上可能出现的新疫情、每个市场的当地政府在应对疫情时所采取的限制措施的时间和程度、出行限制等因素。长期看，各国国内市场经济状况、全球经济发展和内部挑战、高素质会展人才的紧缺仍是国际会展经济发展面临的长期挑战。

（二）国内发展趋势与展望

我国会展经济总体规模增长由高速转为中高速，开始向高质量发展转变。据不完全统计，2019 年，全年经济贸易展览总数达 11033 场，展览总面积达 14877.38 万平方米，较 2018 年分别增长 0.6% 和 2%[②]。我国展览业从项目与场馆数量上已具有庞大存量，未来进入展览业升级换代和产业结构优化调整的新阶段，将更加注重质量和规模经济效应。从空间布局来看，我国大型展会已呈现向沪、穗、成、渝等南方城市转移趋势。国家战略对展览业发展的影响将更加明显，以"一带一路"建设为重点的开放型经济发展深入推进。2019 年，中国主办方在境外举办展览总数为 79 场，有 61 场展览在"一带一

---

① UFIOfficial：《<第 16 版亚洲贸易展览会研究报告>显示：新冠疫情将导致 2020 年亚洲净出租展览面积下降 75%》。

② 中国会展经济研究会统计工作专业委员会：《2019 年度中国展览数据统计报告》，第 9 页。

路"沿线国家举办[1]。

新冠肺炎疫情的爆发虽然对我国会展经济带来巨大的影响，未来我国会展经济将呈现率先复苏态势。根据 UFI 对中国会员的调研显示，2020 年 2—3 月主办会员共延迟或取消了 55 场展会，净面积总数达 290.99 万平方米，27 家 UFI 场馆会员共延迟或取消了 158 场展会[2]。随着经济全球化遭遇逆流，国际贸易和投资大幅萎缩，我国展览国际化面临新的挑战，但我国展览业率先复苏和经济的发展韧性，使我国展览市场受到国际同行关注程度不减。

未来我国会展经济将呈现办展主体多元化、专业化展览成为主流、品牌化优势日趋突出等趋势。会展业发展呈现以下特点：一是各地正以专业展为发展定位实现展会项目的提质创新，同时专业化管理和会展专业人才培养也不断受到重视。二是我国会展业将加快运营机制的互联网流程再造，延展出更多创新服务，实现会展产业线上+线下"O2O2O 模式"。三是随着会展产业的竞争日益加剧，会展企业通过实施品牌化战略提升自身产品的品牌信息，从而持续地带动城市相关产业的发展。四是绿色会展将成为会展业发展的必然之路，表现在更加注重场馆的生态化设计、举办以环保为主题的展览等方面，形成会展业与生态环境和谐发展的局面。

（三）天津会展经济的发展展望

未来天津会展经济面临新的动力与机遇。一是随着京津冀协同深入推进，天津将继续主动加强与国家部委、中央企业、大院大所对接合作，为天津会展经济的发展带来机遇。二是天津宏观经济平稳、持续向好的态势为会展经济稳步上升奠定了前提。展望新的一年，在疫情防控常态化条件下，随着经济的企稳向好，天津将在国内国际双循环新发展格局中不断提升会展产业链供应链现代化水平。三是天津大型展馆建成的优势。随着 2021 年我国北方最大的会展展馆国家会展中心（天津）一期工程的建成，将有效改善全国展览馆资源南重北轻的不均衡现象，对北方乃至全国形成巨大的虹吸效应，必然

---

① 中国会展经济研究会统计工作专业委员会：《2019 年度中国展览数据统计报告》，第 4 页。
② UFI 国际展览业协会：《新型冠状病毒（COVID-19）对 UFI 中国会员的影响调研与展望报告》。

成为天津经济高质量发展新引擎。

三 天津会展经济发展存在的短板

（一）综合竞争力相对较弱

从全国来看，天津会展经济综合竞争力处于相对弱势地位。2019年全国按展览面积排名城市中，天津展览总量和展览面积仅占上海、广州、重庆、北京、南京（全国排名前五位城市）的11.8%、17.8%、24.0%、38.0%、22.7%和11.7%、22.1%、22.9%、38.4%、44.3%，见表1。天津大型展览项目比较缺乏。2019年我国境内经国际展览业协会（UFI）认证展览项目的城市，上海（22个）、北京（10个）、深圳（12个）、广州（10个），而天津只有4个。天津与国际接轨具有较大影响力展览项目明显不足，会展综合品牌竞争力较弱。

表1　2019年全国城市展览情况（按展览面积排序）

序号	城市	展览数量（场）	展览数量全国占比（%）	展览面积（万平方米）	展览面积全国占比（%）
1	上海市	1043	9.45	1941.67	13.05
2	广州市	690	6.25	1024.02	6.88
3	重庆市	513	4.65	992.00	6.67
4	北京市	324	2.94	589.80	3.96
5	南京市	543	4.92	512.30	3.44
6	青岛市	286	2.59	426.00	2.86
7	成都市	335	3.04	425.20	2.86
8	沈阳市	410	3.72	416.00	2.80
9	深圳市	121	1.10	395.00	2.66
10	昆明市	132	1.20	374.00	2.51
…	…	…	…	…	…
19	天津市	123	1.11	226.76	1.52

数据来源：《2019年度中国展览数据统计报告》第12页。

（二）基础配套设施仍需完善

即将投入使用的国家会展中心（天津）当前仍面临多重交通需求相互叠加的交通压力。国家会展中心（天津）接驳市区、滨海新区核心区、海空两港、火车站的地铁站点，除了一号线天津西站可以直接通达会展中心之外，天津站、天津南站、机场通达会展中心的线路均需要换乘，目前会展中心附近的公交线路几乎没有。交通配套能力不足，将为参展商、采购商、观众到达展馆增添障碍，无形中流失大规模参展人群。国家会展中心（天津）1.5公里半径范围尚未形成综合配套服务能力。

（三）会展业亟待转型升级

会展经济发展的新动能不足。一是会展业与天津优势产业结合不紧密，缺乏市场竞争力强、带动作用大、可以辐射京津冀区域乃至我国北方的"会展+产业"联动发展的大型展会。二是会展经济服务模式需要创新，随着大数据、云计算、物联网等新一代信息技术广泛应用，线上与线下展会融合度不高，线上品牌展会还没有形成。三是会展经济绿色环保意识不强，目前由于绿色展具成本相对较高、缺乏强制性展览业绿色环保标准，导致不少企业依旧使用非环保材料搭建展台。

（四）会展主体实力需要做强

会展企业的数量和规模实力明显不足。除少数会展企业具有较强实力外，大部分会展企业基本是简单承接会务保障与展位搭建服务。会展产业链上游的创意与策划、资源整合与营销、组织与运营整体水平不高。天津会展龙头企业极度缺乏。2019年全国大陆地区IAEE认证的企业会员达56个，北京、上海分别是10、12个，天津仅为1个（天津国际会展中心有限公司）。2019年，UFI中国会员（大陆地区）累计为159个，其中，北京30个、上海27

个、广州 15 个、深圳 13 个，而天津没有认证的会员①。

（五）高端复合型人才有待充实

高端复合型人才匮乏已成为制约天津会展业高质量发展的重要瓶颈。天津会展从业人员大多数为非科班出身，较多来自其他行业和相关行业，缺乏系统的理论和专业知识，而从事会展创意、策划、营销、组织等方面具备国际化视野的高端复合型人才更是严重匮乏。2019 年全国 IAEE 认证的个人会员数量 311 个，其中北京、上海、深圳分别是 97 个、70 个、36 个，而天津只有 8 个。随着新兴业态的发展与壮大，会展业需要更具现代化的创新思维、拥有全球化视角的复合型人才队伍。

四 天津会展经济高质量发展的对策建议

面对新冠肺炎疫情和后疫情时代对会展经济的挑战和机遇，当前天津会展经济要主动作为、迎难而上，加快转型升级步伐，提高创新发展速度，打响天津会展品牌，积极打造会展经济生态圈，营造会展经济发展适宜的环境，大力推动天津会展经济高质量发展。

（一）高站位服务国家大战略

一是要从国家大战略角度坚持高站位、远谋划，发挥国家会展中心（天津）、梅江会展中心推动京津冀协同发展的引擎作用。要助力北京非首都功能疏解、雄安新区开发建设，与北京在会展业务上错位发展，与之开展分会场的交流与合作。二是要积极争取国家部委对国家会展中心（天津）最大的支持，将重大国际赛事、国际会议、国家展会等活动引入天津。三是要成立统领会展展馆与各项事务的专门部门，团结一心将国家会展中心做成天津会展项目行业龙头，带动天津会展业协调推进，形成集群化发展格局。

---

① 中国会展经济研究会统计工作专业委员会：《2019 年度中国展览数据统计报告》，第 51 页。

（二）打响天津高端会展品牌

一是以国家会展中心（天津）、梅江会展中心等大型会展中心为核心，突出城市产业、文化、自然资源等特色，形成独特会展品牌。引导更多展会申请加入国际展览业协会（UFI）等国际会展权威机构的会员，激活国家会展中心（天津）、梅江会展中心的流量价值、社群价值、信息价值以及产业价值。二是依托"一带一路"以及境内外的国家工业园区等资源，开展旅游推介、学术研讨、科技交流等活动，拓展展会服务领域，提高展会服务功能。三是创新管理理念、运营模式。以产业链思维来谋划展会，把产品的产销、论坛研讨、新闻发布等各项相关活动有机联系起来，打通会展产业链各节点，打响"天津服务、天津标准、天津保障"。

（三）做优国际一流配套服务

一是要加快建设通达天津南站、天津站、滨海国际机场、首都国际机场、北京大兴国际机场、雄安新区、主要文化旅游景区等四通八达的地铁、机场快线、快速公交、城市快速路、高速路等交通服务网络。二是优先支持会展交通用地需求。建设地面及地下、地上多层停车场，增加会展场馆周边的停车空间，提升会展场馆的可达性和人员疏散能力。三是完善会展场馆周边配套服务设施，建设集展览、会议、活动、餐饮、购物、办公、商业服务、博物馆等于一体的超大型会展综合体，提升办展参展的服务体验，充分满足客商的商旅要求。

（四）打造会展产业生态圈

一是围绕天津加快打造全国先进制造研发基地的功能定位，促进会展业服务制造业升级，更好地服务于产业链、供应链、价值链的升级和重构。按照"立足产业、服务产业"的办展思路，以新一代人工智能、生物医药、新能源等产业为重点，着力构建"一业一展"格局。二是提升展会层次，以"专业、高端"为标准，吸引行业领军企业前来参展，展出"高精尖"产品，深化产学研对接，同期举办高端峰会、学术论坛，汇集产业最新成果、领先产品，努力实现"会展+产业"融合发展格局，带动产业创新发展和转型升级。

（五）创新会展发展模式

一是促进线上与线下展会的完美融合。加强天津会展业与人工智能、区块链和大数据深度应用相结合，最大限度发挥数字技术优势和创新价值，加快成熟展会的数字化转型。二是完善智慧展馆建设。积极融入智慧交通、智慧安防、智慧监控、云上看馆、室内 AR 导航等一系列智慧元素，开展智能硬件基础设施建设，提升展览、展示的品质。三是发展绿色会展。制定《绿色会展标准》，切实减少能源、资源的消耗，倡导使用可循环的展示展览材料，加快对绿色环保的高科技展示手段的研发、推广、应用和引进，传播绿色理念和文化，开展绿色会展项目、绿色展位等评选。

（六）做强会展主体实力

一是积极引进一批会展龙头企业。充分发挥天津名校、名院、名企作用，着力引进一批会展领军企业。二是整合资源培育一批高水平本土会展企业。既要为企业的市场化发展提供良好的营商环境，又要鼓励企业加强内部制度建设，增强完善公司治理体系、提升员工素养、加强文化建设等方式，积极练好内功。三是引导一批会展主体往专业化发展。重视发挥专业行业协会作用，全面提高专业化水平，推动和引导现有综合性展会向专业展会转型。

（七）引进和培养会展人才

建立优秀会展人才的培养、引进、激励机制，并纳入市人才规划。积极引进符合会展业发展需求、具有行业影响力以及从事会展创意、策划、营销、组织等方面具备国际化视野的高端复合型人才。鼓励院校、科研机构、职业培训机构与会展企业合作建立会展产业教学、科研和培训基地。着力培育掌握新技术、新媒介、新营销方式、具备数字化营销和数字运营能力的新会展人才。

参考文献：

[1] 中国会展经济研究会统计工作专业委员会：《2019 年度中国展览数据统计报告》，中国会展经济研究会，2020 年。

[2] 李明：《促进武汉市会展业高质量发展的建议》，《决策与信息》2020 年第 10 期。

[3] 吴钰炜、刘苏辉：《互联网视角下的会展经济发展探究》，《商展经济》2020 年第 7 期。

区域战略篇

京津冀协同下天津经济高质量发展研究报告（2021）

储诚山　天津社会科学院城市经济研究所副研究员

摘　要： 天津为积极推进京津冀协同发展出台一系列政策，在疏解北京非首都功能、产业、交通、环境和区域联合防疫等方面，卓有成效。在京津冀协同发展过程中，天津实现了高质量发展，主要表现在产业结构调整优化、绿色经济发展壮大、生态环境质量总体改善等方面。但同时，天津在区域协同、推动高质量发展中仍存在一定的短板，如传统产业比重依然较大、新动能产业小聚集度低、产业转移中缺少标志性项目、营商环境有待提升等。下一步，需要从"智慧港口"建设、现代产业体系构建和战略性新兴产业发展、区域产业协作和营商环境持续深化等方面，推动天津经济高质量发展。

关键词： 京津冀协同　天津经济　高质量发展　一基地三区

一 天津在区域协同中的经验做法与成就

（一）京津冀区域协同情况

2014 年 2 月 26 日，习近平总书记在北京主持召开座谈会，就推进京津冀协同发展发表了重要讲话，京津冀协同发展上升为国家战略。2015 年，中共中央、国务院印发实施《京津冀协同发展规划纲要》，赋予了天津"一基地三区"的定位（全国先进制造研发基地、北方国际航运核心区、金融创新运营示范区、改革开放先行区）。2017 年，天津市委制定了进一步加快建设全国先进制造研发基地、北方国际航运核心区、金融创新运营示范区、改革开放先行区的四个专项《实施意见》。2018 年 5 月，在习近平总书记视察天津五周年之际，全市召开 1800 人推进大会，对在新起点上深入贯彻落实"三个着力"重要要求进行再动员、再部署、再推动。在 2019 年 1 月 16—17 日，习近平总书记视察天津作出一系列重要指示，18 日在京津冀协同发展座谈会上发表重要讲话。天津市委先后召开全市领导干部大会、十一届六次全会组织学习贯彻，制定《中共天津市委关于认真学习贯彻习近平总书记视察天津重要指示和在京津冀协同发展座谈会上重要讲话精神的实施意见》，建立任务责任清单，明确了 6 方面 24 项任务和 133 项具体措施。

至 2020 年底，天津市委市政府紧紧抓住京津冀协同发展重大机遇，围绕"一基地三区"的定位，始终抓住疏解北京非首都功能这个"牛鼻子"，全力推动产业协同、创新协同、体制机制协同、基础设施建设协同、环境保护协同"五个协同"，打造了"滨海—中关村"等一批高质量的承接平台，引进和落地了国家会展中心等一大批标志性项目，京津冀协同发展取得了一系列丰硕成果。同时，天津主动服务雄安新区建设发展，天津港雄安服务中心揭牌、天津一中等学校在雄安设立校区。

（二）天津在区域协同中取得的成就

1.承接北京非首都功能疏解成效卓著

天津主动承接北京非首都功能疏解，积极对接中央企业、金融机构、科研院所等单位，国家会展中心、中国核工业大学等开工建设，中国电信京津冀数据中心、中车金融租赁、中科院北京国家技术转移中心天津中心等一批项目引进落地。协同打造我国自主创新重要源头和原始创新主要策源地，新一代超级计算机、国家合成生物技术创新中心等一批创新平台落地。"滨海—中关村"科技园累计注册企业达到 1443 家，中关村智能制造科创中心项目投入运营。

2.产业融合发展效果凸现

天津围绕中央对天津功能定位，向河北延伸产业链条，签订了生物医药、先进装备制造、新能源汽车等一批重点合作项目。与河北省签署"1+4"合作协议，启动实施对口帮扶承德市的扶贫项目，密切与京冀深度对接合作。2014年到 2020 年上半年的 6 年多时间，北京和河北企业在津投资额累计达 9559.19亿元，占天津利用全部内资额 21649.04 亿元的 44.2%，2019 年这一比例更是达到 51%，见表 1。同时，天津企业也积极前往河北进行投资，如 2016 年，天津全市企业到河北投资金额达 400 多亿元。

表 1　2014—2019 年京冀企业在津投资额统计表

年度	京冀企业在津投资额（亿元）	天津利用内资额（亿元）	京冀企业投资占天津利用内资额比重（%）
2014 年	1493.36	3600.32	41.5
2015 年	1739.29	4049.28	43.0
2016 年	1994.09	4536.53	44.0
2017 年	1000	2500.78	40.0
2018 年	1233.88	2657.06	46.4
2019 年	1470.67	2883.67	51.0
2020 年上半年	627.9	1421.4	44.2
合计	9559.19	21649.04	44.2

数据来源：《2014 年—2019 年天津统计年鉴》、2019 年天津市国民经济和社会发展统计公报、中国经济新闻网 http://www.cet.com.cn/dfpd/ssxw/2632962.shtml

3.交通一体化发展全方位展开

京津冀交通一体化发展成效显著，初步形成了以北京为中心，以高铁和高速公路为骨干，普速铁路、国省干线公路为基础，与港口、机场共同组成的放射圈层状综合交通网络。

港口方面。为全力推进世界一流智慧港口、绿色港口建设，增强天津港服务辐射能力，京唐铁路开工建设，一批"瓶颈路"顺利打通，天津港与唐山港组建津唐国际集装箱码头公司，京津冀首个海铁联运集装箱中心站开通运营。

铁路方面。津保铁路投入运营，与京广、京沪、津秦和京津城际四条高铁无缝对接，天津成为全国高铁枢纽。京津城际延伸线建成通车，实现北京南站到滨海新区于家堡站一小时内通达，京津城际实现"月票制"。津雄城际纳入国家规划，京滨、京唐铁路加快建设，天津至北京新机场联络线前期工作提速推进，京秦高速冀津连接线开通。

机场方面。天津机场提升丰富20座城市候机楼功能，设置航空异地货站，试运行京津冀航空货运班车，京津冀机场一体化运营机制初步形成。

公路方面。滨保高速全线贯通。京秦高速天津段建成通车，津石高速天津东段开工，天津港与曹妃甸港首条环渤海内支线开通。

公交和地铁方面。对来津北京牌照小型、微型客车限行实行同城化管理，京津冀交通"一卡通"覆盖全部公交和地铁线路。

通关方面。京津冀海关区域通关一体化改革继续深化，京津实现离境退税互联互通，进出口整体通关时间大为缩短。2014年到2019年的几年间，来自北京与河北的货物占天津口岸进出口总额比重稳定在30%左右。同时，大力支持雄安新区建设发展。加强对雄安新区通关服务保障，深化天津港与雄安新区在信息共享、物流服务、检验检疫等方面合作，实现监管互认、执法互助和通关一体化。

4.区域环境协同治理全面推进

2015年12月3日，京津冀三地环保部门正式签署《京津冀区域环保率先突破合作框架协议》，明确以大气、水、土壤污染防治为重点，联防联控，共同改善区域生态环境治理。

加强区域大气污染防治协作。会同京冀联合发布实施《京津冀及周边地区 2019—2020 年秋冬季大气污染综合治理攻坚行动方案》。强化重污染天气应急联动，开展重污染天气预报预警会商，同步采取应急响应措施，减缓区域空气污染累积程度。

强化区域水环境治理联防联控。京津冀河流跨界断面实现统一采样、统一监测，永定河综合治理与生态修复稳步推进。深化区域饮用水水源保护协作，与河北省签订第二轮引滦入津上下游横向生态补偿协议，推动入津水质持续改善。强化渤海湾污染协同治理，制定《打好渤海综合治理攻坚战强化作战计划》和《入海河流污染治理"一河一策"工作方案》，开展入海河流及流域综合整治，控制水污染物排海总量。

推进区域联动机制创新。推动区域协同立法，三省市共同研究机动车和非道路移动机械排放污染防治条例，突出"区域协同治理"。加强绿色港口建设，建立实施京津冀及周边地区跨区域集输港联动机制。加强环境应急联动，组织开展规模大、应急级别高的突发水环境事件联合应急演练，提高跨界污染应对能力。健全执法联动工作机制，联合实施 2019—2020 年京津冀生态环境执法重点工作，宁河区与唐山市签署《生态环境执法工作协同框架协议》，推动联动执法下沉。

5.区域协同防疫机制日趋完善

为协同防控，京津冀三地建立了有机配合的疫情防控机制。早在新冠肺炎疫情发生之初，京津冀三地政府部门就制定了疫情联防联控联动工作机制方案，构建起京津冀三地政府部门协调、专业部门对接、全方位协调服务的联防联控工作体系，联合印发了十个方面的制度措施，协同推动人员流动、交通通畅、物资供应、企业复工复产等重大问题。同时，三地建立起应急疫情会商通报、疫情信息互通、诊疗经验共享及危重病例会诊制度等多项工作机制，每日互通疫情防控情况和工作举措，严防疫情传播，通过"互联网+"技术，开展远程医疗，共同提升救治能力等，为协同防控疫情取得显著成效。复工复产方面，天津在第一时间认可北京、河北省"健康码"信息，全力协

调北京产业链在天津的 188 家重点配套企业复工复产，确保三地产业链能有
效衔接。

二　天津在区域协同中推动经济高质量发展情况

天津紧紧抓住京津冀协同发展重大机遇，坚持稳中求进、改革创新，打
造经济和城市两个升级版，质量效益稳步提高，经济结构不断优化，在转型
调整中实现高质量发展。

（一）经济结构不断优化

1.产业结构持续优化

天津市三次产业结构，从 2014 年的 1.0：49.7：49.3 调整为 2020 年 9 月
的 1.3：33.2：65.5，第一产业在经济结构中占比基本稳定在 1%上下，第二产
业在经济结构中占比明显下降，第三产业在经济结构中占比明显上升，产业
结构进一步优化，见表 2。

表 2　2014—2019 年天津市三次产业结构变化

年份	第一产业占比（%）	第二产业占比（%）	第三产业占比（%）
2014	1.0	49.7	49.3
2015	1.0	47.1	51.9
2016	0.9	42.4	56.7
2017	0.9	40.9	58.2
2018	0.9	40.5	58.6
2019	1.3	35.2	63.2
2020 年 9 月	1.3	33.2	65.5

数据来源：《2019 年天津统计年鉴》、"2019 年天津市国民经济和社会发展统计公报"、
天津统计局网站 http：//stats.tj.gov.cn/sy_51953/jjxx/202011/t20201102_4035115.html。

同时，服务业支撑作用更加牢固。2019 年服务业增加值为 8949.87 亿元，
增长 5.9%，高于同期全市 GDP 增速 4.8%。规模以上服务业中，新服务、高技

术服务业、战略性新兴服务业营业收入均实现两位数增长，分别增长 14.8%、19.3% 和 12.4%，皆高于同期全市 GDP 增速。2020 年 1—8 月份，规模以上服务业中，战略性新兴服务业、高技术服务业营业收入分别增长 2.4% 和 5.4%。2020 年 1—9 月份，服务业总体上受新冠肺炎疫情影响较大，但以软件信息和科技服务为代表的现代服务业，仍对经济增长和产业结构优化起到重要支撑作用，其中：经济信息传输、软件和信息技术服务业实现营业收入 916.31 亿元，同比仍增长 12.7%，科学研究和技术服务业实现营业收入 852.85 亿元，同比增长 4.0%。

2.工业转型升级稳步推进

2019 年，全年全市工业增加值比上年增长 3.6%，规模以上工业增加值增长 3.4%。在规模以上工业中，分行业看，汽车制造业增长 13.7%；智能制造工业增加值增长 8.2%；医药制造业增长 8.8%；电气机械和器材制造业增长 10.9%；同时，传统的石油和天然气开采业仅增长 1.7%。2020 年前三季度，第二产业增加值为 3353.82 亿元，同比增长 0%；全市规模以上工业增加值由降转增（上半年增速下降 5.7%），同比增长 0.1%。其中，电气机械和器材制造业增长 20.1%，拉动 0.8 个百分点；汽车制造业增长 6.2%，拉动 0.7 个百分点；疫情防控产品和部分电子产品产量较快增长，医用口罩增长 21.0 倍，医疗仪器设备及器械增长 1.5 倍，光电子器件增长 1.9 倍，电子计算机增长 1.2 倍，电子元件增长 39.7%，工业转型升级进一步推进。

（二）新动能持续发展壮大

天津经济结构持续优化，新动能加快成长，经开区生物医药产业集群、高新区网络信息安全产品和服务产业集群获批国家第一批战略性新兴产业集群；滨海新区化工新材料、宝坻动力电池材料特色集群初步形成；360 上市公司、紫光云总部、TCL 北方总部、国美智能、三星动力电池、康希诺生物创新疫苗等项目相继落户天津。以医药制造、电子及通信设备制造等为代表的高技术产业，和以高端装备制造、新材料产和节能环保为代表的战略性新兴持续发展壮大，在工业经济中比重稳步增加。新能源汽车、工业机器人、服务机器人等新产品产量快速增长（2020 年前三季度，服务机器人、光纤、新能源汽车、集成电路等新产品产量分别增长 1.9 倍、50.9%、36.2% 和 27.8%）。其中，高新技术产业增加值占规模以上工业比重从 2014 年的 12.3% 增加到 2020 年前三季度的 15.4%；战略性新兴产业增加值占规模以上工业比重从 2014 年的 16.4% 增加到 2020 年前三季度的 20.8%。

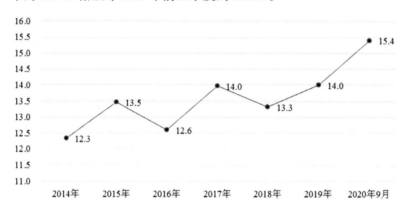

图 1　2014—2020 年前三季度天津市高新技术产业增加值占规模以上工业比重

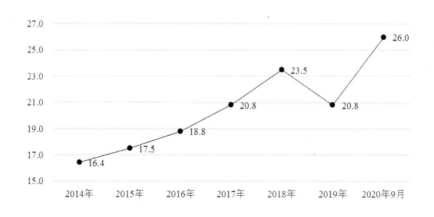

图 2　2014—2020 年前三季度天津市战略性新兴产业增加值占规模以上工业比重

（三）创新驱动成效明显

天津大力实施创新驱动战略，各行各业正以科技创新为突破口，打造创新驱动新引擎。到目前，新一代超级计算机、国家合成生物技术创新中心等国家级创新平台落户天津。国家企业技术中心达到63家，市级企业技术中心达到657家。国家技术创新示范企业达到20家，国家高新技术企业、国家科技型中小企业总数均突破6000家，万人发明专利拥有量22.3件。发布全球首款脑机接口专用芯片"脑语者"（天津大学和中国电子信息产业集团联合研发），海之星智能水下检测机器人填补国内空白。天津综合科技创新水平位居全国前列，为全市经济社会持续健康发展提供不竭动力。

（四）生态环境质量持续改善

"十三五"期间，天津扎实推进蓝天、碧水、净土三大保卫战，生态环境质量持续改善。大气环境质量保持总体稳定，2019年全市优良天数219天，同比增加12天；PM2.5年均浓度51微克/立方米，较2013年下降46.9%，连续两年提前达到"十三五"和攻坚战目标要求；水环境质量达到近年最好水平，2019年全市地表水优良水质断面比例首次达到50%，较2014年提高25个百分点，较2018年提高10个百分点；劣Ⅴ类水质比例首次降至5%，较2014年下降60个百分点，较2018年减少20个百分点；12条入海河流全部消除劣Ⅴ类，近岸海域优良水质比例达到81%，同比提高31个百分点；土壤、噪声环境质量状况保持稳定，自然生态系统保持良好水平，全市污染防治攻坚战取得关键进展，生态环境质量持续改善。

三　天津在区域协同中推动高质量发展存在的短板

天津在经历20世纪90年代以来的高速增长后，工业化和城市化水平不断提高，经济由高速增长阶段转向高质量发展阶段，结构调整转型升级带来的阵痛逐步显现，加之受新冠肺炎疫情等的影响，天津经济面临严峻考验，经济增长速度、固定资产投资增速、地方财政收入增速、企业利润率与前些年或国内平均水平相比有所放缓。同时，天津在推进京津冀协同发展方面取得显著成绩，但也存在一些问题，一定程度上制约了天津高质量发展。

（一）传统产业比重依然过大

从工业看，石油、石化、煤炭及其他燃料加工业、冶金等传统行业占全市工业比重仍然较大，尤其是石油和天然气开采业在规模以上工业中占比尤为突出。以 2018 年为例，规模以上工业企业利润和税收总额分别为 1242 亿元和 780 亿元，其中，石油和天然气开采业分别为 553 亿元和 156 亿元，分别占规模以上工业企业利润和税收 45% 和 20%。若剔除这个行业，其他 39个行业合计利润比上年下降 10.5%。从服务业看，批发和零售业、交通运输仓储和邮政业、住宿和餐饮业等传统行业占服务业增加值的比重达到 31.8%，金属材料、石油、化工材料、煤炭四大传统生产资料销售占全市线上批发和零售业商品销售额的比重超过 70%。2020 年前三季度，全市规模以上工业中，采矿业增加值增长 4.6%，高于规模以上工业增速 4.5 个百分点；石油和天然气开采业增长 8.7%，高于规模以上工业增速 8.6 个百分点。受市场因素影响，传统产业对全市经济的支撑作用不断减弱。

（二）新动能规模小、集聚度低

天津产业结构调整任务艰巨，生物医药、新能源、新材料等新兴产业总体规模偏小，尽管近年来天津新兴产业发展迅速，增速始终高于全市平均水平，但占比仍然偏低，支撑力尚显不足。2014 年以来，天津市高技术制造业和战略性新兴产业增加值占规模以上工业的比重依然在 10% 至 26% 之间，而北京 2019 年北京市高技术制造业、战略性新兴产业增加值占规模以上工业增加值比重分别为 74.7% 和 58.9%；深圳市 2018 年高技术制造业增加值占规模以上工业增加值比重为 67.3%；2018 年东莞和惠州的高技术制造业增加值占规模以上工业增加值比重分别为 38.9% 和 40.4%。与北京、深圳等城市相比，天津高技术制造业和战略性新兴产业等新动能产业在工业中占比仍然较低。

表3　2014—2019 年天津市高新技术和战略新兴产业增加值占规模以上工业比重

类 别	2014 年	2015 年	2016 年	2017 年	2018 年	2019 年	2020 年 9 月
高新技术产业增加值占规模以上工业比重（%）	12.3	13.5	12.6	14.0	13.3	14.0	15.4
战略性新兴产业增加值占规模以上工业比重（%）	16.4	17.5	18.8	20.8	23.5	20.8	26.0

（三）产业转移中标志性项目少

缺乏先进制造业、现代服务业和金融总部等带动作用强大的项目，配套政策体系和综合环境不够完善，经营成本未能与北京形成明显落差，部分承接平台存在"硬件到位、软件缺位"等问题。一些产业虽然拥有龙头企业，但产业链不完整，配套企业不足，产业配套率低，企业生产所需的重要零部件难以在本地获得配套保障。比如汽车产业，广州市、重庆市汽车零部件本地化率已达到 80%，而天津市整车总装企业配套本地化率总体不足 50%。三地产业链有效衔接不足，产业升级转移存在趋同性，北京科技创新优势与天津先进制造研发优势对接不够紧密，吸引北京高端创新资源不足。此外，滨海新区在承接北京非首都功能疏解上的优势和作用发挥不够。

（四）营商环境有待提升

由于京津冀三地发展水平、财政收支差距较大，天津在教育医疗、就业收入、社会保障等领域与北京相比仍有很大差距。天津企业在招人用人、留住人才上面临着一些困扰，长期在津工作的一般性人才在落户、住房、随迁子女教育等方面存在后顾之忧，企业在人才评价中的主体作用不足。高端人才"引进来、留不住"的现象仍然存在。

此外，与其他一些城市相比，天津的城市活力还需要进一步提升。比如，生活服务业发展水平不高，大众多层次、多元化的休闲娱乐消费需求难以满足。城市文化不够彰显，文化旅游品牌和形象不清晰，缺乏鲜明个性，城市文化的引领力和辐射力不够高，不利于吸引高端人口前来就业生活。

四　政策建议

（一）加快天津港"智慧绿色港口"建设，建设世界一流大港

2019 年 1 月，习近平在天津港考察时强调，要努力打造世界一流的智慧港口、绿色港口，更好地服务京津冀协同发展战略和共建"一带一路"倡议。天津港是京津冀、中西部地区以及中西亚国家最便捷的出海口，是北方第一综合性大港，不仅是天津的核心战略资源，也是京津冀的重要资源。天津要打造国际现代化的"智慧绿色港口"，建设世界一流大港，需要立足技术创新和升级。一是加快港口设施智能化改造，新建智能化集装箱码头，推进 5G、北斗、人工智能等技术在港口中的应用力度，拓展物联网的覆盖范围，提升大数据应用和集成，升级云数据中心建设等，提升港口生产运营智能化水平，加大全场智能调度、设备远程操控以及无人电动集卡、口岸实时数字验放等方面的研发力度。二是打造"公转铁""散改集"双示范港口，推进港口作业机械和车辆"油改电"、靠港船舶岸电使用全覆盖，提高绿色发展水平。三是提升航运物流组织服务能力，探索建设北方国际航运服务交易市场，促进航运要素加速聚集。四是进一步简化单证手续、优化通关流程、规范收费管理、加强协同联动，充分发挥天津港口岸对京津冀地区的服务辐射作用，带动京津冀地区整体营商环境改善和区域经济发展。

（二）构筑现代产业体系，打造战略性新兴产业高地

产业是高质量发展的核心所在。天津在推进高质量发展中，要把发展实体经济放在重中之重，构筑具有自身特色的现代产业体系，打造战略性新兴产业高地。一是要建立以企业为主体、市场为导向、产学研深度融合的制造

业创新体系，通过整合现有创新资源，建设一批国家工程技术研发中心、国家级企业技术中心、国家级科研院所、产业技术联盟等创新平台，形成先进制造与研发相结合的制造业创新体系。提升航空航天、装备制造、石油化工、汽车工业等传统优势产业，加快建设全国先进的装备制造研发和生产基地。二是加快新一代信息技术与制造技术融合发展，推进生产过程智能化，支持企业应用信息技术提升创新能力，全面提升企业研发、生产、管理和服务的智能化水平。三是以智能科技产业为突破口，打造战略性新兴产业高地，深入推进智能科技、生物医药、新能源新材料等战略性新兴产业发展，做强软件、现代中药、动力电池等一批优势产业集群，做大集成电路、航空、生物医药等一批高端产业集群，培育人工智能、网络安全、大数据、区块链、5G等一批新兴产业集群。四是培育创新型领军企业，通过龙头企业带动整个产业链的技术升级和价值提升，形成跨产业、跨区域的联动发展模式，真正实现从要素驱动向创新驱动的转变。五是打造创新人才队伍，鼓励企业、科研院所和高校引进战略性新兴产业领域的国际级科学家、科技领军人物和管理人才来津创新创业，打造富有生机和活力的创新创业生态。

（三）发展"新基建"，培养经济新增长点

加快天津 5G、人工智能、工业互联网、特高压等新型基础设施建设，稳步推进传统基础设施的"数字+"和"智能+"改造升级。与京冀两地协同开展 5G 网络布局，推动 5G 产业链协同发展，推进京津冀城际高铁、智能电网等跨区域"新基建"项目建设。

推进新基建与一二三产业的融合发展。农业方面，加快"新基建"对都市型农业的介入，推动农业农村全方位、全角度、全链条数字化改造。工业方面，围绕"新基建"重点项目和重要支持领域，加快天津传统工业的绿色化和智能化改造。服务业方面，加强"新基建"与服务业深度融合，促进"新基建"在社会治理、政务服务、教育医疗、文化体育、民众生活等方面的应用。促进"新基建"更好地为天津经济转型发展提供支撑，推动新技术、新模式成为天津的新动能、新增长点。

（四）进一步深化区域产业协作，增强经济发展后劲

充分利用京津冀协同发展的战略机遇，围绕北京非首都功能疏解，加大招商引资力度，加强与中央单位和北京市对接服务，瞄准人工智能、生物医药、新能源、新材料等重点行业，开展高质量招商引资，引进高质量的大项目、好项目。深度对接北京创新资源和优质产业，主动向河北省延伸产业链条，合作共建津冀循环经济产业示范区，推进汽车、钢铁、轻工、医药等产业联动发展。围绕高端装备、航空航天、汽车、电子信息、生物医药等产业，贯通产业上下游，完善产业配套。联合京冀推进"通武廊"区域共建产业示范区，与京冀高校、院所合作共建一批产学研创新实体。通过区域协作增强天津高质量发展动力。

强化与环渤海地区和"一带一路"沿线内陆地区的产业对接合作，依托各地区的资源能源优势，加强在航空航天、石油化工、装备制造、口岸物流等方面的合作，推动上下游产业链和关联产业协同发展，提升区域产业配套能力和综合竞争力。利用自贸区的政策优势，提高制造业利用外资与国际合作水平，面向全球引进一批价值链高质、产业链高端的关键项目。

（五）持续优化营商环境，提升高质量发展服务水平

从政务环境、市场环境、法治环境、信用环境建设等方面持续发力，提升政府服务效能，树立"亲商""诚信""公正""文明"的理念，进一步营造办事方便、法治良好、成本竞争力强、生态宜居的国际一流营商环境，全力吸引人才和企业来津创新创业，提升天津高质量发展的服务水平。

深化"放管服"改革，转思路、转作风、提效能，推进政务服务标准化、智能化、便利化，打造全国领先的政务环境；依法平等保护各类市场主体，破除一切不平等体制机制障碍，着力打造成本竞争力强的市场环境；在法治框架内调整各类市场主体的利益关系，依法平等保护各类市场主体产权和合法权益，打造公平公正的法治环境；持续改善环境质量，筑牢生态安全屏障，塑造绿色发展"新样板"，营造宜业宜居的人文环境；完善产业政策，进一步

巩固产业基础和支撑能力，着力构建现代产业体系，打造聚集发展、动力强劲、增长活跃、绿色健康的产业环境；完善政府服务平台，为中小企业提供法律、工商、会计、税收、信息服务等一条龙的政府集成服务；继续实施"海河英才"计划，积极吸引人才特别是年轻人来津，营造良好的人才支撑环境。

参考文献：

[1] 杨雨然：《京津冀协同发展背景下天津承接北京非首都功能产业转移问题研究》，《中国经贸导刊》2018 年第 7 期。

[2] 吴振林、刘祥敏、田婧：《基于城市对比视角下天津高质量发展对策研究》，《天津经济》2020 年第 4 期。

[3] 孙虎军：《服务京津冀协同发展大局奋力推动天津高质量发展》，《求知》2020 年第 8 期。

[4] 天津市生态环境局网站：《2019 年天津市生态环境状况公报》（2020-6-3）〔2020-10-20〕，http：//sthj.tj.gov.cn/。

[5] 天津市统计局网站：《2015 年-2019 年天津统计年鉴》（2020-5-9）〔2020-10-20〕，http：//stats.tj.gov.cn/TJTJJ434/TJCP574/TJTJNJ697/。

[6] 北京市人民政府网：《京津冀协同发展》（2020-3-13）〔2020-10-26〕，http：//www.beijing.gov.cn/renwen/bjgk/jjj/ghgy/202007/t20200723_1956512.html

[7] 北京市昌平区人民政府网：《京津冀协同发展规划纲要》（2018-4-13）〔2020-10-26〕，http：//www.bjchp.gov.cn/cpqzf/315734/tzgg27/1277896/。

[8] 贾若祥、汪阳红、张燕等：《服务京津冀协同发展大局奋力推动天津高质量发展》，《中国发展观察》2020 年第 3 期。

[9] 韩文琰：《天津承接产业转移的重点选择、问题与对策》，《经济问题探索》2017 第 8 期。

天津滨海新区经济发展研究报告（2021）

庞凤梅　天津滨海综合发展研究院助理研究员

段吉闯　天津滨海综合发展研究院副研究员

摘　要： 当前，天津进入加快建设"一基地三区"和"五个现代化天津"的关键阶段，"双城"战略深入实施。滨海新区肩负国家与天津市赋予实现高质量发展的重要使命，总体呈现"四期叠加"的阶段性特征。新时期滨海新区仍处于大有可为的重要战略机遇期，完全有能力、有条件抢抓改革开放、创新转型、区域协调的新机遇，释放改革开放新红利，激发经济发展新活力。随着常态化疫情防控措施不断优化，2020 年，滨海新区经济社会秩序基本稳定，经济运行回升势头好于预期。预测 2021 年滨海新区经济将持续平稳健康运行，经济发展的质量效益将得到持续提升，产业结构将得到进一步优化，地区生产总值增长 6%以上，城乡居民人均可支配收入与 GDP 同步增长。滨海新区应统筹疫情防控和经济社会发展，认真落实京津冀协同发展等国家战略，深入实施创新引领、产业新动能引育、深化改革开放等举措，积极融入"双循环"新发展格局，不断提升宜居宜业水平，以实现滨海新区的高质量发展。

关键词： 滨海新区　经济预测　高质量发展

　　2020 年是我国全面建成小康社会的收官之年，也是"十四五"规划制定的关键之年，更是全面建设现代化国家新征程的开启之年。面对突如其来的疫情，滨海新区坚决贯彻习近平总书记关于疫情防控的一系列重要讲话和重要指示批示精神，认真落实市委、市政府决策部署，坚持"两战"并重、双战双赢，统筹推进疫情防控和经济社会发展，全力做好"六稳"工作，落实"六保"任务，大力加快生态、智慧、港产城融合的宜居宜业美丽滨海新城建设，主要经济指标逐季逐月向好，高质量发展的态势持续巩固。

一 2020年滨海新区经济运行情况①

（一）深入落实国家战略，对外开放进一步扩大

积极克服疫情影响，在危机中育先机，全面启动"云招商"，前三季度，落地内外资项目5699个，投资额5393亿元，分别增长40.6%和111.5%。深入落实京津冀协同发展国家战略，承接非首都功能疏解项目879个，协议投资额2166亿元；中关村科技园新增注册企业297家，注册资本金50.2亿元，其中引进北京企业占比五分之一。进出口保持逆势增长，增速高于全国5个百分点，高于全市3.8个百分点。

（二）持续推动产业转型升级，新旧动能加快转换

持续推动产业结构调整和转型升级，截至2020年前三季度，第三产业超过第二产业，成为第一大产业。工业战略性新兴产业占规上工业增加值的26.7%，比上年提高1.3个百分点。高技术制造业占规上工业增加值的17.2%，比上年提高2.4个百分点。高技术服务业增加值及以互联网和相关服务业为代表的现代新兴服务业占服务业增加值比重为37.6%，比上年提高0.1个百分点。新增雏鹰企业878家、瞪羚企业98家、独角兽企业2家、国家科技型中小企业2576家。

---

① 滨海新区经济运行数据均截至2020年前三季度。

（三）加快推进项目建设，固定资产投资增速逆势上扬

充分发挥投资的关键性作用，加快项目建设，新开工项目 194 个，总投资 1125 亿元；竣工项目 82 个，总投资规模 592 亿元；在建项目 614 个，总投资 6025 亿元。安排实施新基建项目 122 个，总投资 828.6 亿元。交通仓储邮政业、水电气热生产供应业增长较快，水利环境和公共设施管理业、卫生和社会工作业降幅较大。第二产业拉动全区投资增长 6 个百分点，第三产业拉动全区投资 2 个百分点，为投资增长的主要动力。

（四）持续深化改革创新，营商环境进一步优化

落实国家和市级支持滨海新区高质量发展的意见，更好地发挥新区改革开放主力军作用。天津出口加工区整合优化为天津泰达综合保税区，东疆保税港区、天津保税物流园区升级为综合保税区。自贸区法定机构改革落地。自由贸易（FT）账户政策加快推广应用，截至 2020 年前三季度，累计为 562 家企业办理 FT 账户业务 594.9 亿元。创新跨境电商模式，完成跨境电商 B2B 出口全模式业务试单，跨境电商进出口申报订单分别增长 9.3% 和 3.7%。深入推进"一制三化"改革，"一企一证"综合改革扩大至 46 个行业，首创信用承诺审批分级管理、最简告知承诺审批。制定"飞地"招商政策，出台街镇税收分成等一系列促进街镇发展的政策，推行了"三考合一"改革。

（五）加快完善城市功能，生态宜居水平大幅提升

聚焦建设生态、智慧、港产城融合的宜居宜业美丽滨海新城，城市品质功能进一步提升，入选全国文明城区。聚焦绿色滨海建设，加大园林绿化精细化养管，建成区绿化覆盖率达到 38.5%，建成区绿地率 37.3%，人均公园绿地面积 12.8 平方米。持续治理大气环境，PM2.5 浓度 53 微克每立方米，下降 5.4%。坚持陆海统筹，推动渤海污染治理。天津港绿色港口建设稳步推进，自有船舶低硫油使用率、岸电使用率达到 100%，海铁联运增长 36.5%。持续推进中新天津生态城临海新城、东疆东部沿海岸线修复工程。中新天津生态

城生态城市 2.0 版指标体系获住建部正式批复。聚焦智慧滨海建设，围绕惠民、兴业、善政，完善智慧城市顶层设计，系统集成"端边网云"体系，加强智能科技在城市建设中的创新应用。新建改造 5G 基站 1477 个，实现核心区全覆盖。聚焦宜居宜业滨海建设，坚持"人民城市人民建、人民城市为人民"，轨道交通滨铁 2 号线投资进度加快，滨铁 1 号线 6 座站点主体封顶。

（六）着力加强民生保障，基本公共服务更加完善

深入落实稳就业各项举措，新增就业登记 14.3 万人，城镇登记失业率 3.5%。推动 20 项民心工程，民政项目加快推进，10 余个社区老年日间照料服务中心新建项目按进度推进；教育配套亮点突出，实验中学海港城学校、南部新城塘沽湾上海道分校等建设加快推进，茉莉亚音乐学院、欣嘉园第二小学完成竣工联合验收，于家堡第一幼儿园顺利完工；卫生信息化和基础设施建设持续改善，"滨海新区家庭医生疫情防控应急移动服务平台"提供在线服务近 300 万人次，被国家卫健委点名表扬推广，响螺湾医院改造竣工验收，天津医大总医院滨海医院具备搬迁条件。制定高质量发展意见，瞄准补齐"教育、卫生、文化"三个短板，引入全市和北京更多优质资源，打造教育医疗文化高地。

二　2021 年滨海新区经济运行预测

（一）发展形势分析

1.发展环境

2021 年，是"十四五"规划的开局之年，更是滨海新区落实"双城"发展格局，推进"二次创业"，全面提升城市功能，加快建设生态、智慧、港产城融合的宜居宜业美丽滨海新城的攻坚之年。随着全球新冠肺炎疫情的持续蔓延，滨海新区发展的外部环境和内部条件将发生复杂而深刻的重大变化，不确定性更大，风险挑战更多，但总体上滨海新区仍处于重要战略机遇期。

新一轮科技革命和产业变革加速，科技革命呈现多点突破、交叉汇聚的态势，世界科技竞争和产业竞争格局面临深刻变化。面对百年未有的大变局，我国仍将是推动全球经济增长的重要力量，并将成为全球治理体系和经贸规则变革的重要参与者、贡献者。

从国内看，我国正处于转变发展方式、优化经济结构、转变增长动力的关键时期，将形成以国内大循环为主体、国内国际双循环相互促进新发展格局。加快构建以 5G、大数据、人工智能等为重点的新基建领域投资，以内需为主要驱动的"大国模型"。提升全面开放的层次，加快从商品和要素流动型开放转向制度型开放，促进国内外市场规则统一融合，更为积极主动地融入世界经济体系。优化"中心城市—都市圈—城市群"的区域协同发展格局，经济要素加快向中心城市、城市群流动，中心城市和城市群正在成为承载发展要素的主要空间载体。扩大开放倒逼深化改革，降低制度性成本，释放改革新的发展红利，为实现高质量发展创造有利的制度环境和条件。

从全市看，天津进入加快建设"一基地三区"和"五个现代化天津"的关键阶段，"双城"战略深入实施，城市竞争力不断增强。更加聚焦京津冀协同发展，深化与京冀全方位对接合作，建设世界一流港口，打造京津冀对外开放门户。更加聚焦新动能引育，紧抓新旧动能转换的历史性窗口期，增强内生发展动力。更加聚焦主动开放、自主开放，进一步加大改革开放创新的力度、深度和广度。更加聚焦绿色发展，着力改善大气、水、土壤等环境质量，协同推进经济发展和生态环境治理。更加聚焦公共服务和社会治理，切实提高人民群众的获得感幸福感安全感。

2.阶段特征

综合分析国内外发展环境，2021 年及未来一段时期，是滨海新城建设的关键期，改革开放的攻坚期，新旧动能转换的加速期，资源要素趋紧的转折期，总体呈现"四期叠加"的阶段性特征。

一是滨海新城建设的关键期。新区需要牢固树立经营城市的理念，加快由"园区"向"城市"转型，坚持一张蓝图绘到底，推动城市建设与产业发展、土地综合利用、社会事业发展统筹联动。坚持精致建设，完善交通等城市服务功能，提升城市品质。坚持精细管理，聚焦补短板、强弱项，加大教育、医疗等民生投入，下大力量解决群众身边的痛点、难点问题，让人民群众生活的获得感更多、幸福感更强。

二是改革开放的攻坚期。面对国内外复杂多变的发展环境，加快改革开放已经成为新区应对各种风险挑战的制胜之举。新区需要通过"二次创业"，继续发挥"排头兵"的作用，以更大力度、更实举措推动国资国企、政务服务、社会信用等领域改革，通过深化改革推进结构调整，不断释放改革红利。围绕国家重大战略，拓宽开放领域，深入推进全方位开放，在全球产业重构的大趋势下抢占先机。

三是新旧动能转换的加速期。新区经济增长动力将由投资驱动向创新驱动转变，石油化工、粮油轻纺、装备制造等传统优势产业加快向智能化、数字化转型，不断焕发生机活力。人工智能、生物医药、航空航天、新能源新材料等新兴产业正成为产业增长的新引擎。新区必须强化新动能引育，注重传统产业转型升级和新兴产业培育壮大并举，先进制造业和现代服务业"双轮驱动"，打造高端高质高新的现代产业体系。

四是资源要素趋紧的转折期。随着开发开放的深入推进，新区经济增长的要素成本不断增加，供给存在瓶颈，亟须突破。常住人口增速缓慢，人口老龄化趋势明显；地方金融监管与风险防控体系难度不断增加，社会资本不活跃；建成区面积以及开发强度增长幅度逐年扩大，可用建设用地面积逐年减少；水资源供给偏紧，水环境质量破解难度大；天然气储气能力需要提升，资源承载能力较弱。新区要坚持绿水青山就是金山银山的理念，转变发展方式、优化经济结构，以最小的资源消耗获取最大的发展效益。

新时期新区仍处于大有可为的重要战略机遇期，完全有能力、有条件抢抓改革开放、创新转型、区域协调的新机遇，释放改革开放新红利，激发经济发展新活力，实现更高质量发展，在新起点上开创经济社会发展新局面。

（二）2021年主要经济指标预测

总的来看，随着常态化疫情防控措施不断优化，滨海新区经济社会秩序基本稳定，经济运行回升势头好于预期。在看到积极变化的同时，我们也要看到新区经济持续健康发展也面临着传统支柱产业拉低工业增速、消费增长乏力、产业链供应链稳定面临诸多风险，企业经营面临诸多困难，就业民生保障也面临较大压力，需要下大气力加以解决。

在日前发布的《2020 年亚洲发展展望》中，亚行对中国经济给出乐观预测，认为中国会成为东亚地区少数几个成功摆脱经济低迷的经济体之一，预计 2021 年 GDP 增速 7.7%；在《世界经济展望》中，国际货币基金组织称，2021 年中国经济从急剧收缩中快速反弹，GDP 将回升至 8.2% 左右。

根据世界银行、亚行对中国的经济预测，结合天津经济发展的预测等，随着新动能引育的加速推进，综合研判滨海新区 2021 年的发展，初步预测发展目标如下：地区生产总值增长 6.5% 以上；规模以上工业总产值增长 7%；一般公共预算收入增长 7%；固定资产投资增长 8%；实际利用外资增长 6%；实际利用内资增长 8%；城乡居民人均可支配收入与 GDP 同步增长；节能减排指标完成天津市下达的任务。

三　推进滨海新区高质量发展的对策建议

总的来看，随着常态化疫情防控措施不断优化，滨海新区经济社会秩序基本稳定，经济运行回升势头好于预期。在看到积极变化的同时，也要看到当前新冠肺炎疫情仍在全球蔓延，外部环境的复杂性和严峻性在上升，经济持续回升的基础尚不牢固，对推进滨海新区 2021 年高质量发展提出如下对策建议。

（一）健全常态化疫情防控机制，统筹疫情防控和经济社会发展

要切实落实好"外防输入，内防反弹"的防控策略，抓紧抓实抓细各项防控举措。密切关注石油化工、汽车制造、电子信息等重点行业，紧盯重点企业，及时解决企业问题。常态化撮合供需对接活动，提高企业产能利用率。融合"132"工作专班服务机制和"双万双服促发展活动"，及时帮助企业协

调解决生产发展中遇到的问题，保证产业链供应链稳定。

（二）落实京津冀协同发展等国家战略，参与世界级城市群打造

落实京津冀协同发展等国家战略，自觉肩负在重大国家战略中内陆腹地出海口、外向型经济新平台、创新发展新引擎的使命担当、责任担当，明确由承接资源向承接功能转变的大方向，有选择、有错位地承接符合新区发展定位的功能、产业和项目，建设一批小而精、小而专的"微中心"，推动先进制造、总部经济、科研机构、高等院校、医疗机构、金融机构等优质资源集聚，打造服务京津冀协同发展示范区。推动北京非首都功能承接清单化、项目化，高水平推进承接平台建设：加快滨海中关村科技园建设，完善与中关村联席会议制度和管理架构，打造类中关村创新创业生态系统。借助辐射三北、联通欧亚、背靠京津冀、面向太平洋的区位优势和自贸试验区对外经贸合作优势，加快建设中欧、中意产业园和中埃·泰达苏伊士经贸合作区等国际合作平台，打造服务"一带一路"桥头堡。

（三）深入实施创新引领，打造创新驱动发展先导区

发挥国家自主创新示范区等创新资源优势，面向世界科技前沿、经济发展主战场、国家重大需求、人民生命健康等领域，坚持创新立区推动核心技术的攻坚，夯实基础研究，切实提高关键核心技术创新能力。全面提升滨海—中关村科技园、京津冀科研成果转化中心、新经济创新、军民融合创新等四大国家级创新平台的功能，加快国内和国际高端创新要素的集聚，努力打造自主创新的重要源头和原始创新策源地。积极创造有利于新技术快速大规模应用和迭代升级的发展环境和应用场景，加快科技成果向现实生产力转化。强化企业创新的主体地位，以高新技术企业和"独角兽"企业为创新示范主体，培育企业成为创新要素集成、科技成果转化的生力军，加快构建具有梯度特征的创新主体培育机制，释放企业创新活力。树立"人才是第一资源"的理念，建立开放包容的引才、育才、留才、用才政策，构建多层次人才引育体系，加快多层次人才引进，建设人才特区。

（四）加快产业新动能引育，构建现代化产业体系

坚持制造强区，以引育新动能为抓手，明确各开发区主导产业，优化产业布局，打造北方声谷、信创谷、细胞谷等一批有灵魂、有主题的产业园区。深入贯彻落实国家和天津支持滨海新区高质量发展的政策举措，努力构建以智能科技为引领，生物医药、新能源、新材料等新兴产业为重点，航空航天、装备制造、石油化工、汽车工业等优势产业为支撑的"1+3+4"的产业体系。在此过程中，一要注重"转"，传统优势产业往新动能转，比如石油化工向精细化工、新材料转，汽车产业往新能源、智能化、网联化、平台化转，装备制造业往高端装备、智能装备转等。二要注重"引"，聚焦"1+3+4"产业体系，发挥好两个1000亿元的产业发展基金和专项资金作用，在智能科技产业上持续发力，在生物医药、新能源、新材料三大新兴产业上用心聚力，引资引才引技引智并重，推动产业链由中低端向中高端攀升。三要注重"育"，开展"保苗育种"工程、"领军企业培育工程"，加快推进"雏鹰—瞪羚—领军"企业梯度培育体系，推动"小升规""规升巨""巨股改"。

（五）着力扩大消费投资需求，积极融入"双循环"新发展格局

创新供给带动多元化消费需求，积极融入以国内大循环为主体、国内国际双循环相互促进的新发展格局，下大力提升开放层次，更好利用国际国内两个市场、两种资源，通过外资企业积极带动国外配套资源引进、落地、本地化发展。树牢"项目为王"理念，重点聚焦产业链、供应链抓招商，着力在引进产业链关键环节、核心企业和上下游配套企业上实现突破。持续开展"购滨海促消费"系列活动。加快落实天津市促进汽车消费若干措施。抢抓国家战略调整机遇期，推动新基建发展，以大数据、工业互联网、5G项目建设为重要切入点、着力点，创新思路招法，加快项目谋划建设，积极争取中央预算内资金、专项债券等国家专项支持，以高质量项目建设带动投资持续增长。

（六）不断深化改革开放，构建一流营商环境

坚持改革活区、开放兴区，不断做强"新区效率"、做优"新区服务"、做精"新区标准"，打造全国一流、世界前列的国际化、法制化、便利化、市场化的营商环境。坚持国际视野，树立国际标准，对标对表世界银行营商环境 10 大评价标准和国家发改委细化的 20 项指标体系，建立与国际接轨的营商规则。以实施民法典为契机，强化契约精神，坚持依法依规办事，打造诚信滨海，成为全市的样板。不断深化改革，继续简政放权，持续深化"一制三化"改革，坚持承诺制、备案制，实现线上全能办、全区都能办，最大限度地方便企业和老百姓。围绕企业签约落地、开工建设、投产运营，全链条分析企业产生的成本，进一步压缩空间，降低能源成本、税费成本、融资成本、土地成本等为企业减负，打造竞争力强的成本环境。做深做优做实法定机构改革，建立健全员额管理、社会保险、监督考核等一系列配套政策。加快推进国有企业混合所有制改革，深化人才体制改革。持续扩大开放，围绕建设世界一流智慧港口、绿色港口建设，推进"物流+交易""物流+结算"，把港口物流优势转化为落地发展成果，推进北方国际航运核心区建设。依托自贸试验区制度创新，瞄准自贸港目标，打造对外开放新高地。

（七）持续加强污染防治，提升宜居宜业水平

突出"绿色决定生死、关乎未来"的生态理念，充分发挥新区海、河、湖、湿地生态资源优势，不断提升蓝绿空间占比，持续调整产业、布局、能源、交通运输结构，实施水系联通工程，实现人与自然和谐共生，打造滨海新区精美环境。发展绿色产业和绿色企业，提高废旧资源再生利用率，推动绿色低碳循环发展。加强细颗粒物和臭氧协同控制，基本消除重污染天气，推动大气环境质量实现显著改善。统筹陆源污染防治与海洋生态环境保护修复，加强水系生态保护与修复，建立湿地长效保护机制，提升生态系统质量和稳定性。

（八）加大优质公共服务供给，持续补齐民生领域短板

积极应对人口老龄化带来的社会问题，加快建设以居家为基础、社区为依托、机构为补充、医养相结合的养老服务体系。以 20 项民心工程为抓手，持续加力，推动居家养老社区和新建社区老年日间照料服务中心工程建设，逐步增加养老床位及日间照料中心。推动教育高质量发展，统筹推进教育补短板，加快实现学前教育优质普惠、义务教育优质均衡、高中教育优质特色、高等教育内涵发展。进一步深化医药卫生体制改革，逐步建成与滨海新区经济社会发展相匹配的现代卫生与健康服务体系。抓好卫生基础设施建设，加大医疗卫生资源供给，建立多层次医疗卫生服务体系，推进公共卫生促进工程，加强中医医疗服务体系建设。

参考文献：

[1] 习近平：《在经济社会领域专家座谈会上的讲话》，2020 年。

[2] 黄佳金、谷金：《全球城市制造业发展经验及对上海的启示》,《科学发展》2020 年 10 期。

[3] 陈昌盛、许伟、兰宗敏等：《"十四五"时期我国发展内外部环境研究》,《管理世界》2020 年 10 期。

[4] 丁文珺：《消费结构变迁下"十四五"时期我国产业高质量发展战略研究》,《当代经济管理》2020 年 9 月。

[5] 董志强、魏下海、汤灿晴：《制度软环境与经济发展——基于 30 个大城市营商环境的经验研究》,《管理世界》2012 年 04 期。

[6] 王叶军、母爱英：《产业协同集聚对城市科技创新的提升效应——基于多维度的实证研究》,《河北经贸大学学报》2020 年 05 期。

天津科技创新发展研究报告（2021）

李小芬　天津市科学技术发展战略研究院高级工程师

马虎兆　天津市科学技术发展战略研究院研究员

摘　要： 科技创新作为区域经济转型和发展新动能的主引擎，是推动高质量发展的核心驱动力。当今世界正处于百年未有之大变局，世界新一轮科技革命和产业变革深入发展，我国进入高质量发展阶段，区域创新格局正在加速重塑，京津冀协同发展深入推进，给天津市加快科技创新带来发展机遇，但也面临一些挑战和困难。为加快打造我国自主创新重要源头和原始创新主要策源地，研究提出了坚持改革引领、系统提升、原创带动、开放协同的发展思路，持续增强天津市科技创新能力。

关键词： 区域创新　天津　科技创新

一　科技创新发展态势与进展

2020 年是圆满收官"十三五"规划、描绘展望"十四五"的承上启下之年，从国家到各地方全面启动了对科技创新"十三五"发展进行评估和对"十四五"发展科学谋划的相关工作。2020 年 11 月 3 日，《中共中央关于制定国民经济和社会发展第十四个五年规划和二〇三五年远景目标的建议》发布，提出坚持创新在我国现代化建设全局中的核心地位，把科技自立自强作为国家发展的战略支撑，面向世界科技前沿、面向经济主战场、面向国家重大需求、面向人民生命健康，深入实施科教兴国战略、人才强国战略、创新驱动发展战略，完善国家创新体系，加快建设科技强国。

（一）区域科技创新发展态势分析

当前，以数字经济为代表的新经济发展正在加速重塑区域创新格局。创新资源要素加速向创新生态优势区域集聚，创新要素空间集聚性更加明显。长三角、珠三角等地区创新领先优势不断增强，北京、上海、广州、深圳、合肥等已建或争建国家综合科学中心，一批省会级城市科技资源聚集能力后发优势显现。

1.科技创新成为区域经济转型发展的主要驱动力

新时期经济发展的基本趋势是，从各地区齐上齐下的景气同步到景气交叉，包括区域间经济景气分化、产业间景气交叉分化、企业分化是长周期中国经济新常态下的新趋势。在经济转型发展中，景气度较高的区域均为依靠科技创新推进转型早的地区，如浙江杭州、广东深圳等城市在新世纪初期即开始初步转型，其显著特点是：改革开放力度大，对科技的投资强度大，结果是数字经济等新经济发展快，新动能形成快。

2.科技创新要素尤其是高端要素空间集聚性明显

科技创新要素的空间集聚性及其效应是科技创新要素空间流动配置的重要规律性特点。专利产出高度集中在少数城市，这是科技创新的基本规律。由于科技创新要素和科技创新活动在地理空间分布上具有聚集性，并带来集聚效应，即带来交流的方便和效率的提高，因此这种集聚具有"马太效应"。从创新要素的区域集中度看，R&D经费支出全国排名前十的广东、江苏、山东、北京、浙江、上海、湖北等省市合计占全国的比例超过70%，发明专利授权量全国排名前十的北京、广东、江苏、浙江、上海、山东、安徽等省市合计占全国的比例约为3/4。最新一轮的两院院士评选中，北京地区新增59人，占比42.5%；长三角三省一市新增33人，占比23.7%；武汉8人；以上三省三市合计占比达到72%。

3.科技创新呈现回归都市中心区的趋势，人才成为发展关键

在新一轮科技革命和产业变革中，城市未来的空间特征变化必然受到信

息化智能化的深刻影响，一些已现端倪的引领性趋势包括：在产业价值链体系中，科技创新和文化内容创造的引领动力作用正越来越强；产业组织结构逐步向产业链跨界网络化、产业组织平台化、产业集聚生态化等模式演进；产业发展的核心要素开始由资本转向人才，创新创业人才成为发展的关键，业随人走、业以才兴的现象日益明显。伦敦硅环岛、深圳湾地区、北京大学清华大学周边等都市中心科创集聚地带的快速崛起和持续兴旺，正深刻改变着大都市内部的动力结构和空间功能格局，创新街区、都市型或楼宇型科技园区正在大城市特别是中心区崛起。

4.创新生态成为区域创新效率提升的关键

区域创新体系及创新生态强调企业、高校、科研机构等创新主体在创新系统中的不同定位与特点，强调以企业为核心的创新网络连接、创新主体之间的内部互动；强调大型企业的创新平台作用及其在产业创新生态中的组织作用；强调各类创新主体的共生性、依赖性、集群性，强调主体深度融合、跨界认同、创新实现的有效性。在不同尺度区域形成有密度、有高度、有浓度、有社会支持度的"四度"创新生态环境，才能提高创新效率，才能有更多的交流碰撞并产生创新的"化学反应"，更加有效地用好、用活创新人才，营造更好的成果转化生态与创新创业氛围。

5.产业共同体成为新兴产业发展重要的组织方式

在产业组织上，新兴产业与传统实体经济融合演进，各长所长，相互赋能，形成从产业集聚、产业集群到"产业共同体"演化趋势，产业整体效率不断提升。总之，产业共同体从本地区的优势垂直产业出发，从产业整体上去发现改善总结产业链低效部分，通过虚拟互联网平台，实现全国乃至全球的垂直产业链高效运转，这种产业组织方式本质上是产业创新。

（二）天津市科技创新进展评估

2020年，天津市持续深入实施创新驱动发展战略，加快建设创新发展的现代化天津，科技创新对经济社会发展的引领支撑作用进一步凸显，创新型城市建设取得新进展。

1.天津综合科技创新能力保持全国前列

世界知识产权组织发布的《全球创新指数报告2020》显示，天津位列"全球创新集群百强榜"第56名；《自然》杂志发布的"2020自然指数—科研城市"显示，天津进入全球科研城市50强，位列第24名。科技部最新发布的《中国区域科技创新评价报告》显示，天津综合科技创新水平指数继续保持全国第三位，处于全国第一方阵；全社会研究与试验发展（R&D）经费支出为462.97亿元，全市R&D经费占GDP的比重为3.28%，位于北京、上海之后，排名全国第三位；R&D人员结构持续优化，博士、硕士人员合计占全社会R&D人员比重为28.6%，比上年提高6.3个百分点。

2.在国家创新体系新布局中取得新突破

近年来，面向制造2025目标和世界科技强国目标，国家层面不断推动国家重大科研基础设施、技术创新中心、制造业创新中心等新型创新基础设施或机构建设。对应于国家创新平台体系，我市目前已经在大科学装置和科学研究基础设施领域取得突破，国家大型地震工程模拟研究设施加快建设，由中科院工业生物技术研究院牵头组建的国家合成生物技术创新中心是天津市首个获批的国家技术创新中心。建设肿瘤、血液系统疾病、中医针灸3个国家临床医学研究中心，总数位居全国第三。

3.科技创新体系建设由量的增长转向质的提升

近年来，天津市围绕基础研究、应用开发、成果转化、产业发展等建设各类创新创业平台载体，初步形成了覆盖全面的科技创新体系。截至2020年第三季度，全市共拥有化学工程与技术、光学工程、仪器科学与技术、材料科学与工程等25个国家级重点学科；5所高校跻身"双一流"建设，"双一流"学科数量位居全国第七；拥有国家重点实验室13家、国家部委级重点实验室48家，国家级工程技术研究中心12家，国家级企业技术中心64家，汇聚国家级院所和新型研发机构超过170家。从平台建设看，天津市科技创新体系布局正在由追求数量的增长向追求资源聚集更强、辐射影响更大的重大创新平台进行转变，市级产业技术研究院发展为15家，组建了合成生物、新药临床研究、智能安防、锂离子电池等一批市级综合性技术创新中心。

4.科技型企业发展迈入 3.0 版新阶段

落实"津八条""民营经济十九条"，启动实施创新型企业领军计划，坚持企业创新主体地位，启动实施创新型企业领军计划，科技型企业发展迈入 3.0 版新阶段。实施"创新型企业" 3.0，"国字号"高新技术企业和科技型中小企业数量均超过 6000 家，科技领军（培育）企业达到 170 家，科技型企业境内上市数达 39 家，科技部报告显示，天津市高新技术产业化水平指数连续多年位居全国前三，科技创新成为推动产业发展的重要引擎。

5.创新型产业集群

滨海高新区形成国内最完整的自主可控信息产业链，东丽区和西青区智能网联车产业链初步形成，滨海高新区、经济开发区以及北辰开发区、西青开发区、武清开发区 5 个生物医药产业园区进入科技部评选的综合竞争力 50 强，多个领域的产业竞争优势日益显著。

6.京津冀协同创新共同体发展进入新阶段

一是京津冀创新合作项目持续增加，中国核工业大学、中铁总公司数据中心等一批项目在津落地，与清华大学、北京大学、中科院等的合作不断深化，带动天津建设了一批高水平新型研发机构。二是园区创新共同体取得显著进展，天津滨海中关村科技园承接了百度创新中心、京东云创空间等一批优质项目，宝坻京津中关村科技城、武清京津产业新城等新的合作载体加快形成，成为京津冀创新合作基地。三是政策协同推动资源共享。在《京津冀科技创新券合作协议》《共同推动京津冀基础研究合作框架协议》、大型科学仪器设备共享等举措的推动下，基础研究和关键技术协同攻关力度加大，科技资源互联互通和跨区域共享使用更加顺畅。在国家批复京津冀三省市共同推动的 18 项改革举措中，知识产权运营公共服务平台、高新技术企业认定、药品上市许可持有人制度试点等举措取得积极成效，并列入 100 个全面创新改革案例。

二 天津科技创新发展面临的主要问题

当前，天津新动能培育的接续存在断档，生态环保形势依然严峻，人口老龄化问题日益凸显，经济社会转型发展对创新驱动的需求非常紧迫。但是，天津市科技创新能力与高质量发展要求还不相适应，与天津的发展定位、国内先进省市等相比还存在一些差距。

（一）重大科技战略平台建设不足

在国内区域创新发展的新格局中，粤港澳大湾区、长江经济带等创新板块加速发展，北京、武汉、合肥、青岛、兰州、沈阳等地纷纷布局国家实验室，北京、上海、合肥、深圳纷纷获批建设国家科学中心，布局建设了一批"大国重器"，在生命科学、量子通信、人工智能与制造等多个新兴和前沿领域打造世界级国家重大科技基础设施群，反观天津市承揽国家重大科技基础设施建设能力明显不足。

（二）创新创业整体活力不足

缺少北京中关村互联网、上海张江集成电路、武汉光电子产业等发展快、带动强的"新经济名片"，创业密度（每千人拥有企业户数）约为深圳的 1/5，市场主体数量与北京、上海的差距较大，企业主体占市场主体的比重远低于上海的 78.4%、北京的 76.9%。具有影响力的千亿级、百亿级以上规模的产业领域不多，新兴产业发展尚未形成规模。2019 年世界 500 强企业，我国入围129 家，天津市没有入选企业。《2019 中国双创金融指数报告》显示，天津市综合排名第 11 位，金融对产业发展活力的支撑不够。

（三）科教资源优势作用发挥不够

天津市国家级优势学科，"双一流"学科偏向于化学化工、机械制造等领域，与天津市重点要发展的人工智能、生物医药、新能源新材料等产业布局不够匹配，大学科研成果溢出效应不足，没有发展形成类似"武汉光谷"这样依托高校院所在光电科技领域的科研优势而打造出的产业优势。高校、科研院所、企业等各类主体的创新策源能力不足，与先进地区比，天津市在创新密度、创新浓度等方面存在较大差距。

贯彻落实新发展理念需要科技创新强有力的支撑。要把新发展理念作为核心理念贯彻整个科技创新全链条、全体系、全布局。科技部提出，创新型国家建设不仅体现在科技发展水平上，更在落实新发展理念、为解决不平衡不充分问题提供支撑，推动科技创新与民生需求、国家战略结合。天津市科技创新发展，需要深入贯彻落实习近平总书记对天津工作"三个着力"重要要求和天津"一基地三区"的功能定位，走出一条以科技创新为引领的高质量发展之路，充分发挥科技创新对"五个现代化"天津建设的全面支撑作用。

三　加快打造我国自主创新重要源头和原始创新主要策源地的几点思考

坚持以习近平新时代中国特色社会主义思想为指导，深入贯彻落实新发展理念和习近平总书记关于科技创新的重要论述精神，抢抓京津冀协同发展重大机遇，坚持"四个面向"，坚定不移实施创新驱动发展战略，进一步加强科技创新对高质量发展的支撑引领作用，推动打造我国自主创新的重要源头和原始创新的主要策源地。

（一）发展思路

根据科技创新发展的趋势，针对天津市科技创新存在的突出问题和发展需求，需要加快推动天津市科技创新实现"结构型调整、体系化布局、原创性驱动、开放式创新"，加快建设更加开放、更高水平的创新型城市，进而打造我国自主创新重要源头和原始创新主要策源地。

1.坚持改革引领，有效激发创新活力和动力

深化科技体制机制改革，既有集中力量办大事的优势，又有市场决定性

配置创新资源的优势，强化技术创新的市场导向机制，破除科技与经济深度融合的体制机制障碍，激励原创突破和成果转化，加快建立引领型、治理型科技体制机制，完善科技创新治理体系，提升总体治理效能。

2.坚持系统提升，有效增强创新体系的系统能力

打造天津特色的创新生态系统，提升系统能级，培育一流的企业、一流的大学和学科、一流的科研院所、一流的新型研发机构。强化政产学研金介用的融通、大中小企业的融通，促进深度融合的区域创新网络联系。培育"创新友好"的市场环境、政策环境、服务环境、文化环境，形成大众创业、万众创新的良好局面，促进新产品、新技术、新模式、新业态的竞相涌现。实施重大创新工程，强化以重大产品和新兴产业为中心的集成创新、链式创新，推动天津市科技创新由点上突破向系统突破转变，向系统化布局、集群式突破转变。

3.坚持原创带动，有效增强科技创新驱动力

高度重视原始创新对于形成自主创新能力的基础性、关键性作用，加强基础科学、特别是技术科学研究部署，应用开发和知识创新并重，积极抢占前沿技术制高点。重点聚焦人工智能、生物医药、新能源新材料等领域，大力引育新动能，抢抓新一轮科技革命和产业变革带来的发展机遇，全力打造"天津智港"，全面支撑引领经济社会高质量发展。

4.坚持开放协同，有效利用国内外科技创新资源

坚持对内开放与对外开放相结合，推动科技合作由政府为主向政府与创新主体共同推动，由浅层次合作向深层次合作转变，共同打造京津冀原创新兴产业共同策源地、高水平产业共同体与创新共同体；与"一带一路"沿线重点国家共建科技合作新机制、新平台、新园区，打造"一带一路"协同创新共同体，成为全球创新网络中的重要节点。

（二）重点举措

当前天津正处于爬坡过坎、负重前行的关键阶段，必须要有紧紧依靠科技创新实现高质量发展的战略定力，加强科技创新的顶层设计和战略谋划，

坚定不移实施创新驱动发展战略。

1.强化科技创新体系布局

坚持系统化思维，强化改革、发展、开放统筹部署，强化原始创新对自主创新能力的基础性、关键性作用，强化产业链、创新链、资金链、人才链、服务链、政策链的深度融合，强化目标设计、任务部署、力量组织、资源配置的协同匹配，强化科技创新政策制度、实施、监督、评估的闭环管理，强化"科学研究层—应用研究层—功能平台层—创新集群层"创新体系的重新布局，强化以培育新兴产业为重点的集成创新、链式创新，增强科技创新的整体性、系统性和协同性，推动全市科技创新由点的突破向系统突破转变，争取在科技强国建设中扮演"排头兵"角色，成为创新型国家的重要支点。

2.全力打造重大科技战略平台

一是全力打造具备承接国家战略任务能力的重大科研设施。按照"一设施一政策"原则，支持推动大型地震工程模拟研究设施、新一代超级计算机尽快形成承接国家重大任务能力，争取布局建设合成生物学国家重大科技基础设施；发挥重大科研设施"筑巢引凤"作用，积极吸引国家科技重大项目、国内外顶尖创新人才落地天津，力争在战略必争领域取得一批突破性成果。二是加快建设面向科技前沿的原始创新平台。高水平建设省部共建组分中药国家重点实验室、国家应用数学中心、天津交叉创新中心等平台，积极申报合成生物、新能源转化与存储、功能晶体等国家重点实验室、高级别（P3）生物安全实验室和滨海地球关键带国家野外科学观测研究站等一批国家级科技创新平台，对标国家实验室谋划建设天津市实验室（海河实验室）。三是加快建设面向产业需求的技术创新平台，以智能科技、生物医药、新能源、新材料等领域为重点，加快建设国家合成生物技术创新中心，积极谋划智能金融技术创新中心、区块链技术创新中心等技术创新中心，推进国家曙光先进计算机产业创新中心、基础软件国家级制造业创新中心等建设。

3.着力提升主体创新能力

一是深入实施创新型企业领军计划。大力培育国家高新技术企业，按照"保存量、促增量、育幼苗、引优苗、建生态"思路，引导人才、服务、政策、资本向高企聚集；大力推动高成长企业梯度培育，完善"雏鹰—瞪羚—领军"梯度培育机制，加强"独角兽企业"的培养，在应用场景、数据支持等方面分级分类加强精准支持。二是积极发挥高校院所的创新资源优势。借鉴北京海淀、武汉光谷、上海杨浦等的发展经验，发挥南开大学、天津大学等各类高校，各类驻津、市属科研院所，以及产业技术研究院等新型研发机构的作用，在高校院所周边建设一批科研成果转化孵化和产业化基地。三是依托领军企业建设一批企业创新创业基地。借鉴青岛海尔海创汇、威海威高等领军企业发展经验，充分发挥我市国企、央企、行业领军企业的创新创业带动作用，开展创新带动创业、创业带动转型升级活动。依托企业内外部资本资源、技术资源、人才资源和市场资源，搭建技术驱动、资本驱动、人才驱动、垂直和水平产业链驱动的多层次众创平台。

4.培育打造创新型产业集群

一是优化产业组织模式，打造双创、金融、互联网融合带动的产业共同体。大力发展产业双创，依托产业创新平台、产业创新战略联盟、产业创新生态、产业创新共同体等加快产业孵育；大力发展产业互联网，引领培育新产业、带动传统产业升级改造；大力发展产业金融，为经济转型升级、新兴产业发展、新技术的应用等提供金融血脉。二是开放创新应用场景。加快人工智能、车联网、区块链等应用场景建设。加快国家人工智能创新发展试验区建设，在智能制造、智慧港口、智慧城市等方面打造天津样板，建设生态城、天津港等重点功能区，依托产业园区、科技园区建设重要创新成果的特色示范性场景。以人工智能"七链"等为抓手，鼓励大中小企业结成应用场景"联合体"，推进产业链上下游互为应用场景、互为供求协同发展，加强多层次间的技术和产品兼容适配工作，促进产业链节点之间的技术互动、协同发展，形成整系统应用、全链条发展。三是打造一批产业创新集聚区。建设开发区生物医药创新集群、绿色能源研发制造产业、智能网联汽车产业集群、氢能特色小镇、滨海新区"细胞谷"等一批在全国具有影响力的产业集群。

5.强化京津冀协同与开放创新

共同建设京津冀创新带廊，支撑建设以首都为核心的世界级城市群。打造一批新兴产业创新发展极，提升创新极创新浓度和密度，实现科技创新集聚发展新突破，打造要素集聚度高、创新服务效率高、创新气场强大的产业创新中心重要承载区。促进国家与天津市科技资源融通联动和优势叠加，加强与国家部委的合作，加强京津两地人员交流挂职、加强与部属机构合作共建等，围绕重大科技基础设施、重大科技项目、新型研发机构建设等争取更多资源落户天津。

参考文献：

[1] 傅晓岚：《无形资产贸易与全球价值链视角的国际贸易平衡分析》，《经济导刊》2018年第 8 期。

[2] 许佳琪、梁滨、刘承良、杜德斌：《中美城际科技创新合作网络的空间演化》，《世界地理研究》2019 年第 4 期。

[3] 李万：《打造人工智能高地，上海可以发挥哪些优势》，《解放日报》2017 年 9 月 18 日。

[4] 《2020 年天津市科技工作报告》，天津市科学技术局官网，2020 年 5 月 11 日。

[5] 《2019 年全社会 R&D 经费投入强度排名，天津位列全国第三》，学习强国天津平台，2020 年 10 月 20 日。

天津绿色经济发展研究报告（2021）

刘俊利　天津社会科学院资源环境与生态研究所助理研究员

屠凤娜　天津社会科学院资源环境与生态研究所副研究员

摘　要： 为推动经济高质量发展，天津市在"五位一体"总体布局及绿色发展的战略指引下，基于自身发展特点积极推进供给侧结构性改革，通过转变经济发展方式，优化提升经济结构，逐渐构筑起促进绿色发展的产业体系、生态体系和政策体系。在推进改革过程中，天津面临着经济发展弹性与韧性不足、产业体系大而不绿、创新能力平而不强、经济效率提升缓慢等挑战。为进一步推动天津经济的现代化、绿色化、开放化发展，未来应着力构建国内国际"双循环"的产业格局，以增量添绿、存量变绿为方向提升产业体系绿色度，以聚才引智、实施创新驱动为手段提升地区竞争力，以效率提升及底色增绿引领经济的高质量发展。

关键词： 绿色经济　产业结构　科技创新　经济效率

党的十八大以来，推进绿色发展成为生态文明建设的根本举措，而发展绿色经济则是建设生态文明、推进绿色发展的关键路径。绿色经济以经济高质量发展为"根"、生态文明建设为"魂"、社会和谐稳定为"本"，是继农耕经济、工业经济之后出现的强调经济、社会和环境和谐统一的可持续性经济形态。做大做强绿色经济将成为天津践行绿色发展理念、推动经济转型和产业结构优化升级的必由之路。

一 天津市绿色经济发展态势分析

（一）天津经济发展态势分析

1.经济增长稳中向好，为绿色经济发展提供坚实基础

近年来，天津经济总量呈逐年上升趋势。对其增速进行分析，天津经济经历三个阶段：第一阶段是在 2014 年以前，工业快速发展推动经济以高于10%的速度增长，形成了坚实的经济储备及完善的产业体系；2014 年，天津经济进入新常态，从高速增长转为中高速增长，到 2016 年，天津经济增速放缓至 9%；第三阶段是在 2017 年以后，为推动经济发展从要素、投资驱动转向创新驱动，实现经济高质量发展，天津通过优化产业结构、淘汰落后产能等方式推进新旧动能转换，这期间经济增速发生断崖式下滑，但经过 3 年的供给侧结构性改革实践，经济增速实现小幅回温，为经济高质量发展及绿色转型提供实践经验及转换思路。

2.产业结构持续优化，为绿色经济发展提供持续动能

产业结构变化显著，以服务业为主导的产业结构日益巩固。近年来，天津产业结构呈现二产占比逐渐收缩、三产占比连年走高趋势。2015 年，天津第三产业比重首次超过第二产业，成为天津经济发展的第一驱动力。2020 年初，新冠肺炎疫情影响我市经济社会发展，但随着复工复产复市的加快推进，天津产业结构持续优化，2020 年前三季度，三次产业结构占比为 1.3：33.2：65.5。服务业的主导优势进一步体现。

工业结构优化升级，并向高端化、链条化、集群化发展。为推动工业结构优化升级，天津通过"加法"方式构建"1+3+4"工业产业体系，以智能科技为引领，通过发展壮大战略性新兴产业及优化提升传统优势产业，打造战略性新兴产业高地；为推动产业绿色发展，天津以园区治理、削减过剩产能等"减法"方式对工业结构进行优化调整。目前，战略性新兴产业正在发展壮大，规上工业战略性新兴产业增加值比重从 20.8%（2019 年）增涨至 26%

（2020 年前三季度）；以战略性新兴产业为引领的研发生产基地和产业集群初步形成，包括以生物药、化学药、现代中药、医疗器械为一体的生物医药产业链，从基础研究、应用研究到产业化的新能源、新材料研发产业链等。通过人工智能与传统优势产业相结合，推动传统优势产业提质升级，例如，航空航天领域形成了以大飞机、直升机、无人机、新一代运载火箭、卫星为一体的产业格局，装备制造形成了包含海工装备、高档数控机床、高技术船舶、电力设备在内的产业集群等。

服务业稳中提升，现代服务业迸发新活力。2020 年前三季度，服务业增加值占全市生产总值比重为 65.5%。分行业看，服务业中不同行业增速波动较大，总体分析，信息传输、软件和信息技术服务业、互联网和相关服务、科学研究和技术服务业、租赁和商务服务业等知识密集型服务业发展势头迅猛，而房地产业、批发和零售业等实体服务业发展势头渐呈下降趋势；从行业产值分析，批发零售业、交通运输、仓储和邮政业等实体行业仍为产值贡献突出的主体行业，随着知识密集型服务业发展势头加快，信息传输、软件和信息技术服务业等行业将在总产值中将占据重要地位。此外，现代服务业快速发展带动居民消费不断升级。天津居民消费结构中，非实物类消费上升趋势明显，并逐渐向教育文化娱乐、医疗保健等享受型服务倾斜，有望成为未来重要的消费增长点。

3.创新能力稳步提升，为绿色经济发展提供直接动力

研发投入水平持续优化。天津持续深入实施创新驱动发展战略，加快推动城市创新发展。其中，全社会研究与试验发展（R&D）经费投入强度持续提高，全国排名不断提升；科研院所 R&D 经费集聚明显，高等院校开展 R&D 项目活跃，R&D 项目数占全社会 R&D 项目数的比重持续提高；R&D 人员结构持续优化。R&D 人员数量及规模是反映研发活动人力资源的重要指标，近年来天津大力实施人才强市战略，积极推进"海河英才"行动计划，为全市科技发展提供强有力的人才支撑。其中，硕博人数占全社会 R&D 人员比重持续走高，人才层次高级化趋势逐渐显现。创新环境持续优化。政府对于企业科技活动的支持力度明显加大，并通过拨款资助、税收激励等方式推进。

成果产出数量卓有提升。科技研发经成果转化，最终推动产品及产业的发展。专利及科技论文作为一种无形资产进入市场交易，将会提升整个市场的科技水平，具有巨大的商业价值。2020年前三季度，天津市专利申请数及有效发明数分别为7.72万件和3.73万件，同比增长11.5%和9.2%。

4.经济效率有所好转，为绿色经济发展提供参照标准

投资效率尚需进一步提升。拉动天津经济增长的重要因素之一是投资，反过来，高额投资也会刺激经济快速发展。2017年以前，固定资产投资总量逐年增加，增速保持在12%以上；2017—2018年，固定资产投资增速锐减，2019年后投资总量及增速有所好转。从投资效果分析，我市投资效率亟待提升，有效投资需进一步扩大。2011年，天津宏观投资效益系数为28.2%，高于全国平均水平，自2015年起，该系数持续下滑至10%以下，近5年天津宏观投资系数远低于同期北京、上海、江苏等地区，亦低于全国平均水平。

能源效率日益优化。天津严格推进能源消耗总量和强度"双控"管理。为确保完成全市"十三五"能源消耗总量和强度"双控"目标，天津对2020年度能耗"双控"目标进行分解，重点针对各区、行业主管部门及"千家"企业年度能源消耗强度目标开展指标量化。2019年，全市万元GDP能耗为0.410吨标准煤，相较2015年减少0.082吨标准煤，降幅16.57%。预计2020年全市万元GDP能耗将继续保持下降态势，有望突破0.4吨标准煤，超额完成年度目标和"十三五"进度目标，见图1。

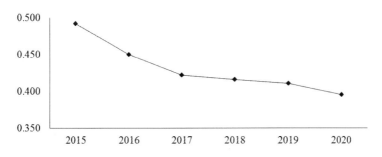

图1　2015—2020年天津市万元GDP能耗（单位：吨标准煤）

数据来源：根据天津统计年鉴数据计算所得。

（二）天津社会发展态势分析

1.环境治理成效显著，人民满意度日渐提高

环境治理基础设施日益完善。在污水处理方面，污水处理设施向集中化、规模化发展，城市污水处理率逐年提升，预计到 2020 年底，天津城市污水处理率将达 95%，距离 2015 年将提升 3.8%，污水治理覆盖度将进一步扩大；在垃圾分类及处理方面，生活垃圾无害化处理率保持较高水平，年均处理率在 96% 以上，其中，垃圾焚烧占比逐年上升，卫生填埋比例持续降低（见表1），极大缓解填埋场的运转负荷，推动"废物—能量"的循环转化，最大程度实现生活垃圾的资源及价值属性。居民对生态环境治理的满意程度日渐提高。

表1　环境治理基础设施及治污水平分析

年份	2007	2009	2011	2013	2015	2017	2019
污水处理厂（座）	14	23	33	39	49	47	42
城市污水处理率（%）	61.4	80.1	86.8	90	91.5	92.5	94.3
生活垃圾无害化处理厂（座）	7	7	9	10	9	9	9
无害化处理率（%）	93.3	94.3	100.0	97.0	93.0	95.8	99.2
卫生填埋占比（%）	73.5	71.2	63.6	58.0	48.9	52.5	46.2
焚烧占比（%）	26.4	28.8	36.5	42.0	51.2	47.5	58.3

数据来源：中国环境统计年鉴，天津市生态环境局。

生态环境质量不断优化。随着绿色发展理念深入人心及污染治理的逐步推进，我市生态环境质量明显好转，其中，城市绿地面积以年均 9.8% 的增速增加（2015—2019 年）。2020 年，城市绿地面积预计将达 133.16 平方公里；城市园林建成区绿化覆盖率不断提升，城市环境绿色度愈加显著。

2.民生建设不断巩固，社会和谐度不断提升

城镇化水平不断提升。我市城镇化率逐年提升，预计到 2020 年末，城镇化率将达 83.59%，相较 2015 年提升 0.95%。人民生活水平进一步提升，其中，人均可支配收入及人均消费支出不断提高，预计 2020 年末，我市人均可支配

收入及支出将达到44800元及33600元，相较2015年分别提升43.22%及39.08%。

民生建设工程不断完善。在交通设施方面，天津不断完善交通线路，公路通车里程呈总体增长趋势，在土地面积保持稳定的状态下，公路密度不断提升，预计2020年公路密度将达到1.35公里/平方公里；在通信设施方面，互联网宽带普及率实现较大幅度增长，连续5年保持15%以上的增长率，预计到2020年末，我市互联网宽带普及率将接近95%，显著提高网络科技的传播力；在医疗设施方面，我市卫生事业机构数、卫生机构床位数、卫生技术人员数均保持连年上涨趋势，医疗条件愈加完善。各项惠民工程同步推进我市经济社会的和谐发展。

3.绿色政策渐成体系，保障机制不断完善

为推动经济社会高质量发展，天津着眼于过去、现在和未来，分别针对污染防治、资源节约、经济发展、生态建设等不同层面出台了相关法律法规，形成较为系统的绿色发展政策体系，为天津绿色发展提供制度保障，见表2。围绕污染防治问题，天津先后制修订大气、水体、土壤、生活垃圾等污染防治条例，出台污染物排放标准；为推动经济高质量发展，天津先后制定了推动产业优化升级的相关政策；基于未来的永续发展，天津大力实施"871"生态工程，并接续出台了生态系统工程建设规划，为我市高质量发展留出环境容量，腾出发展空间。

表2　天津市绿色发展政策体系

政策类型	政策名称	发文字号	实施/发文时间
资源节约及环境保护	天津市大气污染防治条例	市人大公告（第八号）	2015年3月1日
	城镇污水处理厂污染物排放标准	DB12599–2015	2015年10月1日
	天津市水污染防治条例	市人大常委会公告（第五十八号）	2016年3月1日
	火电厂大气污染物排放地方标准	DB12/810–2018	2018年7月1日

政策类型	政策名称	发文字号	实施/发文时间
	天津市生态环境保护条例	市人大公告（第八号）	2019 年 3 月 1 日
	天津市土壤污染防治条例	市人大常委会公告（第三十八号）	2020 年 1 月 1 日
	天津市机动车和非道路移动机械排放污染防治条例	市人大公告（第九号）	2020 年 5 月 1 日
	天津市碳排放权交易管理暂行办法	津政办规〔2020〕11 号	2020 年 7 月 1 日
	天津市海洋环境保护条例	市人大常委会公告（第五十一号）	2020 年 7 月 29 日
	天津市生活垃圾管理条例	市人大常委会公告（第四十九号）	2020 年 12 月 1 日
经济社会发展	企业"上云上平台"服务工作规范（试行）	津工信规〔2019〕2 号	2019 年 9 月 6 日
	天津市车联网（智能网联汽车）产业发展行动计划	津先进制造办〔2019〕1 号	2019 年 12 月 4 日
	天津市氢能产业发展行动方案（2020—2022 年）	津政办规〔2020〕2 号	2020 年 1 月 21 日
	关于加快推进 5G 发展的实施意见	津政发〔2020〕7 号	2020 年 2 月 3 日
	天津市支持中小微企业和个体工商户克服疫情影响保持健康发展的若干措施	津政办规〔2020〕3 号	2020 年 3 月 15 日
	天津市推动天津港加快"公转铁"、"散改集"和海铁联运发展政策措施	津政办规〔2020〕9 号	2020 年 5 月 27 日
	天津市促进汽车消费的若干措施	津政办规〔2020〕8 号	2020 年 5 月 21 日
	天津市建设国家新一代人工智能创新发展试验区行动计划	津政办发〔2020〕21 号	2020 年 08 月 27 日
	关于扩大战略性新兴产业投资 培育壮大新增长点增长极的指导意见	发改高技〔2020〕1409 号	2020 年 9 月 8 日
	天津市优化营商环境条例	市人大常委会公告（第三十号）	2019 年 9 月 1 日
	天津市全面深化服务贸易创新发展试点实施方案	津政办规〔2020〕18 号	2020 年 10 月 16 日

政策类型	政策名称	发文字号	实施/发文时间
生态建设	天津市双城中间绿色生态屏障区规划（2018—2035 年）	津政函〔2019〕114 号	2019 年 11 月 01 日
	天津市双城中间绿色生态屏障区水系规划(2018—2035 年)	津政函〔2019〕114 号	2019 年 11 月 01 日
	天津市双城中间绿色生态屏障区路网专项规划（2018 2035 年）	津政函〔2019〕114 号	2019 年 11 月 01 日
	天津市双城中间绿色生态屏障区生态环境保护专项规划（2018—2035 年）	公示稿，暂无文号	2020 年 3 月 24 日
	天津市双城中间绿色生态屏障区造林绿化专项规划（2018—2035 年）	公示稿，暂无文号	2020 年 9 月 11 日
经济激励措施	天津市引进民营企业总部认定奖励办法	津发改规〔2019〕3 号	2019 年 05 月 28 日
	天津市中小企业公共服务示范平台认定和奖励管理办法	津工信规〔2019〕5 号	2019 年 10 月 30 日
	天津市关于进一步支持发展智能制造的政策措施	津政办规〔2020〕16 号	2020 月 8 月 7 日

（三）天津环境发展态势分析

1.污染防治成效显著，为绿色经济发展提供内生动力

环境质量不断优化，城市发展底色日益改善。2014 年以来，天津在蓝天保卫战及碧水保卫战中取得骄人成绩。空气环境质量明显改善，预计 2020 年，空气质量各指标将进一步下降，达标天数将增加至 239 天；水环境质量显著提升，2019 年，全市优良水质（Ⅰ-Ⅲ类）比例首次达到 50%，预计 2020 年将达到 52%；劣Ⅴ类水质比例下降至 5%，预计 2020 年末将削减至 2%以下，水环境质量达到近年来最好水平，见表 3。随着产业结构优化调整及环境污染防治攻坚战的持续推进，2020 年，天津的大气环境质量及水环境质量将进一步好转。

表 3　天津市环境污染防治成效情况

类别	指标	2014	2015	2016	2017	2018	2019	2020
大气环境质量	SO_2	49	29	21	16	12	11	8
	NO_2	54	42	48	50	47	42	34
	PM2.5（ug/m^3）	83	70	69	62	52	51	47
	PM10（ug/m^3）	133	116	103	94	82	76	64
	达标天数	175	220	226	209	207	219	239
	重度及以上	34	26	29	23	10	15	15
水环境质量	I－III类	25%	25%	15%	35%	40%	50%	52%
	IV－V类	10%	10%	30%	25%	35%	45%	55%
	劣V类	65%	65%	55%	40%	25%	5%	<2%

数据来源：天津市环境状况公报。

生态建设步伐加快，人与自然和谐共生。为践行"绿水青山就是金山银山"的发展理念，天津大力实施"871"生态工程（"875 平方公里湿地升级保护""736 平方公里绿色生态屏障建设""153 公里海岸线严格保护"），旨在优化城市结构，避免城市连绵扩张，以生态环境促进绿色创新发展。预计到2021 年，绿色生态屏障区蓝绿空间占比达到 65%。为实现这一目标，我市在屏障区规划了以"天字骨架"为主干的空间结构，同步配套水系、路网、生态环境保护等 5 个专项规划和 6 个区级层面建设规划，制定建设管控、道路、农田、产业发展等 6 个细则。截至 2020 年 8 月，绿色生态屏障建设蓝绿占比为 62%，蓝绿空间占比不断提升，为高质量发展拓展了绿色空间。

2.资源利用日益充分，为绿色经济发展提供强劲助力

节能减排成效显著，为发展绿色经济提供强劲助力。"十三五"期间，为提高资源利用效率，推动节能减排，我市通过优化能源结构及推广清洁能源等多条路径，同步降低污染排放，提高能源利用效率。其一，提升关键行业及关键领域的能效水平。例如，园区实施能源梯级利用，推动工业节能减排；推动以公共交通为导向的城市交通发展模式，实现交通运输节能等；其二，推动煤炭清洁利用，全市燃煤机组（含自备机组）达到超低排放标准，推动散煤清洁化治理，稳步推进"煤改电""煤改气"工作；其三，加快对传统产

业的技术改造，以钢铁、水泥、电解铝、平板玻璃、造纸等行业为重点，依法依规淘汰落后产能和化解过剩产能，目前，天津已压减钢铁产能超过 800 万吨，3 家钢铁企业正在有序退出，保留的 4 家钢铁企业基本完成超低排放改造，至 2020 年上半年，污染排放同比下降 34%；其四，推进清洁能源和可再生能源开发利用，不断优化能源结构，非化石能源比例不断提升，可再生能源、天然气利用明显增加，高碳化石能源利用不断削减。

资源综合利用水平显著提高，为发展绿色经济提供循环机制。其中，天津用水效率全国领先，万元工业增加值用水量及农田灌溉水有效利用系数等指标处在全国前列；"十三五"期间，全市一般工业固体废弃物综合利用率在 98% 以上，钢渣、粉煤灰等大宗工业固体废弃物实现 100% 资源化利用；天津从区域、园区、企业层面推动循环经济建设，不断推动循环产业衔接链条化，形成了泰达、子牙、临港、北疆、华明等 5 种特色循环经济发展模式。子牙环保产业园作为天津及环渤海地区的"城市矿产"基地，再生资源循环利用率达 97% 以上，废弃电器电子产品及报废汽车的资源化率达 90% 以上。

3.绿色投资尚需优化，为绿色经济发展提供资金保障

绿色投资口径逐渐缩减。从时间维度来看，各省份的环保投资变化趋势均相似：2013 年以前，环保投资呈不断增长趋势，之后则不断降低，天津这一趋势尤为明显。近五年来，天津环保投资占 GDP 比重在全国排名相对靠后。在环保投资结构方面，我市还需对投资结构进行优化。目前，天津的环保投资集中在城镇环境基础设施建设，近 5 年来基础设施投资占环保投资比重在 50% 以上，这样的投资结构侧重于污染治理而非污染预防，不利于真正实现经济绿色发展。未来还应在产业结构优化调整的基础上，对环保投资结构进一步优化。

二 天津市绿色经济发展面临的问题与挑战

尽管天津绿色经济发展具备丰富的经济基础及条件，但达到经济、社会、环境协调统一的发展目标仍存在一定差距。天津正处于转变发展方式及新旧

动能转换的深水期，在推进经济绿色发展过程中仍存在如下问题。

（一）经济发展弹性、韧性不足，经济风险防范能力有待提升

在错综复杂的国际环境和人工与资源环境成本持续上升、产能过剩严重的国内经济背景下，天津经济发展面临着前所未有的挑战。新冠肺炎疫情给全球和中国经济带来巨大冲击，亦是对天津经济韧性和弹性的一次超级考验。疫情爆发的第一季度，天津地区生产总值同比下降9.5%，其中，三次产业分别下降11.5%、17.7%、4.9%，规模以上工业增加值同比下降16.0%，固定资产投资同比下降14.8%，下降幅度均超过全国平均水平，尽管上半年的总体降幅有所收窄，仍高于全国平均水平，天津经济韧性稍显不足。从累计速度看，上半年，天津GDP、工业、服务业、投资、消费、外贸等主要经济指标与一季度相比，降幅均有不同程度的收窄。其中，GDP降幅收窄5.6个百分点，规模以上工业增加值降幅收窄10.3个百分点，服务业增加值降幅收窄2.7个百分点，固定资产投资（不含农户）降幅收窄10.8个百分点，总体来看，天津经济呈现企稳回升态势，但对比全国经济运行情况，天津经济弹性还需进一步提升。目前，我市战略性新兴产业及高新技术产业发展进程相较北京、深圳等一线城市稍显缓慢，系统、稳固的多元化经济格局尚未形成，经济抗风险能力仍有待进一步提高。

（二）产业体系大而不绿，产业绿色转型亟须提速

天津经济体系正在从低质量、高消耗、高排放型向高质量、低消耗、低排放型转型，传统门类齐全的产业体系正在被打破，但新型产业体系尚待进一步优化重塑。首先，天津经济增长动力弱化，战略性新兴产业发展进程亟需提速，表现在规模偏小、比重偏低、产业结构高级化进程相对迟缓，与国内一流水平相比还有较大差距，短期内难以承担天津经济振兴的重任；其次，传统产业结构调整成效较慢，转型升级存在障碍。目前，石油化工、冶金、轻工纺织等传统产业产值占天津工业总体近50%，占比较高，挤占了经济转型和高质量发展空间，但支撑传统产业转型升级的顶层设计稍显不足，支持

传统产业升级的政策零散而不全面，难以在推动产业转型升级中发挥最佳效果，与大力发展新兴产业相比，天津对传统产业转型升级的重视程度还远远不够。随着大数据、云计算、人工智能等新兴技术被应用到传统产业中，传统产业实现转型升级后，仍可能发展成优势产业，开始一个全新的产业周期。

（三）创新能力平而不强，科技创新引领支撑不足

创新是引领经济发展的第一动力，也是建设现代化经济体系的"牛鼻子"。在京津冀协同发展战略中，天津肩负着建设"一基地三区"的重大政治责任和历史使命，但从创新引领视角分析，天津的创新水平还有待提升。一是创新源动力及创新潜能有待激发。首先，表现在研发投入稍显不足，近两年天津 R&D 经费投入总量在全国排名相对靠后，研发投入远低于北京、上海等标杆城市；其次，天津创新机构数量相对较少，国家实验室和国家重点实验室是体现行业科研水平的最高标准，但天津没有国家实验室，仅有 14 个国家重点实验室，远低于北京、上海和部分省会城市；最后，企业创新主体地位不高，高层次人才短缺，在规上工业企业中，仅有 8.93% 的企业有研发机构，32.97% 的企业有研发活动，明显低于北京、江苏、浙江等地水平，此外，天津毗邻北京，受北京"虹吸"效应影响较大，缺乏具有国际视野的领军人才和创新团队，高层次人才短缺制约了科技创新发展。二是开放协同高效的创新生态系统有待建立。首先，产学研结合不够紧密，创新主体缺乏有效的协同发展机制；其次，科技成果市场化转化机制尚不完善，科技成果转化率和项目产业化率仍有提升空间。三是天津企业的自主创新能力有待提升。战略性新兴产业企业中，人工智能、新一代信息技术等前沿技术领域企业占比偏低，天津缺乏像华为、腾讯、小米等一批具有国际影响力、带动性强的创新领军企业，科技成果与产业衔接不够紧密，缺乏就地转化的良好机制；其次，现代产业所需的关键材料和核心部件发展技术不足，致使部分新兴产业只能依靠引进国外技术及进口关键材料，产业创新能力提升路径尚未实现从"外向输入型"向"内生创造型"的转换。

（四）经济效率提升缓慢，绿色经济发展质量不高

目前，天津经济效率提升缓慢，制约绿色经济的高质量发展。一方面，传统的政府投资带动作用与发展绿色经济的需求不相适应，投资效率大打折扣，不能有效带动经济高质量发展；另一方面，高端要素供给不足。天津在创新资源、配套服务、科技人才、融资支撑等方面的高端要素供给不足，亟须进一步深化改革，加快科技研发和转化，加快要素在各个行业间的配置效率和使用效率，只有这样才能由投资驱动转向效益驱动，从而提升经济发展质量。

三　推动天津市绿色经济发展的战略重点及对策建议

（一）完善"双循环"产业格局，增强经济弹韧度

新冠肺炎疫情严重冲击并阻碍了国际产业链、供应链的大循环，全球产业链发生巨大变化，供需关系也面临重组，迫使外向型经济占重要地位的天津，须主动适应全球产业链、供应链调整，并在固链、补链、强链方面下大功夫，逐步形成以国内国际双循环相互促进的产业链、供应链、价值链新格局。一是着力建设面向全国的"生产资料"平台，促进形成国内大循环格局，实现生产要素高效配置。现有的腾讯、阿里、京东等全国互联网平台，主要连接厂商与消费者，而为制造业服务、连接企业与上下游生产资料供应商的桥梁和平台还比较短缺，这为我市发挥辐射带动作用、实现"全国先进制造研发基地"的定位，留出了发展空间和机遇；二是着力建设"云工业"平台，促进形成国内产业链、供应链、创新链的灵活多元链接，增强产业链韧性。以"大数据"战略为支撑，充分发挥天津曙光高性能服务器、新一代超级计算机等优势，加快规划建设辐射全国的可信、开放、协同的"云工业"平台，使之能够聚集全国的先进制造业产能，为制造企业在"云端"寻求合作伙伴，开展"协同制造"；三是着力深化对外开放和国际合作，巩固在国际产业链中

的地位，促进国内产业链和国际产业链更好联通，形成"双循环"相互促进的产业体系。

（二）优化绿色产业结构，构建多元化经济体系

发展绿色经济是对传统经济发展模式的反思，但并非是站到传统经济的对立面，而是对其进行改造升级及对新型经济的创造开发。因此，优化绿色产业结构应从传统产业优化升级及新兴产业蓬勃发展两方面着手：以增量添绿、存量变绿为方向，扭转传统产业体系大而不绿的状况，着力提升产业体系绿色度。一方面，通过技术创新对传统产业进行生产工艺及环保工艺等方面的优化升级，同时对传统产业相关产业链开展绿色整合与延伸，实现传统产业内部结构的整体优化；另一方面，着力推动战略性新兴产业、高技术产业及循环静脉产业等新兴产业发展，通过扩大招商引资、扶持绿色创新等手段培育绿色经济增长点，从而提升产业附加值与竞争力。传统产业与新兴产业的有机结合既降低产业环境风险，又丰富了产业结构，可有效提高经济风险防范能力，提升地区经济体系的稳定性及竞争力。

（三）聚才引智，实施创新驱动，为绿色经济发展注入新动力

科学技术是第一生产力，科技创新是绿色经济发展的原生动力。首先，"十四五"期间应着力提升服务实体经济的科技创新能力，重点加强关键核心技术及关键部件的自主研发能力，提高科技研发能力及技术转化进度，提升产业体系竞争力。其次，人才是经济增长的核心要素及科技创新的有力武器。自 2017 年起，全国多个城市对吸引人才表现出强烈热情，纷纷制定了相应政策引进人才。天津如何在众多城市争抢人才的漩涡中争取一席之地，将对未来天津经济走向及发展态势起到举足轻重的作用。天津应该聚焦发展需求，从人才培养、人才引进、优化结构等方面齐头并进，不断完善人才引进过程及引进后的体制机制和社会环境，为留住人才、激发其创新能力提供基础保障。

（四）以效率提升及底色增绿引领经济高质量发展

首先，绿色经济注重经济、社会、环境的协调统一，因此，发展绿色经济应推动质量变革、效率变革及动力变革，通过提高全要素生产率推动天津经济高质量发展，其次，绿色经济应以可持续性为前提，因此，效率提升及底色增绿成为经济高质量发展的关键。在投资方面，切实提高投资的靶向性和精准度，把投资重点聚焦到培育新动能上，优先选择有较好投资回报预期的产业和项目，收缩投资战线，减少低效投资，着力以提升投资效率撬动经济高质量发展；在可持续性方面，应着力提升各类资源能源的利用效率，以最少的物质投入获取最大的经济效益，推动以物质消耗最小化、环境污染低排放为特征的绿色发展模式，为经济社会发展增绿补绿。

参考文献：

[1] 任相伟、孙丽文：《绿色经济的内涵、演化逻辑及推进路径—基于经济—生态—社会复杂系统视角》，《技术经济与管理研究》2020年第2期。

[2] 万帆帆：《甘肃省绿色经济发展水平测度及时空差异研究》，兰州财经大学，2019。

[3] 黄渊基、熊曦、郑毅：《生态文明建设背景下的湖南省绿色经济发展战略》，《湖南大学学报（社会科学版）》2020年第34期。

[4] 刘国强：《绿色投资对绿色经济发展水平的影响分析》，山东大学，2020。

[5] 王海军、邹日崧：《国外绿色经济典型城市发展经验比较及启示》，《沈阳工业大学学报（社会科学版）》2019年第12期。

[6] 周杰文、张云、蒋正云：《创新要素集聚对绿色经济效率的影响——基于空间计量模型的实证分析》，《生态经济》2018年第34期。

[7] 刘志彪：《建设现代化经济体系：基本框架、关键问题与理论创新》，《南京大学学报（哲学·人文科学·社会科学）》2018年第3期。

[8] 李平：《上海推进现代化经济体系建设战略研究》，《科学发展》2019年第6期。

[9] 杨莲秀：《上海构建更高层次现代化经济体系研究》，《科学发展》2019 年第 2 期。

[10] 李万：《加快提升我国产业基础能力和产业链现代化水平》，《中国党政干部论坛》2020 年第 1 期。

天津智慧城市建设研究报告（2021）

许爱萍　天津社会科学院产业发展研究所副研究员

成　文　天津社会科学院产业发展研究所研究员

摘　要： 智慧城市是城市信息化发展的高级阶段，发达国家智慧城市建设起步早，产生了许多有益的经验。近年来，天津市通过加强顶层设计，建设全市数据共享交换平台，推动政务服务、地理测绘、人力资源、教育等数据共享，取得了一定的成绩。但仍存在体制机制尚不完善、相关技术和基础设施建设尚不成熟；大数据服务水平不高、"人才荒"等问题。研究建议通过破除体制机制障碍，为城市发展进行铺垫；加速推动信息技术应用，提高城市基础设施建设水平；拓宽融资渠道，探索智慧城市建设新模式；加强大数据服务水平，提高智慧城市运转效率；推进企业、人才等核心要素资源在津集聚，提升城市发展动力；提高城市智慧应用普及率，倡导生活方式的转变六大方面，全面加速推动智慧城市建设。

关键词： 智慧城市　大数据　创新

以云计算、大数据、移动互联网、物联网为代表的新一代信息技术大幅提高了城市各主体之间的互联互通水平，改变了社会的运行方式，降低了城市运营成本，为城市管理提供了新工具，同时也为城市管理方式创新提供了新角度。全球许多城市将智慧城市战略视为解决城市经济与社会发展矛盾，提高城市经济增长率，向市民提供更为便捷生活的重要途径。早在 2013 年 1 月，我国住建部就提出了 90 个智慧城市试点城市，津南新区、生态城被列入首批试点名单，2013 年 8 月，武清区、河西区被列入第二批试点名单。2015 年 4 月，住建部又将 290 个城市纳入试点范围，天津滨海高新技术开发区京津合作示范区、静海区被纳入试点名单。在国家"十三五规划"中，智慧城市是加快新型城市建设工作的重要方面。在"天津市十三五规划"中，天津将发展智慧城市作为一项重要任务，强调要通过"加快新一代信息基础设施建设，实施'互联网+'行动计划和大数据共建共享工程，发展物联网技术和应用，搭建一体化电子政务平台，打造智慧城区、智慧社区、智慧乡村，推进城市管理和服务体系网络化、信息化、智能化"[①]。2020 年是"十三五"的末年，我们有必要在此背景下对天津智慧城市建设现状和问题进行系统分析，并为"十四五"时期天津智慧城市建设提出具有针对性的建议。

一 天津智慧城市建设现状

（一）加强顶层设计，制定相关制度

为了加快推动政务信息系统互联和公共数据共享，提高行政效率，根据有关法律法规和《国务院关于印发政务信息资源共享管理暂行办法的通知》（国发〔2016〕51 号）等规定，结合天津发展实际，2018 年 7 月 4 日，天津市发布了《天津市人民政府办公厅关于印发天津市政务信息资源共享管理暂行办法和天津市政务云管理办法的通知》（津政办发〔2018〕18 号）。2018 年 12 月 14 日，天津市出台《天津市促进大数据发展应用条例》，这是继贵州之后第二个有关大数据的地方法规。《条例》明确规定：市人民政府统筹规划全市政务数据管理，建立物理分散、逻辑集中、资源共享、政企互联、安全可靠的大数据体系，制定全市政务数据共享和开放的政策措施，部署推动全市政务数据共享和开放工作。2019 年发布《关于深化市级政务数据共享开放工作实施方案的通知》（津党网通〔2019〕50 号）。2020 年 7 月 22 日，天津市互联网信息办公室印发了《天津市公共数据资源开放管理暂行办法》，明确了

---

① 天津市国民经济和社会发展第十三个五年规划纲要。

本市公共数据资源开放工作坚持统筹规划、需求导向，依法管理、引导鼓励，分类分级、统一标准，规范应用、安全有序的原则。

以上"通知""条例"和"办法"构成了天津市政务信息系统互联和公共数据共享的顶层设计和制度框架，为天津推动智慧城市建设提供了基本遵循。

（二）建设全市数据共享交换平台，推动数据共享

截至 2020 年 5 月 24 日，全市基于信息资源统一共享开放平台发布数据目录达到 24189 类，共享数据量达到 62.33 亿条，开放数据量达到 5405.9 万条。其中，基于"四清单推动"全市 41 家市级政府部门数据目录达到 2379 类。推动全市 16 个区 782 个区级部门和街/乡镇编制"四清单"，区级数据目录达到 21620 类，支撑各区数据工作。

（三）全力推动政务服务数据共享，共享数据量全国领先

天津市政务服务办认真贯彻落实《天津市促进大数据发展应用条例》，在推动信息化系统建设过程中，依托全市数据共享交换平台，积极推进大数据发展应用和共享，天津市市信息化系统建设由内设处室网信办负责统筹规划，各处室（下属单位）负责本单位系统具体建设工作，推进政务服务数据共享。天津市"政务一网通"权力运行与监管绩效系统建立共享交换数据表 48 项，其中，与国家发改委（投资项目）建立数据表 23 项，与住建部（工程项目）建立数据表 13 项，与全国政务服务平台建立数据表 6 项，市本级数据表 6 项，累计向国家发改委（投资项目）推送数据 445.3 万条，向住建部（工程项目）推送 61.8 万条，向全国政务服务平台推送数据 166.5 万条，市本级推送数据 1.18 亿条，推进与全市统一数据共享交换平台数据共享，累计封装共享平台接口 195 个，共调用 175.8 万次。

（四）及时归集报送城市管理信息，提高管理透明度和公信力

一是城管委牵头将市编办明确市城管委权责清单中的全部行政处罚、行政许可和行政奖励三大类 121 项权责内容进行了整理，在市政务共享交换平

台进行了逐一编目、责权对接。行政处罚、行政许可、行政奖励数据按时完成上报挂接工作，权责清单覆盖率为 100%。2019 年以来，更新信息共享数据 3762 条，其中行政许可数据 2719 条，行政处罚数据 800 条，行政奖励数据 243 条。市数字化城市管理平台向市政务信息共享交换平台推送城市管理业务数据 3840525 条。

二是按照市诚信建设领导小组要求，市城管委指定专人梳理全国信用信息平台（天津）运行情况，负责城市管理公共信用信息数据的挂接、归集、上传和更新等工作。按照"双公示"要求，实现行政处罚和行政许可决定 7 个工作日内在全国信用信息共享平台（天津）和委门户网站公示，共归集行政许可信息 10634 条，行政处罚信息 801 条。

三是积极推进"互联网+监管"工作。按照要求已完成现有执法人员信息、157 项部门监管事项清单和检查实施清单的数据上传，并结合工作实际，做好动态更新。

（五）推动测绘、规划数据共享，打好大数据发展基础

一是市规划与自然资源局牵头积极推动系统内数据归集，持续打好数据基础。在充分调研基础上，建立并完善数据目录，归集完善规划、土地、海洋、林业、地矿等行政管理数据，融入三区三线、土地利用总体规划、主题功能区规划等规划数据。完成了 1∶50000 地形要素、1∶10000 地形图、1∶2000 地形图、全市 DOM、基础地理国情、"天地图"、地下空间管线数据、中心城区精细三维模型数据等一系列数据的汇交工作。完成了全市域范围内的政务版电子地图与真彩色正射影像的更新上网，为规划管理、审批提供现势基础数据。积极推进不动产登记相关局内数据共享应用，申请《建设工程规划许可证》《建设工程规划验收合格证》《标准地名证书》等电子证照共享工作，组织将一体化业务审批平台、国土一张图平台与不动产登记系统共享对接，推进局内政务信息资源在不动产登记的共享应用。

二是建立共享数据目录，推进数据开放共享。梳理编制了天津市政务数据"四清单"，并报市委网信办予以确认，做好了向市共享平台开放系统接口

和数据库的工作，确定了政务数据共享目录 62 项，数据开放目录 61 项，目前已累计推送政务数据 58 万条。配合天津市诚信体系建设共完成相关数据推送 9.6 万余条，归集数据合格率达 100%。同时按照《局电子证照管理实施方案》，推进电子证照数据应用和共享，完成了十余项电子证照向市电子证照库的归集工作，实现局业务管理系统与全市电子证照库数据对接连通。

三是积极对接数据需求，推动数据交互共享。依托市政务数据共享平台，市规划与自然资源局为市应急管理局、市公安局、国网天津市电力公司、市信息中心等单位提供了数据共享；同时，市规划与自然资源局通过共享平台获取了社会服务机构信息、惩戒信息基本信息表、非煤矿矿山企业安全生产许可证等数据 16 项，并向市委网信办申请完成了人口库、法人库、电子证照库等天津市五大基础数据库数据接口服务。

（六）推动人力资源管理数据共享，切实服务社会

一是整合共享信息资源。市人社局完成了天津市基础信息资源库涉及人社部门的 24 个相关信息类的数据编目和挂接。截至 6 月底，天津市人社局在市信息资源共享交换平台已启用共享目录 100 个。

二是归集共享政务数据。编制了天津市人社局责任清单、系统清单和需求清单，推送责任清单全量共享数据共计 4900 多万条。推动就业、社保、培训等人社数据信息实现共享。截至 6 月底，累计向市信息资源共享交换平台提供各类政务数据 4.8 亿条。

三是应用交换共享数据。积极与市委网信办、市信息中心、等单位数据共享，提供共享数据 15 亿条。向市卫健委、市政务服务办等单位发出数据共享申请 25 项，共享数据 2 亿多条。

（七）推动教育管理数据共享，提高城市教育品质

市教委积极配合市委网信办开展政务信息系统整合共享工作，向市委网信办报送政务信息系统整合数据共享需求。及时汇总整理教育政务信息数据，建立数据资源清单，制定教育数据管理办法，建立教育数据标准、目录体系。

完善与天津市数据共享交换平台的衔接工作，向市数据共享交换平台提供新增学生类数据、电子证照、人口库、法人库、权责清单、公共服务事项等数据，推动教育民生保障服务领域政务数据向社会开放。按照《关于开展全市信息资源共享交换平台数据质量治理工作的通知》要求，"十三五"期间，天津市教委对前期建设的共享信息的字段进行了大幅治理和更新，目前数据空值率仅为 4.25%，权责清单覆盖率达 100%，信息系统覆盖率达 100%。天津市教委共享了幼儿园名录、中小学名录等十五个信息类，通过文件共享的方式向全市开放。按照市委网信办要求已完成创建 93 个信息类，挂接率实现100%。其中，开放目录信息类 15 个，信息系统信息类 6 个，"互联网+监管"专题信息类 4 个，权责信息类 67 个（包含电子证照库信息类 2 个），接口信息类 1 个，天津市教委与市委网信办、市公安局、市交委、市残联等多个部门共享 20 多类信息资源，共享数据超过千万条。

二　天津智慧城市发展的主要问题

（一）体制机制尚不完善，规划尚待统一

一是体制机制亟须完善。目前天津市已经成立了大数据管理中心，发布了《天津市政务信息项目管理办法（暂行）》，各部门原有信息中心和技术人员均已整合，但在实际工作中暴露出系统互联互通工作所涉及的机制尚不完善，不利于快速推动工作。

二是随着大数据广泛应用，出现管理政策跟不上、不适应、不到位的问题。随着大数据的广泛应用，我国法律法规体系建设仍没有跟上大数据相关技术发展的步伐，城市的管理法规无法满足新产业、新领域的发展的需求，存在一定的滞后性。

（二）相关技术和基础设施建设尚不成熟，智慧城市发展的基础不牢

一是现代化新技术应用不足。物联网、大数据、云计算、人工智能、5G等新技术对市容市貌、园林绿化、垃圾处理、路灯照明、燃气供热、道桥管理、停车场等城市管理领域的应用欠缺，未完全实现用信息化进行有效的监管、数据汇集分析，综合性空间地理基础数据汇总，应用大数据科学管理和预测研判，急需提升城市管理信息化水平

二是电子政务服务基础设施需进一步完善。2020年3月，住建部下发了《住房和城乡建设部办公厅关于开展城市综合管理服务平台建设和联网工作的通知》的要求，天津市信息化建设离住建部要求差距较大推动过程中涉及人员技术与资金支持都遇到困难。天津市城市管理现有信息化系统只是城市综合管理服务平台的一部分，市、区城市管理信息化系统目前均未与住建部城市综合管理服务平台网络联通，业务对接，共享开放，急需建设天津市城市综合管理服务平台。

涉及"政务一网通"平台建设中，推进智能政务服务工作涉及的全市统一的人口库、法人库、电子证照库、信用信息库、空间地理库以及电子印章系统等基础设施需进一步完善，特别是智能服务事项办理过程中电子印章等不满足当前需求，阻碍天津推进政务服务事项办理全程电子化。

三是城市管理信息化建设基础薄弱。天津市现有数字化城市管理系统和夜景灯光、道桥养护、供热燃气、渣土运输等信息化系统，尚未实现对城市管理范围和城市管理内容全覆盖，满足不了城市管理业务需求，而且现有信息化系统建设时间较长，硬件设施老化，软件功能落后，网络安全设备性能差，没有实现业务管理数据汇聚、交换、共享，只能与中心城区、环城四区和滨海新区互联互通，对宝坻、静海、宁河、武清、蓟州五区城市管理委未实现联通。缺少户外广告、垃圾处理、园林绿化等方面业务管理和行业安全管理方面的专业信息化系统。

（三）大数据服务水平不高制约智慧城市发展的层次

一是数据资源的准确性、时效性和系统性有待提高。在天津全市层面的大数据应用方面，由于受业务机制和技术手段的限制，数据的准确性有待提高。由于缺乏有效的数据更新机制，数据的时效性也还不足。一些数据由于管理应用分割，标准不一致，造成数据之间矛盾、冲突，数据的系统性、完整性较差。

二是"政务一网通"平台运营支撑能力需要提升。按照《天津市人民政府关于印发天津市政务一网通改革方案的通知》（津政发〔2018〕14号）文件要求和天津市政务服务办有关"互联网+政务服务"方面的职责，统筹推进全市"互联网+政务服务"体系建设，构建全市一体化政务服务平台、国家发改委投资项目平台、国家住建部工程项目平台等任务，任务要求与实际人员配置存在较大差距。

三是信息孤岛问题仍然存在。一方面部门间的数据共享不足，相关部门的社会化服务能力偏低。由于政府部门之间的共享协同不足，数据库开放、信息共享力度小，政府相关部门服务的关联度低，造成信息服务水平不高。另一方面数据深度挖掘不足，受制于人员、技术等方面的限制，数据挖掘深度不足，难以满足社会公众和企事业单位需求。

（四）"人才荒"问题制约智慧城市建设水平

一是缺少行业领军人才。由于不具备大数据产业发展的产业生态环境，中国互联网行业多集中于北上广深及杭州等城市，大量高端人才聚集在北上广深及杭州，天津缺少百度、阿里、腾讯等巨头企业，导致天津难以吸引到大数据企业的创始人、核心管理团队成员或技术负责人来津创业或就业。

二是中高端人才总量不足。随着大数据、物联网和云计算的广泛运用，与此相关的新兴产业蓬勃发展，对从业人员的需求大幅增长。尤其是研发工程师、产品经理、人力资源、市场营销、运营和数据分析师等职业人才需求量较大，全国均存在一定的缺口。在北京巨大的虹吸作用下，天津对人才吸引力弱，中高端人才总量不足。

三　推动天津智慧城市发展的路径

（一）破除体制机制障碍，为城市发展做出铺垫

推进人本化电子政府发展方案，促进政府行为的公众导向与人本化方向发展。要积极推动政务公开和透明化，逐渐改变旧有的职能式、集权化政务流程，赋予行政管理更多的"人本化"要素，强化政府管理该有的"公共性"价值取向。在实践上，要加强政务网建设，提高工作人员的服务意识和服务水平，打造面向市民的、以解决市民事务为中心的、以加速行政事务处理效率的"一站式"办公服务大厅，建立起跨各职能部门、所属单位边界的联合性行政事务处理网络平台，充分整合碎片化社会管理信息资源，在全社会推动行政流程再造成果的应用。

促进多规合一，画好全市一张蓝图。首先，要充分利用市电子政务网、云平台等政务资源和物联网、大数据、人工智能、5G等新技术，按照"统筹建设、共建共享，顶层设计、分步实施，统一标准、主动融入，功能完备、方便实用，安全保密、规范运行"的原则，对基础设施建设、智能化配套、科技产业发展、生产性服务业、人才支撑等智慧城市建设的主要方面，通过整合现有信息化资源，制定方案，上报审批，提升改造落后信息化系统，新建业务短缺信息化项目，共享其他部门信息化资源。

进一步完善大数据应用场景和数据共享机制。围绕天津市智慧城市建设，以实际业务场景需求为指引，深化业务场景需求与实际数据供给之间的匹配转化，精准对接业务需求，以应用促共享。

制定城市综合管理服务平台实施方案。对标国际国内一流智慧城市建设经验，借鉴国内外智慧园区发展的典型经验，建设天津市城市综合管理服务平台，使天津市城市管理逐步实现"一网统管"的目标，制定城市综合管理服务平台实施方案，为提升天津市城市管理水平提供有力的信息化支撑。

（二）加速推动信息技术应用，提高城市基础设施建设水平

加强信息技术在城市基础设施建设中的应用，打造泛在化、融合化、智敏化为特征的智慧城市基础服务设施，促进城市间信息开放与包容。大力发展金融科技，加快区块链技术的发展和应用，驱动新型金融交易模式的诞生和发展。

利用国家发展特色小镇的契机，在小城镇硬件设施建设的同时，联合通信设备厂商、芯片厂商，铺设智慧小城镇所需的基础服务设施，做强智慧服务，成形若干个智慧小城镇，逐步扩大智慧城市版图。开发若干个智慧城市体验馆，集中展示智慧城市的各项技术与应用，让市民亲身体会到智慧城市的概念与价值。

（三）拓宽融资渠道，探索智慧城市建设新模式

加大政府资金投资规模。要不断提高政府资金投入，加强城市基础设施建设，完善城乡信息基础设施建设，推动光纤网络、无线宽带网络向偏远地区的覆盖率，推动三网融合。重点支持各类与科技研发密切相关的设施平台、医疗等民生项目建设，要通过积极的财税政策引导智慧产业在城市的聚集和发展；加强智慧社区建设，提高城市生活的舒适度和安全性。

建立多元投融资机制，扩大融资渠道。在政府投资之外，要拓宽智慧城市融资渠道，调动社会资本参与智慧城市建设的积极性，引导企业、组织等投入智慧城市建设，建立起适宜城市发展的、稳定的金融支撑体系。部分公益性项目，可借鉴国外的 PPP 模式，采取政府政策引导、资金扶持，由企业与公众主要投资、运营的模式进行。

推进智慧城市商业模式创新。在城市安全等关键基础设施、核心技术领域，确保政府拥有大部分所有权或全部所有权；在非核心领域，鼓励运营商或第三方机构投资建设运营，或是以企业与政府联合投资建设运营等方式进行，为城市运营提供精细化、高效化、精准化管理和服务。在实践上，建议组建智慧城市产业发展股份有限公司，综合负责智慧城市的建设、运营、社

区服务、产业服务，并赋予权限统一开发全市信息资源，最大程度整合、优化配置地方资源，促进城市信息数据的再开发利用。

（四）加强大数据服务水平，提高智慧城市运转效率

治理整合共享数据目录，形成指向清晰、查询便捷的数据共享目录。梳理数据共享需求，研究天津市各部门共享数据标准，完善相关事项数据信息项，满足信用信息、联合惩戒等外部共享需求。进一步推进电子证照、空间地理库的建设，加大政务数据开放共享实施力度。

提升应用系统数据有效率、更新率。促进以数据需求、结果数据为先导，结合系统实际运行情况，进一步梳理核对系统数据与共享数据的逻辑关系，加大有效数据供给，减少需求少、过程数据、无效数据供给，提高数据供给质量。

（五）推进企业、人才等核心要素资源在津集聚，提升城市发展动力

推动大数据企业在津聚集。首先要吸引上下游企业在津聚集，改变天津大数据链条短链的问题，要大力招引国内外一流通信设备厂商、芯片厂商，延伸产业发展链条，提高产业辐射能力。

大力招引大数据产业急需人才。充分挖掘现有人力资源潜力，开拓大数据应用思路，引入大数据专业人才，突出抓好重点、热点大数据的应用实例，充分发挥应用实例的引领示范作用。

（六）提高城市智慧应用普及率，倡导生活方式的转变

加强政务服务中电子证照应用。按照《国务院关于在线政务服务的若干规定》（国务院第 716 号令），电子印章与实物印章具有同等法律效力，加盖电子印章的电子材料合法有效，在天津市智慧城市建设顶层设计中，建议各部门提高认识，加强电子证照、文书等电子化资质、证照、文书材料等在实际办事过程中应用，鼓励和引导企业群众多运用电子证照办事，全面推进政

务服务事项办理全程电子化。

要扩大智慧生活应用。要推广智慧城市智慧交通、智慧医疗等社会基本服务智能化建设经验，为城市形成城市智能化发展，铺垫市民的心理基础。要逐步向社会各个领域、各个层面推广智能化应用，例如，推动信息技术向生活与消费领域的渗透，形成新型消费观念。

加强智慧社区建设，推动智慧化社区管理。依托智慧社区为居民提供生活服务为出发点，利用互联网、物联网、云计算技术将社区的多种服务和管理资源进行整合，并大力推广智慧应用、智慧家居、智慧医疗、社区安全等智能应用，提升社区物业服务体验与管理水平，打造新型智慧社区。

参考文献：

[1] 张延强、单志广、马潮江：《智慧城市建设 PPP 模式实践研究》，《城市发展研究》2018 年第 25 期。

[2] 夏昊翔、王众托：《从系统视角对智慧城市的若干思考》，《中国软科学》2017 年第 7 期。

[3] 李云新、韩伊静：《国外智慧治理研究述评》，《电子政务》2017 年第 7 期。

[4] 王明浩、吴韶波：《基于智慧城市建设的 NB-IoT 应用研究》，《物联网技术》2017 年第 7 期。

[5] 许爱萍：《京津冀智慧城市群建设：探求城市群高质量发展路径》，《开发研究》2018 年第 5 期。

[6] 房毓菲、单志广：《智慧城市顶层设计方法研究及启示》，《电子政务》2017 年第 2 期。

[7] 许爱萍、王立国：《智慧城市的源起、价值与建设路径——以天津为例》，《开发研究》2017 年第 2 期。

[8] 于文轩、许成委：《中国智慧城市建设的技术理性与政治理性——基于 147 个城市的实证分析》，《公共管理学报》2016 年第 3 期。

[9] 许爱萍:《打造智慧园区加速天津智慧城市建设》,《环渤海经济瞭望》2017 年第 5 期。

[10] 许爱萍:《天津智慧农业发展中的主要问题与解决路径》,《世界农业》2017 年第 3 期。

[11] 许爱萍:《智慧城市政府治理的功能定位及提升路径》,《电子政务》2016 年第 4 期。

[12] 胡景山、许爱萍:《中国智慧城市建设中政府治理路径探析》,《天津社会科学》2015 年第 6 期。

[13] 许爱萍:《发达国家智慧城市建设的典型经验与启示》,《河北地质大学学报》2017 年第 4 期。

[14] 吴标兵、林承亮:《智慧城市的开放式治理创新模式:欧盟和韩国的实践及启示》,《中国软科学》2016 年第 5 期。

[15] 智慧城市发展研究课题组:《"十三五"我国智慧城市"转型创新"发展的路径研究》,《电子政务》2016 年第 3 期。

[16] 许爱萍:《大数据产业发展与智慧城市建设——天津面临的挑战与解决路径》,《理论与现代化》2017 年第 4 期。

天津乡村振兴发展研究报告（2021）

周　勇　天津市经济发展研究院经济师

摘　要： 天津乡村振兴已经取得重大成就，但仍存在现代都市型农业发展水平有待提高、乡村环境治理任务依然艰巨、乡风文明建设力度尚需加强、农村治理现代化水平不足、农村民生保障水平仍然有待提高等问题。为实现到"十四五"期末全市基本实现农业农村现代化，全面完善农村现代产业发展体系、乡村生态环保体系、乡村文化体系、现代乡村治理体系、农民民生保障体系的愿景，天津市应从产业振兴、人才振兴、文化振兴、生态振兴、组织振兴五条路径实施突破，振兴乡村经济实现"产业兴旺"，建设美丽乡村实现"生态宜居"，繁荣乡村文化实现"乡风文明"，振兴基层组织实现"治理有效"，持续改善民生实现"生活富裕"，深化农村改革突出制度保障。

关键词： 农业农村现代化　乡村经济　美丽乡村　农村改革

一　天津乡村振兴的基础

（一）"产业兴旺"取得新进展

都市农业发展水平得到新提升。建成 26 万亩高标准农田，小站稻种植面积达到 80 万亩，培育国家级龙头企业 17 家。推进种业振兴工程，奥群国家肉羊种群性能测定中心、南繁科研育种基地加快建设。实施稳定生猪生产行动计划。创建畜禽标准化示范区 30 个、优质高效渔业养殖生产基地 50 个，农产品监测总体合格率达到 99.8%。新产业新业态蓬勃发展[①]。"农业+旅游""农业+文化"等新产业新业态发展良好，创建蓟州、宝坻、武清、西青 4 个全国休闲农业和乡村旅游示范区；继续开展"网农对接"系列活动，网上销售的新型农业经营主体和农产品销售额都持续增长。

（二）"生态宜居"取得新突破

深入开展农村人居环境整治三年行动和"百村示范、千村整治"工程，启动 150 个人居环境整治示范村建设，改造提升户厕 22.7 万座、公厕 2785 座，建成 791 个村生活污水处理设施，提前一年完成国家畜禽粪污资源化利用任务，建成美丽村庄 250 个。实施"百村示范、千村整治"工程，启动 150 个人居环境整治示范村建设[②]。全面推进 736 平方公里双城绿色生态屏障建设，新增植树造林 40 万亩。

（三）"乡风文明"获得新提升

持续推进习近平新时代中国特色社会主义思想进农村，组建市级和乡镇基层宣讲团，累计宣讲 1.1 万余场。举办首届"中国农民丰收节"，在涉农区举办 5 个系列活动和 30 项系列庆祝丰收节活动。健全公共图书馆总分馆体系，完成 80 个图书馆分馆建设。开展"基层百场行"活动，全年送戏下乡超过2000 场次。

（四）"治理有效"达到新水平

农村党建和组织工作力度大大增强。村党组织书记和村委会主任全部实现"一肩挑"，且通过法定程序兼任村级集体经济组织、合作经济组织负责人。实行村党组织全职化管理、行政村星级管理，依评星定级兑现村干部工作报酬。连续两年招录 1019 名农村专职党务工作者，实施"三支一扶"计划，累

---

① 2020 年天津市政府工作报告。
② 2020 年天津市政府工作报告。

计招募 1918 人。农村综合治理水平得到提升，推进街乡镇综治、信访、司法合署办公，建设社会治理"一张网"。

（五）"生活富裕"再上新台阶

农村民生得到全面改善。农民人均可支配收入达 24804 元，同比增长 7.5%，高于上年同期。农村公共服务保障更加强化。落实义务教育阶段公办学校城乡统一的"两免一补"政策，建立城区学校和乡村学校结对帮扶机制。启动三级医院和涉农区医院对口帮扶活动。提高养老服务水平，在农村地区建设医养结合一体机构 27 家，占全市 50%。统筹城乡社会保障，城乡居民医保基本实现应保尽保。连续七年提高城乡居民基础养老金、老年人生活补助标准和征地参保人员待遇。

二　天津市乡村振兴存在的问题

（一）现代都市型农业产业化经营水平有待提升

1.农产品品牌建设力度有待加强

2019 年第五届中国农业品牌年度盛典发布的"中国农产品百强标志性品牌"，天津仅有武清果蔬、小兔拔拔 2 个品牌入榜。

2.农业龙头企业数量不足

2019 年农业产业化国家重点龙头企业名单中天津仅有 17 家农业企业入选，相对而言北京市、上海市、重庆市分别有 43 家、24 家、41 家入选。

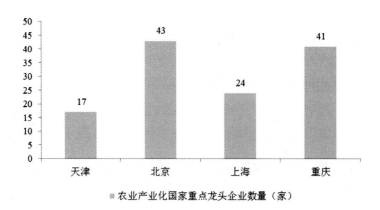

图1　2019年农业产业化国家重点龙头企业数量

资料来源：中华人民共和国农业农村部网站。

（二）乡村环境治理任务依然艰巨

1.生态环境总体形势依然严峻

2019天津市降水量为436.2mm，仅为全国平均降水量的67%；天津市人均水资源拥有量为51.9m³，仅为中国人均水资源拥有量的2.5%[①]，水资源匮乏严重制约了现代都市型农业的发展。污水灌溉污染、农药污染、化肥污染、畜禽粪便污染以及农用薄膜污染等带来的土壤环境安全问题仍需要关注。乡村人居环境短板仍然存在，部分村庄依然存在农村垃圾、厕所粪污、黑臭水体（河流）等问题。

2.生态基础设施面临巨额投入

农村生活污水、生活垃圾处理设施，养殖尾水治理、畜禽养殖废弃物综合利用处理设施，交通、水利、能源等农村基础设施建设管护都需要较大投入。我市正在高标准建设中心城区与滨海新区双城中间绿色生态屏障，资金缺口可能达数百亿元。

---

① 数据来源于2019中国水资源公报，2019年中国、天津国民经济和社会发展统计公报。

（三）乡风文明建设力度尚需加强

1.农村文化软实力较弱

传承与弘扬农村传统文化能力相对较弱。在农村非物质文化遗产的保护上缺乏资金和人才，农村非物质文化遗产传承人和民间艺人培养和传承形式单一，许多传统音乐、戏剧、曲艺、杂技后继乏人，传承链条出现断裂。在开发农村历史文化、民俗文化、生态文化的过程中，文化特色与主导产业结合度不够，社会效益与经济效益作用不显著。

2.农村文化基础设施还存在短板

村公共文化设施建设尚未全覆盖，单纯依赖政府投入，企业、个人和其他社会组织的投入不足。农村文化基础设施利用率低，部分农村文化活动场所开放时间不固定，场所内图书、报刊对农民的适用性有限，负责策划、组织、开展文化活动的专职人员较少。

（四）农村治理现代化水平不足

1.农村组织能力仍需提升

一些村级党组织与群众联系的紧密程度有所下降，村级党组织及其成员威信不够，有的甚至出现村民与村干部发生矛盾、形成对立的情况，影响了乡村治理工作的开展。有的村面积大、群众居住地较为分散，村级承担的事务越来越多，使得有些村干部在服务群众方面感到"手长衣袖短"。

2.农村三治结合存在短板

有的农村集体经济薄弱，组织运转经费来源单一，有的村甚至除财政转移支付外再无其他经济来源，"无钱办事"的矛盾十分突出。部分乡镇街对城市建设中形成的"城中村"、农村劳动力转移形成的"空心村""大项目（征地拆迁）有序撤村"后形成的新型农村社区等新现象、新事物带来的新问题、新困难、新考验应对经验不足。

（五）农村民生保障水平仍然有待提高

1.城乡居民收入不均衡现象明显

虽然从全国来看天津市城乡收入差距处于较低水平，但是城乡收入差额仍逐年增长，2019年天津市城镇居民人均可支配收入46119元，农村居民人均可支配收入24804元，城乡人均可支配收入差距达到21315元。

图2　2013—2019天津市城乡居民人均可支配收入

资料来源：2014—2019天津市统计年鉴，2019年天津市国民经济和社会发展统计公报。

2.公共服务水平偏低

农村交通、卫生等基础设施建设水平仍然偏低。教育、养老、医疗等公共服务与城区差距明显，城乡基本公共服务质量差距较大，蓟州、宝坻、武清等偏远农村地区，人口分布不均，存在着公共服务投入大、产出小的问题。

三　推进天津乡村振兴建设发展的对策建议

（一）振兴乡村经济，实现"产业兴旺"

1.推动现代都市型农业转型升级

一是优化农业产业结构。夯实粮食生产基础，坚守耕地红线，加强永久基本农田建设；稳定"菜篮子"产品供给，稳定生猪生产，保障蔬菜产品供应；优化农业生产格局，建设各涉农区的特色优势产业区。二是打造高端小站稻品牌。确保品质优异产量稳定，实现小站稻从良种繁育、生产种植到加工销售全过程标准化管理，全市小站稻种植面积达到 100 万亩。三是强化提升农产品品质。加快打造以区域公用品牌、企业品牌、特色农产品品牌为重点的农业品牌体系；完善农业质量标准体系，保障农产品质量安全；四是推动农业协同开放发展。加强京津冀农业在市场信息、渠道互通、动植物检验检疫、农产品质量监管等方面合作，支持有条件、有实力的农业企业赴海外发展。

2.完善乡村现代产业体系

一是提升农产品加工业发展水平。鼓励优势、特色农产品产区积极发展农产品产地初加工和农村特色加工业，大力发展主食加工、调味品加工、食品精深加工、净菜加工等城市服务型农副食品加工业。二是升级农村商贸流通业。实施"互联网+"农产品出村进城工程，加强区域性农产品产地市场和集散地市场建设，加快发展农村电子商务，培育壮大本地生鲜 O2O 企业。三是发展休闲农业和乡村旅游业。发展"农业+旅游""农业+文化""农业+健康"等新兴产业，打造一批高端休闲农业基地、田园综合体。四是打造产业融合发展平台。建设产业融合示范园区，培育一批产业融合发展龙头企业，创建一批特色小镇，建设一批特色鲜明、产村融合发展的特色村庄。

3.强化农业科技支撑能力

一是提升农业科技创新能力。加强农业科技研发工作，加强基层农业技术推广体系建设；构建基础性公益性研究和商业化育种相结合的现代种业科技创新体系。二是推进农业智能化发展。深化农业资源数据整合，健全耕地基本信息数据库、农业农村水资源数据库、农业气象数据库；以智能畜牧、智能水产、智能园艺、智能种业和智能农机等领域为重点，加大"5G+物联网"、人工智能等技术应用和推广力度。

（二）建设美丽乡村，实现"生态宜居"

1.推动农业绿色发展

一是注重资源保护与节约利用。严格管理水资源使用，加强农业节水政策和机制建设；严守耕地红线，落实永久基本农田特殊保护制度，探索并推广粮豆、粮菜饲粮等轮作制度；强化渔业资源保护和动植物种质资源巡查巡护工作。二是实施农业清洁生产。推进化肥农药减量增效行动，深入实施秸秆禁烧制度和综合利用，加快推进农业废弃物和农林产品加工剩余物资源化利用，加强畜禽粪便综合利用，加强土壤污染治理。

2.持续改善农村人居环境

一是持续推进垃圾治理。按照"缺什么、补什么"的原则，补足配齐村庄垃圾收运设施；适时启动农村垃圾分类投放管理责任人制度。二是持续推进污水治理。因地制宜采用污染治理与资源利用相结合的模式推进生活污水处理设施建设；探索多个村或城镇大区域打包，实现规模效益，鼓励更多大企业进入农村污水市场；将农村水环境治理纳入各涉农区河长制湖长制管理。三是深化厕所革命。建设无害化卫生厕所，实现卫生户厕全覆盖；建立卫生厕所建、管、用并重的长效管理机制。四是美化村容村貌。科学规划村庄建筑布局，推进美丽乡村示范村（镇）建设。

3.加强乡村生态保护与修复

一是健全重要生态系统保护体系。加快滨海新区与中心城区之间总面积736平方公里的绿色生态屏障区建设，打造七里海、北大港、大黄堡、团泊四个湿地自然保护区升级版，打好渤海综合治理攻坚战。二是完善生态补偿机制。推动重要生态区域生态保护补偿全覆盖；推动实现生态资源价值，大力发展循环经济、生态修复产业和节能环保产业。

（三）繁荣乡村文化，实现"乡风文明"

1.推进农村文化软实力建设

一是因地制宜发展农村文化产业。依托运河文化、漕运文化和码头文化等文化资源，引导农业生产经营者将农产品与文化、艺术创意结合，打造一批集农业观光、休闲娱乐、农耕活动体验于一体等功能丰富的农耕文化园区。二是加大农村文化遗产保护力度。全面深入推进农村文化遗产普查，加强对农村传统文化资源特别是非物质文化遗产的保护。三是抢救性挖掘传统村落文化遗产，发展传统村落居民参与提供在地服务的产业。四是传承保护好传统节日文化，推陈出新传统节日中的民俗文化活动。

2.大力加强农村文化基础设施建设

一是加强村级文化活动场所的规范化建设。坚持有效利用和综合利用原则，将村综合文化活动中心、农家书屋等服务群众场所建设成为党员教育中心、科技培训中心。二是加强乡镇（街道）基层综合性文化服务中心和村（社区）基层综合性文化服务中心建设，推动公共文化信息资源的共建共享。三是推进乡村文化资源数字化建设，加强数字图书馆、公共电子阅览室等公共数字文化服务平台建设。

（四）振兴基层组织，实现"治理有效"

1.以自治为基消化矛盾

一是完善村民自治制度。村民议事过程坚持公开公正原则，建立健全村务监督委员会，实现村务事项事前、事中、事后全过程公开。二是提升村民自治水平。提升农村社区管理服务水平，提升农村社会工作和志愿服务工作水平。

2.以法治为本定分止争

一是增强村民法治意识。加大法治宣传教育力度，引导全体村民自觉守法。二是加强农村司法队伍建设。推动基层综合行政执法改革，加强基层执法队伍建设，加大对农民的法律援助和司法救助力度。三是健全依法维权和化解纠纷机制，完善民意反映和回应机制，重视网络民意，强化诉访分离，促进信访与调解对接联动。

3.以德治为先春风化雨

一是发挥道德教化作用。以社会主义核心价值观为指导，改造农村熟人社会道德规范，发挥社会主义道德引领作用。二是发挥村规民约作用。出台村规民约指引，全面开展修订完善村规民约活动，弘扬公序良俗。三是促进乡村移风易俗。抓好党员带头和村民自治两个关键环节，反对和抵制封建迷信、陈规陋习、奢侈浪费以及腐朽落后文化侵蚀，积极引导广大村民崇尚科学文明。

（五）持续改善民生，实现"生活富裕"

1.促进农民增收致富

一是增强农民分享农村产业融合发展的增值收益。在乡村产业融合发展项目中，加大保障农民以土地、房屋、资金、劳动、技术、产品等形式参与获取的收益力度。二是激发农村创新创业活力。鼓励和支持农民在乡村特色产业领域创业，加大对返乡农民创新创业政策支持力度，支持青年农民返乡创办农民合作社、家庭农场等。三是加大农村劳动力就业培训力度。大力推行覆盖农村劳动力在内的城乡劳动者终身职业技能培训制度，切实提高农村劳动力的稳定就业和岗位适应能力。四是保障农村劳动者合法权益。完善农民工工资支付预防和保障机制，扩大工会组织对农民工群体的服务覆盖面，畅通农民工维权渠道。

2.提升乡村公共服务水平

一是大力发展农村教育。推进城乡教育资源均衡配置，扩大农村学前教育覆盖面，提高农村义务教育建设标准，增加优质高中农村招生学位数量。二是推进健康乡村建设。实施基层医疗卫生队伍提升计划，推进农村基层医疗卫生服务全覆盖，加大传染病和慢性病防治力度。三是完善农村养老服务体系。推进养老服务与医疗服务相结合，大力加强乡镇养老照料中心、农村幸福晚年驿站和邻里互助点建设。四是推进城乡社会保障制度建设。扩大城乡居民养老保险覆盖面，继续提高城乡居民基本医疗保险保障水平，扩大企业职工保障适用范围，确保在农业企业、合作社、家庭农场等单位就业的职业农民同等享受到企业职工保障待遇。

3.完善困难帮扶机制

一是持续帮扶低收入农户。突出可持续性帮扶，利用招商引资和财政资金扶持产业项目，为低收入农户提供就业机会。二是系统帮扶，由单纯促进增收转为解决低收入农户的教育、医疗、住房等在内的系统困难。三是扩大帮扶范围。将帮扶范围低收入群体扩大到支出性贫困群体。四是加强精神帮扶。提升贫困户主观能动性，积极宣传脱贫致富先进典型事迹，发挥带动示范效应。

（六）深化农村改革，突出制度保障

1.突出党建引领

一是加强党的领导。把乡村振兴作为"一把手"工程，全面落实五级书记抓乡村振兴责任制。二是狠抓村党组织领导班子建设。稳定村党组织领导班子，逐步优化结构；加强基层干部培训，提高其政治觉悟、政策水平和领导能力；抓好村级后备干部的选拔、培养和管理工作，指定专人进行培养教育。

2.分类规划发展

统筹考虑天津市乡村的禀赋、现状，将天津市村庄划分为4种不同类型。

集聚提升类村庄。包括现有规模较大的中心村和其他仍将存续的一般村庄，是乡村类型的大多数和振兴重点，应积极改造升级。

城郊融合类村庄。环城区的村庄具备成为城市后花园和转型为城市的条件，应明确乡村管理机制和责任主体，加强城市资金、技术、人才等要素向其流动。

特色保护类村庄。特色保护类村庄应在保护基础上进行适度开发，适度发展特色旅游业，也可发展休闲农业、养老公寓、民宿经济等特色经济，对具有特色的村庄要开展有针对性规划，突出特色。

偏远地区村庄。蓟州、宁河等偏远涉农区，交通、物流、信息、人才相对缺乏，需要从基础设施入手，抓好对农民的培训工作，发展农村电商新经济，让地处深山或偏远农村的生态资源、特色产品产生效益。

3.加强资金保障

一是加大财政保障力度。明确乡村振兴战略财政投入制度，确保公共财政投入力度不断增强；调整土地出让收入分配收益，提高土地出让收入用于农村的投入比例；建立涉农资金统筹整合长效机制，增加区、乡镇自主统筹空间。二是加强金融支农力度。推出奖励政策支持金融机构加大支农服务力度，出台金融机构服务乡村振兴考核评估办法，鼓励金融机构开展农村金融产品创。

4.推进农村土地制度改革

一是根据新土地管理法，系统总结蓟州区集体经营性建设用地入市改革试点的经验，推广集体经营性建设用地入市。二是改进土地征收补偿标准，不再以年产值倍数法确定土地补偿费和安置补助费，改为综合考虑土地区位、供求关系等因素，制定区片综合地价作为补偿标准。三是探索宅基地所有权、资格权、使用权"三权分置"改革。支持农村集体经济组织及其成员盘活利用闲置宅基地和闲置住宅，发展休闲观光和健康养老等新产业。

5.发展农村集体经济

一是全面推进农村集体产权制度改革。在农村土地承包经营权确权登记颁证工作已全部完成的基础上，开展农村集体资产清产核资工作，统筹考虑历史和现实因素完成集体成员身份确认工作，科学确定股份量化系数推进集体经营性资产的股份合作制改造。二是完善集体经济扶持政策，设立村集体经济发展专项扶持资金，在土地政策上向集体经济倾斜，给与集体经济优惠税费政策等。

参考文献：

[1] 尹晓丹:《天津市实施乡村振兴战略存在的问题及对策建议》,《天津农业科学》2019年第4期。

[2] 许汉烈:《浅谈如何加强农村基层党建工作》,《现代企业文化·理论版》2008

年第 9 期。

[3] 刘海涛：《乡村振兴视角下农村扶贫问题与对策研究》，《中国乡镇企业会计》2020 年第 10 期。

天津北方国际航运核心区建设研究报告（2021）

石森昌　天津社会科学院经济分析与预测研究所研究员

摘　要： 新冠肺炎疫情和国际政治经济领域众多不确定性因素导致全球航运业处于低潮期。北方国际航运核心区建设在港口综合能力培育、政策支持体系完善、航运枢纽功能发挥、区域服务能力提升、贸易便利化推进以及智慧绿色港口建设等方面稳步推进。外部环境的不确定性使得 2021 年国内航运业难以全面恢复，但构建"双循环"发展新格局将带来新的发展机遇。预计 2021 年全市港口货物吞吐量将超过 5.2 亿吨，外贸货物吞吐量将超过 2.9 亿吨，集装箱吞吐量将超过 1900 万标准箱。要尽快推动落实《加快天津北方国际航运枢纽建设的意见》，注重培育五种能力，即服务"双循环"发展格局的能力、对外港口间智慧互联能力、航运供应链服务能力、贸易便利化服务能力以及邮轮旅游业创新发展能力。

关键词： 航运枢纽　智慧港口　智慧互联　供应链

一　国际航运业发展现状

（一）新冠肺炎疫情冲击国际航运业

航运咨询机构 Sea-Intelligence 的数据显示，受新冠肺炎疫情影响导致货物运输需求大幅下滑，由世界最大的两家集装箱航运公司马士基航运 Maersk

和地中海航运 MSC 组成的 2M 联盟在 2020 年二季度的亚欧航线和亚洲—地中海航线有超过五分之一的航次停航。克拉克森研究的数据表明，至 2020 年 6 月初，全球集装箱船总闲置运力占比已经由年初的 6.8% 迅速增至 11.1%，上一次达到这一水平还是在 2008 年的金融危机期间；集装箱船热停闲置运力占比也由年初的 2.8% 升至 8.3%；2020 年二季度，全球集装箱海运贸易量同比下滑约 10%；最新预测显示，2020 年全球海运贸易量将萎缩 4%。

多种迹象表明，全球很有可能在 2020 年秋季迎来新冠肺炎疫情第二波冲击，全球航运业将很难在 2021 年全面恢复。2020 年 10 月 12 日，世卫组织发布的新冠肺炎疫情周报数据显示，在一周内：①全球新增 2268892 例确诊病例，为单周新增最多；②欧洲新增病例数较前一周增加 34%，非洲新增死亡病例数较前一周增加 27%；③印度、美国、巴西、英国和法国上报病例数最多。根据历史上国际疫情的发展经验，疫情第二波往往会比第一波更猛烈，破坏性更大。因此，在新一轮新冠肺炎疫情影响下，2021 年全球航运业可以在局部地区得到较好恢复，但要想在全球范围内全面恢复将很难实现。

（二）逆全球化增加国际航运业发展不确定性

以 2016 年英国开始推动脱欧等政策为标志，全球范围内的贸易保护、逆全球化日趋严重。全球贸易预警机构（GTA）的数据表明，2018—2019 年，全球性的贸易保护主义措施总数超过 1000 项，比前 3 年增长约 40%。逆全球化和贸易保护主义给全球经贸体系造成巨大冲击，全球港口及相关行业的发展受阻，2015—2019 年间，全球港口货物吞吐规模年均仅增长约 2.9%。

新冠肺炎疫情爆发进一步强化了逆全球化趋势。疫情使得构建全球产业链将面临前所未知的风险，导致各国积极推动构建和完善本土产业链，2020 年 4 月，美国和日本先后表示将提供 100% 的报销以支持本国企业回国。在日益增多的"本国优先"政策影响下，国际贸易量将不可避免地收缩，跨国跨洲跨海的长距离海运规模将持续下降，以国内贸易为主的近海支线运输和内河运输占港口物流的比重将不断提升。

（三）绿色航运推动新产业机遇

绿色航运孕育新的市场需求。随着各类绿色航运发展标准和规则的陆续实施，全球航运业产业链上的各个节点都将不可避免地需要进行调整以适应新要求，低硫燃油的市场占有率将上升，其他新能源和绿色能源燃料将获得新的市场机会，涌现新的产品和服务。全球航运业的去碳化对零排放燃料供应商而言意味着一个万亿美元规模的市场新机遇。同时，对船舶进行绿色设计和改造也将迎来新的市场机会，如安装洗涤塔就是绿色环保背景下的航运细分新市场。

绿色航运推动航运金融创新。发展绿色航运需要采用新的能效提升技术和使用替代燃料，必将增加航运企业的运营成本。波士顿咨询公司的研究显示，2020—2023 年，为满足环保要求，仅集装箱班轮的燃料成本一项，就将增加 250 亿~300 亿美元的成本。发展绿色航运需要航运金融创新提供持续资金支持。环境保护标准将成为船舶融资的重要考量因素，类似"波塞冬原则"这样的航运投融资项目新评价标准将会逐渐普及，航运业碳基金将会得到快速发展，以鼓励支持航运公司加大对船舶零排放的改造升级，分担绿色航运创新风险。

二　2020 年北方国际航运核心区建设进展

（一）多措并举促发展，港口综合能力持续增强

2020 年以来，通过开辟新航线，开通新班列，开设新网点，开拓新市场，天津港综合服务能力持续增强。目前，天津港集装箱航线总数达到 130 条，航运贸易辐射世界上 200 多个国家和地区的 800 多个港口，覆盖全球主要港口。2020 年前三季度，天津港集团累计完成集装箱吞吐量 1376.5 万标准箱，同比增长 5.2%；累计完成货物吞吐量 3.36 亿吨，同比增长 4.3%，增速在全国同类港口中位居前列。2020 年 9 月份，天津港集团完成集装箱吞吐量 176.2

万标准箱，同比增长 7.6%；完成环渤海运量 9.7 万标准箱，同比增长近八成；前三季度海铁联运突破 60 万标准箱，同比增长近四成。

英国《劳氏日报》发布的"2020 全球 100 大集装箱港口排行榜"排名中天津港位列第 9 名，与 2019 年的排名持平。排在天津港之前的国内港口分别是上海港（第 1 名）、宁波舟山港（第 3 名）、深圳港（第 4 名）、广州港（第 5 名）、青岛港（第 7 名），在所有入选榜单的国内港口中，天津港排名第 6 位。

在新一期的《新华·波罗的海国际航运中心发展指数评价报告（2020）》中，天津的全球航运中心排名上升至第 20 位，在国内港口排第 6 位，实现了两年时间 4 个位次的跃升，见表 1。

表 1　国内主要港口城市新华·波罗的海指数历年排名

	2017	2018	2019	2020
上海	5	4	4	3
宁波舟山	18	14	13	11
广州	23	18	16	13
青岛	19	19	17	15
深圳	26	20	22	18
天津	24	23	24	20
大连	30	21	20	23
厦门	28	22	30	25

资料来源：《新华·波罗的海国际航运中心发展指数报告》（2017、2018、2019、2020）。

（二）多方联动形成合力，政策支持体系进一步完善

中央部委强化统筹规划。2020 年 7 月，国家发展改革委、交通运输部联合发布《加快天津北方国际航运枢纽建设的意见》（以下简称《意见》），推动天津加快建设以天津港为中心的国际性综合交通枢纽。《意见》明确了天津建设北方国际航运枢纽的发展定位和发展目标，围绕推进港口合理分工、精准完善基础设施、创新多式联运体系、提升开放服务水平、大力提升智能化水平、促进安全绿色发展以及促进港城融合发展等七个方面出台了 23 条具体

举措。

地方政府进一步完善制度体系。2020 年以来，围绕世界一流港口建设，天津市先后出台了《天津港建设世界一流港口支撑指标和目标体系》《天津港集疏运重点问题解决方案》《天津市推动天津港加快"公转铁""散改集"和海铁联运发展政策措施》等文件，高标准制定世界一流港口建设标准和目标体系，积极推进集疏运交通体系和多式联运体系建设。加强对天津港空间规划、港口智能化改造、港口基础设施建设、港城协同发展以及营商环境优化等方面做的规划引领。

港口企业推进强港兴企新战略。天津港提出要全面实施"一二三四"强港兴企新战略，大力实施"拓集、优散、强物流、重协同"经营策略，加快建设世界一流港口、打造世界一流港口营运集团。2023 年要实现"五个再上新台阶"，即绿色港口建设再上新台阶、智慧港口建设再上新台阶、枢纽港口建设再上新台阶、国企改革创新再上新台阶以及国企党建质量再上新台阶。2023 年至 2028 年，天津港集团公司将成为具有较强国际竞争力和品牌影响力的世界一流港口营运集团，基本建设成为智慧绿色、安全高效、繁荣创新、港城融合的北方国际航运枢纽，全面建成"双一流"。

（三）加快构建多式联运体系，航运枢纽功能持续增强

积极拓展集装箱航线航班。2020 年以来，天津港集团新开外贸集装箱班轮航线 6 条，有 4 条通达东盟国家，通达东南亚的集装箱航线达到 35 条，2020年前 9 个月，天津与东南亚国家间的货物吞吐量达 132 万标准箱。"东盟"成为天津在"一带一路"外贸市场中的第一大贸易伙伴。据天津海关统计数据显示，2020 年前 4 个月，天津市进出口总值达 2147.7 亿元人民币，其中"东盟"进出口额达 291 亿元，增长 5.7%，占总值的 13.6%。

海铁联运取得新成效。华南地区运往新疆的"重去重回"海铁联运项目回流，长春到天津港的海铁联运班列自恢复以来开行 14 列，拓展了粮食、石油、钢铁等货类客户，架起我国"北粮南调"和西部地区外贸货物出口的海上新通道。天津港已拥有内陆海铁联运运输通道 40 余条，实现对京津冀、山

西、宁夏、新疆等主要经济腹地的全覆盖；还拥有三条陆桥运输通道，陆桥运输总量处于沿海港口前列。

大力实施"公转铁+散改集"双示范。推进港区集疏运铁路与铁路干线路网衔接，持续优化港口运输结构，全力打造"公转铁+散改集"双示范基地。依托南疆矿石铁路专用线、港俊货场专用线建设，国外进口铁矿石可以由敞口集装箱列车经铁路直接运送到天津、河北等地的钢铁厂。天津港煤焦实现100%铁路运输，2020年上半年铁矿石铁路运输占比达到63.7%，较2017年增加28个百分点；2020年前7个月，天津港疏港矿石铁路运量同比增长50%以上。通过创新卸船直装火车和散货智能装箱系统新工艺，2020年上半年"散改集"累计完成81.3万标准箱，同比增长一倍以上。

（四）下好协同发展"一盘棋"，区域服务能力稳步提升

着力打造以天津港为核心的环渤海干支联动网络。加大环渤海内支线"天天班"航班密度，新增6艘船舶投入运营，每月达到120余艘次。组建环渤海内支线操作中心，开辟天津—黄骅"两点一航"新操作模式，实行两地码头一体化管理，实时共享作业进度，灵活调整船舶计划，实现一天2至3班运营。向社会公布"天天班"船期表，方便京津冀企业客户实时掌握环渤海内支线船舶班期，强化船货衔接，提升整体服务水平，打造"天天班"服务品牌。2020年以来天津港环渤海内支线"天天班"运量同比增长40%以上，二季度环比增长49%。

加强津冀港口常态化对接和推进专项服务工程建设。2020年4月，天津港集团与河北港口集团签署全面战略合作框架协议，共同推动区域合作升级、港口经营模式升级、全程物流供应链网络升级和津冀港航协同升级，为京津冀协同发展提供有力支撑。2020年上半年津冀码头集装箱吞吐量同比增长23%。主动对接雄安新区需求，雄安新区服务中心运营良好。京津物流园工程正式开工，打造中国北方冷链物流基地和环渤海进口冻品交易中心。

（五）打造营商环境"金招牌"，贸易便利化水平明显提升

船舶服务管理效率不断提升。2020 年以来，天津港集团实施"效率年"攻坚行动，对船舶到港靠泊、作业到离港的整个时间轴进行梳理，压缩每一个环节的每一分钟，港口运转效率和服务水平得到了极大提升。2020 年前 5 个月，共有 571 条船舶采用"零报告"进出港，实现船舶完工即离，压缩船舶在港停时 1713 小时。

货物通关速度进一步加快。推进集疏港智慧平台，推广进口"船边直提"和出口"抵港直装"作业模式，使得提箱时长由原先的 1 到 2 天最短能压缩至 1.5 小时。2020 年前 7 个月，全港外贸进口重箱"船边直提"总作业量超过 14.4 万标准箱，集装箱重点作业线效率同比上升 18.84%，在泊船时效率同比上升 14.86%，集装箱船舶直靠率同比提升 15.85%。口岸海运进口整体通关时间已由 2019 年 1 月的 40.36 小时，压缩到 2020 年 6 月的 34.61 小时。

实现港口业务"单一窗口"和"网上办理"。天津港集装箱业务受理中心正式运营，实现所有集装箱码头业务的"单一窗口"办理。依托"天津港电子商务网"，优化网上营业厅和计费系统，已优化 8 个大项涉及 26 个小项的业务流程，网上营业厅的签约客户达到 1621 家，集装箱单证电子化比例达到 100%，无水港集港直通比例达到 100%，网上集疏港预约比例达到 99%，客户足不出户就能办理各种港口业务。

（六）全面推进港口"智慧升级"，智慧港口建设抢占高点

加快 5G 设施设备智慧化。截至目前，天津港码头 5G 基站数量已达 127 个，2020 年底将建成 143 座 5G 基站，推动远程操控、无人集卡作业指令传输等方面实现稳定应用。天津联通 5G+MEC 网络正式在天津港商用，为岸桥自动化改造、自动化场桥升级和 25 台无人驾驶电动集卡规模化应用提供强大支撑。

码头智能化水平持续提升。岸桥、场桥自动化改造取得积极进展。实施岸桥理货智能化改造，在全球首次实现智能理货业务在所有集装箱码头全覆

盖，一次识别准确率超 95%。25 台无人驾驶电动集卡规模化应用领跑全球。2020 年底，北疆港区 C 段智能化集装箱码头就将有一个泊位投产，可实现 5G、物联网、人工智能等集成应用，建成我国智能化程度最高、建设成本最低、运营效率最优的智慧集装箱码头 2.0 版。天津港绿色智慧专业化码头科技示范工程成功入选交通运输部科技示范工程，成为全国所有实施项目中唯一一项港口领域项目。

搭建"互联网+"线上服务平台。建成京津冀港口智慧物流协同平台，集装箱单证电子化比例、无水港集港直通比例达到 100%，网上集疏港预约比例达到 99%。升级港口智能管控中心，打造集调度指挥、市场运营、客户服务等功能于一体的"港口大脑"，实现港口治理精准化、智能化和高效化。"大数据管理平台""港区精准气象服务系统"等重点项目顺利推进。集装箱业务单证电子化率实现 100%、业务线上受理率超 85%。

三　2021 年发展机遇、挑战与展望

（一）"双循环"发展新格局带来新机遇

2020 年 9 月 9 日，在中央财经委员会第八次会议上，习近平总书记强调，必须把建设现代流通体系作为一项重要战略任务来抓，为构建"双循环"新发展格局提供有力支撑。作为流通体系中的重要组成部分，航运业在"双循环"发展格局下将迎来新发展机遇。

内贸集装箱航运业有望得到快速发展。独立自主的国内大循环要求以扩大内需为战略基点，补短板、疏梗阻，着力打通国内生产、分配、流通、消费各环节，内贸集装箱航运业有望迎来历史性发展机遇。2019 年，全国统计的主要港口内贸集装箱吞吐量约 7572.7 万 TEU，占全国港口集装箱港口总量比例 36.87%。在"双循环"发展背景下，国内产能得以充分释放，国内消费市场的持续扩大有望进一步增加港口内贸箱比例。天津在搭建南北物流大通道和推动环渤海干支联动上具有很大发展潜力。

港口与内陆腹地的连接和合作向纵深发展。"双循环"将加快内陆无水港的布局与建设，加密海铁联运班列，推动多式联运平台搭建，促进内陆区域贸易走廊建设，有利于更好地推动沿海港口与内陆腹地企业参与国内国际两个循环的共建互融，更好地满足多样化、个性化、碎片化的物流市场需求。港口与腹地的新型商贸关系有助于扩大港口的辐射带动作用和促进资源优势互补。通过拓展和完善现有的内陆海铁联运输通道和多式联运平台，天津借力"双循环"可进一步强化航运枢纽功能，提升辐射影响力和带动力。

（二）外部环境不确定性延缓航运业全面恢复

新冠肺炎疫情对国内航运业造成重大负面冲击。以国内沿海 8 个主要港口为例。疫情发生前，2019 年前 9 个月，除了上海的港口货物吞吐量同比增长为负，其余港口都为正值；疫情发生后，2020 年前 9 个月，上海、深圳、大连和厦门的港口货物吞吐量同比增长为负，且所有 8 个港口的增长都低于2019 年同期，见图 1。

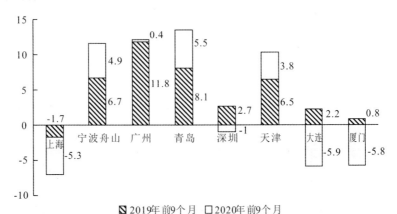

图 1 疫情前后主要港口货物吞吐量增长率对比

从集装箱吞吐量看，截至到 2020 年 9 月，沿海主要港口集装箱吞吐量都较 2019 年同期增长放缓，其中大连较去年同期下降 36.2%，上海下降 3.7%，深圳下降 2.1%，其他几个港口的集装箱吞吐量虽然是正增长，但增长率都低于去年同期值，见图2。

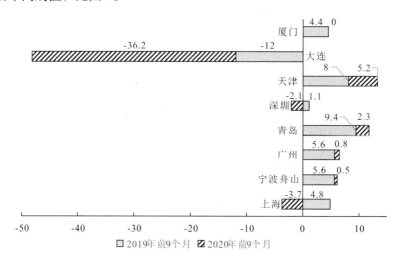

图2　疫情前后主要港口集装箱吞吐量增长率对比

从每个月的增长趋势来看，疫情影响效应更加明显。以全国为例，2020年1月份，全国港口集装箱吞吐量同比增长-5.3%，到2月份该指标下降到-10.5%，9月份为-1.3%。就天津而言，2020年1月集装箱吞吐量同比增长是7.5%，到了2月份变为-3.9%，下降了11.4个百分点，一直持续到5月份才重新回到正增长，见图3。

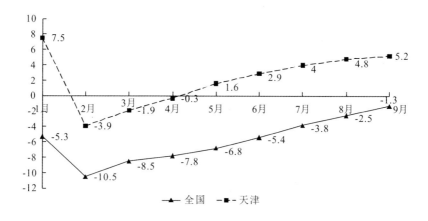

图3　2020年1—9月全国和天津集装箱吞吐量增长率趋势图

尽管从 2020 年 5 月起，天津的集装箱吞吐量增长率就转为正值，并且在沿海主要港口中属于恢复相对较好的。但由于国外疫情及其他因素的不确定性，天津港口及航运业务在 2021 年要恢复到正常水平仍存在很大不确定性，尤其是国际邮轮业务何时重启仍是未知数。

（三）2021 年主要航运指标发展预测

首先是对港口货物吞吐量进行预测。2020 年前 9 个月，天津的港口货物吞吐量达到 38621 万吨，同比增长 3.8%。利用 2017、2018、2019 年的数据，通过比较分析，预计 2020 年全市港口货物吞吐量将达到 51763.32 万吨左右。为了进一步提升预测的精准度，基于港口货物吞吐量的历史数据，建立货物吞吐量的灰色系统模型，并对 2020、2021 两年的货物吞吐量开展预测，结果分别为 49350.9 和 51586.4 万吨，见图 4。综合考虑各种因素，预计 2020 年天津市全市港口货物吞吐量将达到 5 亿～5.1 亿吨之间，2021 年将达到 5.1 亿～5.2 亿吨之间。

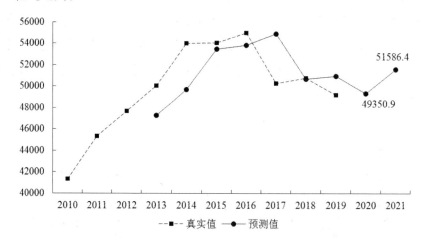

图 4　2010—2021 年天津货物吞吐量增长趋势图

其次是对外贸货物吞吐量进行预测。天津市外贸货物吞吐量在 2015 年达到峰值 29852 万吨后，就呈现下降趋势，至今未恢复到前期高位。2020 年前 9 个月，天津市外贸货物总量达到 21681 万吨，同比增长 4.4%。依据外贸货物吞吐量的时间序列增长特点，采用灰色系统预测法，预计 2020、2021 年全市外贸货物吞吐量将有望分别到达 27843.77 万吨和 28563.52 万吨，见图 5。综合考虑各种因素影响，预计 2020 年全市外贸货物吞吐量有望超过 28000 万吨，2021 年有望超过 29000 万吨。

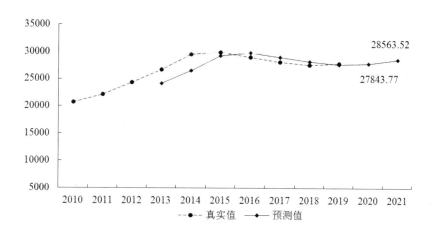

图 5　2010—2021 年天津外贸货物吞吐量增长趋势图

最后是对集装箱吞吐量进行预测。从 2010 年至今，集装箱吞吐量呈现稳步增长的趋势。2020 年前 9 个月，天津市已完成集装箱吞吐量 1377 万标准箱，同比增长 5.2%。运用增长模型对天津市集装箱吞吐量进行预测，2020 年集装箱吞吐量将达到 1849.81 万标准箱，2021 年达到 1862.83 万标准箱，见图 6。综合考虑各种因素的影响，预计 2020 年集装箱吞吐量有望超过 1850 万标准箱，2021 年有望超过 1900 万标准箱。

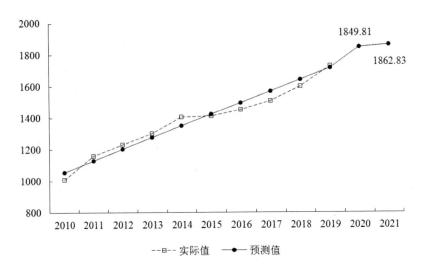

图6　2010—2021年天津集装箱吞吐量增长趋势图

四　对策建议

《加快天津北方国际航运枢纽建设的意见》（以下简称《意见》）系统全面地提出了推进北方航运枢纽建设的23条具体建议，天津市相关部门应围绕《意见》加紧出台实施方案，制定行动计划，尽快落实到位。同时，综合当前港口航运业发展的趋势，在推进北方国际航运枢纽建设过程中应重点培育五种能力。

一是提升服务"双循环"发展格局的能力。要充分发挥港口在畅通产业循环、市场循环和经济社会循环的"先行者"作用，助力国内国际双循环的经济新格局。首先是畅通国内大循环，加快推进贯通南北的海运大通道建设。天津港应进一步推动环渤海港口群与南方主要大港之间的合作，持续优化、新开直达航线。通过加密航次、升级船型、增设专用泊位等方式，优化直达航线。建立港航内贸集装箱市场合作开发机制，携手打造"精品航线"效率和服务标杆。其次是推动消费要素、商贸要素在天津聚集，助力天津打造消费型城市。依托南北大通道，加快建设生活消费品分拨中心，打造面向京津冀地区和我国北方的生活消费品集散中心。通过与国内外贸易商等生态圈伙伴互联互通，加快由物流港向贸易港转型。

二是提升对外港口间智慧互联能力。天津港推进世界一流智慧港口建设走在国内港口前列，但当前智慧港口建设主要围绕提升港口自身数字化、智能化水平展开，未来要重点推进与其他港口间的智慧互联，尤其是与国内主要港口开展"虚拟港口"互联。依托物联网、云计算、区块链、大数据等新一代信息技术，发展"虚拟港口"互联，即把天津港虚拟成为其他港口信息系统的一部分，同时其他港口也虚拟成为天津港信息系统的一部分。通过"虚拟港口"互联，处于不同地域的港口间可以实现航运物流数据、信息的实时互联、共享，让港口、码头、船公司、客户、货主等可以随时了解到货物处于物流哪一个环节，货物运输过程更加透明、衔接更加紧密，并且物流全程更加严格可控，从而进一步提升运输时效、降低运输成本。

三是提升航运供应链服务能力。首先是加快物流平台和配套设施建设。加快推进东疆进口商品分拨基地、国际跨境电子商务分拨基地和邮轮物资保税供应基地项目建设，积极拓展国际中转集拼和矿石保税分拨功能，完善具备进口商品分拨、出口商品集散、大宗商品交易功能的国际物流分拨基地功能。加快通用仓和冷链仓以及港内外仓容提升工程，满足进出口物流、中转集拼、跨境电商等业务需求。加快推进航运服务集聚区建设，吸引高端港航要素集聚，为国际中转、国际采购、国际配送、国际转口贸易等业务开展创造条件。大力发展航运金融，建设航运金融服务集聚区，引导国内外金融、保险、中介等服务机构落户天津，鼓励市场主体开展航运金融业态创新。

四是提升贸易便利化服务能力。截至 2020 年 10 月，天津市有 4 个综合保税区，总面积达 13.41 平方千米。建设综合保税区有利于进一步优化天津的营商环境，提高企业的国际化水平，更好地对接国内、国际两个市场，提升国际竞争力。但与上海相比，天津的对外开放步伐还有待进一步加快。2020年 5 月 12 日，上海洋山特殊综合保税区（一期）通过海关总署等国家八部委组成的国务院联合验收组的验收，该特殊综保区具有"一线放开，二线管住"特点，一线进出境径予放行、可在区内检疫；二线进出口单侧申报；区内不设账册，实施特殊的统计方式，区内自由流转，区间流转单侧申报。天津应在高水平建设综合保税区基础上，充分借鉴上海的经验，积极争取在建设特殊综合保税区方面有所突破，发挥"以点带面"的效用，以进一步提升北方国际航运核心区的贸易便利化水平。

五是提升邮轮旅游业创新发展能力。破解邮轮旅游业当前发展困境，要充分发挥我国作为全球最具增长潜力的邮轮旅游新兴市场优势，打造以境内邮轮旅游为主体的邮轮旅游新格局，提升全行业抗风险能力，为未来邮轮旅游市场全面恢复打下良好基础。首先要推动邮轮港城建设。着眼于把东疆港邮轮码头建设成为成熟的城市商业社区，加大招商引资力度，推动建设集邮轮综合服务、休闲度假、购物居住于一体的综合体。建设东疆邮轮码头口岸进境免税商店，吸引更多人群到邮轮码头购物消费，提升码头使用效率和公司经营效益。其次是推动邮轮旅游路线、产品和服务创新。在国际航线短期内难以全面恢复的情形下，加强与沿海各省市的合作交流，共同开发国内邮轮旅游线路和邮轮旅游岸上产品，探索邮轮旅游国内区域合作机制。推进天津邮轮母港与大连、青岛、烟台、上海、舟山、厦门、深圳、广州和三亚等国内邮轮码头的协同发展，互开邮轮旅游线路，促进国内邮轮旅游产业共赢发展。

参考文献：

[1] 陈雨露：《"双循环"新发展格局与金融改革发展》，《中国金融》2020 年第 19—20 期。

[2] 郁鸿胜等：《发展转型中的上海国际航运中心建设理论探索与实践》，上海社会科学院出版社，2018 年。

[3] 周琢等：《国际航运中心建设新模式——上海探索与实践》，上海人民出版社，格致出版社，2019 年。

[4] 范晓莉：《国际航运中心形成与发展机理研究》，南开大学出版社，2016 年。

[5] 中新网：《天津港内贸集装箱吞吐量大幅增长 畅通国内经济大循环》，中国新闻网，

2020-07-31：http：//www.chinanews.com/cj/2020/07-31/9253277.shtml.

　　[6] 网信天津：《天津港智能化水平不断升级 智慧港口建设加速"跑"起来》，中国经济网，2020-06-10：http：//www.ce.cn/cysc/tech/gd2012/202006/10/t20200610_35099367.shtml.

天津金融创新运营示范区发展研究报告（2021）

沈艳兵　天津社会科学院经济分析与预测研究所副研究员

摘　要： 天津已经基本建成创新活跃、运营高效、环境优越的金融创新运营示范区。金融创新和经济转型不断升级，普惠金融、绿色金融、消费金融、物流金融等依托金融科技的力量不断创新发展。金融对天津经济的支撑作用越来越强，疫情期间尤为显著，在助力经济增长和快速复工复产中起到了关键作用。未来，在"十四五"的发展进程中，天津金融创新运营示范区建设将依托新基建，在双循环的发展格局中，在京津冀协同发展下，不断提升金融创新的深度和广度，坚持金融服务实体经济的根本原则，进一步扩大金融开放，加快推进数字金融建设，争取在下一个五年建设中取得更辉煌的成绩。

关键词： 金融创新运营示范区　金融创新　问题　建议

2020 年对于天津金融创新运营示范区建设是一个重要的节点，从 2015 年以来，天津依托自贸试验区金融创新实践，集聚金融机构，创新传统金融，大力发展新型金融，做大做强要素市场和运营平台，集成先进金融产品、工具和服务模式先行先试，为服务京津冀协同和实体经济发展，助推国家"一带一路"建设，基本建成了创新活跃、运营高效、环境优越的金融创新运营示范区。

一　2020年天津金融创新运营示范区发展情况

（一）2020年天津金融发展总体情况

1.社会融资总量不断增长，金融业对经济的支撑作用不断增强

2020年一场突如其来的新冠肺炎疫情使得国内外经济受到严重打击，在严峻的经济环境下，天津金融的整体发展持续向好，社会融资总量依然处于增长态势，中外金融机构本外币存款增速总体呈上升态势，见图1。截至2020年8月末，天津市金融机构（含外资）本外币各项存款余额34406.7亿元，同比增长9.14%，各项贷款余额38235.8亿元，同比增长6.4%。2020年1—8月，金融机构本外币各项存款比年初增加2617.9亿元，本外币各项贷款比年初增加2094.5亿元。金融业对经济的支撑作用不断增强，今年上半年，金融业增长4.7%，拉动全市经济0.7个百分点。

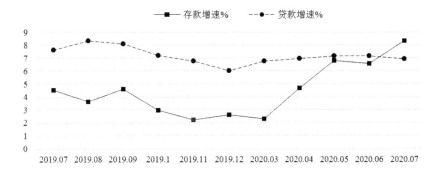

图1　天津中外金融机构本外币存贷款增速（2019.07—2020.07）

数据来源：中国人民银行天津分行官网。

2.信贷结构不断优化，加大了服务民营和小微企业力度

受疫情影响，许多民营企业、小微企业及个体工商户的资金周转出现困难，政府和金融机构联合加大对民营企业、小微企业及个体工商户的服务力度，不断优化信贷结构，出台了诸多优惠的融资政策，充分体现了金融普惠

优势。一是增加了贷款总量，加大了对小微企业及个体工商户的贷款量。二是扩大了小微及个体工商户贷款覆盖范围，降低了贷款成本，众多金融机构安排专项的支小再贷款、单列信贷计划、转贷款等利率优惠政策。三是提高了贷款的便利化，许多金融机构利用大数据信息和采取线上办理等方式简化贷款手续，操作简便灵活。

3.积极发挥金融市场多元化融资作用，畅通投融资机制

天津金融机构积极发挥金融市场多元化融资作用，不断拓宽资金来源。2020年1—8月，我市企业银行间市场发债1615.8亿元，同比增长46.89%。净融资同比增长50.32%。在融资规模大幅增长的同时，融资成本也显著下降，企业银行间市场发债加权平均利率4.15%，同比下降34个基点。融资主体更为多元，截至2020年8月末，全市共有124家企业在银行间市场发行债券，较年初新增8家，民营企业发行104.13亿元，是去年同期的6.67倍。民营企业投融资机制不断畅通，简化来津设立私募基金产品的程序，支持更多综合实力强、专业水平高的私募投资机构来津发展，带动社会资本的股权投资力度，持续提升完善区域性股权市场功能。

4.积极推进跨境人民币业务，加快金融开放

在贯彻"六稳""六保"决策部署下，天津各金融机构持续推动跨境人民币业务发展，一些银行在跨境人民币业务上已取得初步成效，如渤海银行人民币跨境收付信息管理系统（RCPMIS）直连建设、浙商银行天津市分行跨境电商人民币收款创新业务落地运行、工商银行天津市分行落实了人民银行跨境人民币调查研究工作、中国银行天津市分行制定了跨境人民币自律机制等。

（二）天津金融市场运行情况分析

虽然年初受到疫情影响，但天津金融市场整体发展基本平稳，各类金融市场表现良好，总体呈上升态势。

一是银行业向好态势明显。天津银行业总资产和总负债额从2019年至2020年第二季度一直呈上升趋势，但银行的税后利润波动较大，2020年前两季度税后利润较前一季度有所增长。银行的不良贷款率总体呈下降趋势，2020

年第二季度较第一季度有小幅上涨，这可能是受疫情影响的滞后反应。

二是保险业率先实现回暖。面对疫情考验，天津保险业表现良好，在各行业中率先实现回暖，为社会经济提供风险保障，助力全市经济逐步回稳。自 2020 年 3 月起，天津保险业已呈正增长态势，上半年保险业实现保费收入 397.81 亿元，同比增长 8.05%。在抗疫和支持企业复工复产中保险业的风险保障功能凸显，上半年，全市保险业累计赔付支出 76.19 亿元，较一季度提升了近 10 个百分点。保险业通过贷款保证保险帮助 7724 家民营企业获得融资 17.29 亿元，户数同比增长 158.7%，融资额同比增长 71.5%，支持力度明显增强。受疫情影响，居民对于自身的健康保障意识有所提升，助力人身险产品回归保障本源。普通寿险和健康险保费收入同比分别增长 19.29% 和 20.49%。

三是证券期货市场呈增长态势。截至 2020 年 7 月份，我市共有上市公司 57 家，拟上市公司 20 家，挂牌公司 152 家，滨海新区占比都居于全市首位，分别为 64.9%、55% 和 46.1%。上市公司总股本 806.8 亿股，比上年同期增长 12.5%，上市公司总市值 7965.4 亿元，比上年同期增长 59.5%。证券分支机构 185 个，河西区占比最多，为 24.9%，期货公司 6 个，期货分支机构 34 个，这两项和平区数量最多，分别占比为 66.7% 和 29.4%。证券营业机构总资产 238.1 亿元，净资产 15.0 亿元，净利润 0.87 亿元，与上年同期值相比，分别增长 30.1%、6.3% 和 970.0%。期货公司的总资产、净资产和净利润比上年同期分别增长 30.6%、10.3% 和 920.1%[①]。

（三）金融创新发展情况

近年来，天津牢固树立新发展理念，除融资租赁产业一直保持全国领先地位外，加快推进普惠金融、绿色金融、科技金融、物流金融、消费金融发展，经济转型和金融创新不断升级。

1.普惠金融不断深化，实现金融精准帮扶

今年以来，天津不断加强普惠金融发展的深度和广度，以达到精准帮扶

---

① 数据来源：天津证监会官网。

困难群体的目标。在进一步强化金融支农工作，促进乡村产业振兴方面，制定了《关于解决农业经营主体融资难融资贵问题的十一条措施》，以精准解决农业企业、农民专业合作社、家庭农场、小农户等农业经营主体"融资难、融资贵"问题。在疫情之初，市政府和金融机构迅速反应，推出"惠企21条""中小微企业和个体工商户27条"等一系列政策措施精准帮扶受疫情影响的企业及个人，有序推进复产复工、复市复业。

2.科技金融稳步发展，践行创新发展理念

2020年，以5G网络、特高压、大数据中心、人工智能和工业互联网等为代表的"新基建"成为投资新增长点，为新经济发展增添后劲。我市加快布局"新基建"，建成5G基站1.5万余个，"新基建"为天津科技金融的发展提供了坚实的基础支撑和技术保障。践行创新发展理念，天津科技金融正稳步发展，天津银行和天津国家自主创新示范区分别纳入首批科创企业投贷联动试点银行和地区，东疆港通过智慧化基础设施的建设，降低物流成本，推动数字化供应链建设，打造智慧港口样本，在供应链金融方面开展一系列创新。

3.绿色金融助力经济绿色转型

近年来，天津不断加快推进绿色金融体系建设，支持绿色产业发展和经济转型升级。《关于构建天津市绿色金融体系的实施意见》构建了天津市绿色金融体系的系统规划的激励机制。各金融机构相继出台一系列配套政策，在绿色信贷、绿色债券和绿色金融标准等方面取得较大进展。金融机构实践绿色金融的良好氛围已基本形成，天津辖内32%的银行、67%的金融租赁公司设立了专门从事绿色金融业务的部门或岗位；71%的银行、78%的金融租赁公司已制定专门的绿色金融政策制度。各类绿色金融市场发展良好，绿色信贷增长迅速，在绿色金融中占据主导地位，截至2020年第二季度，全市绿色贷款余额高于同期全国比重1.67个百分点，占全国绿色贷款余额的2.79%。绿色债券品种不断拓展，绿色租赁成为金融租赁公司重点发展领域，截至2020年第二季度，10家金融租赁公司已开展绿色租赁业务，绿色租赁贷款余额占全市绿色贷款余额的 32.3%[①]。

4.物流金融创新发展取得积极进展

2020 年，天津市金融局联合相关部门和金融机构加快推进我市物流金融创新发展，将其作为金融创新运营示范区建设的重点工作，着重建立健全物流金融体系，提升物流金融发展环境，一是搭建物流金融服务平台，主要有东疆保税港区上线东疆数字金融一体化平台、中征应收账款融资服务平台、建行天津分行开发的智慧口岸综合服务平台等。二是支持物流金融产品创新，中国银行天津分行推出"航运在线通"产品、"国际贸易单一窗口"项目，创新仓单融资模式；建行天津分行推出"信保贷""出口贷""退税贷"和"跨境 e+"平台等"跨境快贷"产品；光大银行天津分行推出"物流全程通"产品；浙商银行天津分行创新推出"仓单通"业务等。

（四）金融在疫情防控中发挥了积极作用

新冠肺炎疫情发生以来，金融在助力经济稳定和复工复产等方面发挥了不可替代的作用。各类金融机构都努力提升小微商户信贷融资、支付结算等各类金融服务的可获得性，助力小微企业和商户克服疫情影响、加快复工复产，出台多项专项支持政策、创新产品服务，推出金融帮扶小微商户专属项目等，取得积极成效。

二　天津金融创新运营示范区建设中的问题

（一）金融营商环境仍需进一步优化

优化营商环境是激发市场主体活力和发展内生动力的关键之举，近几年，天津在促进营商环境发展方面取得了一定的成效，但是在优化金融营商环境方面仍需要进一步加强，高效的金融服务是优质营商环境的重要组成部分，天津在政务、市场、法治、人文等诸多金融营商环境方面还有很多需要改善

---

① 　中国人民银行天津分行官网："天津：绿色金融助力经济绿色转型"，2020 年 9 月 18 日。

和提升的地方，如行业和企业信用信息系统及金融信用信息基础数据库建设仍不完善；企业、金融机构与各类融资平台之间系统对接不顺畅，影响融资业务的展开；金融机构对实体经济的支持范围和支持力度仍需拓宽；直接融资渠道仍需拓宽；在政务服务标准化、智能化、便利化等方面仍需借助科技力量，探索智慧服务模式等。

（二）金融创新的深度和广度仍需拓展

金融创新涵盖了产品创新、服务创新、制度创新、技术创新等诸多方面，金融创新作为天津金融创新示范运营区建设的重要任务已经取得了一定的成绩，但是与金融发展先进国家和地区相比，仍存在差距，特别是在金融创新的深度和广度上还有待提升。当前金融机构创新不足，主要表现为：对金融创新重要性认识不足；自主创新能力不足，产品同质化现象严重；缺乏金融创新的高素质人才，阻碍了金融创新的发展；金融创新的信息技术支撑比较乏力，不能满足多层次的金融需求；金融创新在各区之间和各金融机构之间存在明显不平衡；金融创新的外部环境有待改善等。在债券、期货、保险等金融市场的创新仍显不足；自贸试验区金融创新先行先试的范围和成效受到多种因素的限制。天津融资租赁业的发展虽然全国领先，但在企业数量、注册资金、业务总量等方面已出现下降态势，其他省市与天津的差距越来越小，如果不开拓更多领域的创新发展，天津融资租赁的地位很可能会被超越。

（三）金融开放和金融国际化水平有待提升

随着我国对外开放步伐的不断加快，中外资本市场参与者竞争与合作不断扩大和加深，海外市场的资金、技术、人才和先进理念也将持续流入我国寻求发展，为我市金融开放和国际化发展的跨越式提升带来新的机遇。但是天津的金融开放程度和国际化水平并不高，国外许多重要金融机构并没有把天津作为其进入我国的机构首选地。与发达国家金融机构在资产规模、业务创新和管理模式等方面相比，我市的金融发展水平还有较大的差距，强化自身竞争优势，缓解国内外竞争压力将成为我市金融发展亟待解决的问题之一。

我市在 2019 年 5 月印发了《扩大金融开放提高金融国际化水平的实施方案的通知》的文件，但是真正提升我市金融国际化水平还需要较长一段时间，需要从更新经营理念，改进技术手段，创新金融产品，引进人才等多方面发展。

（四）科技金融的发展存在一些瓶颈

科技金融受资金投入、基础设施建设、人才结构、监管政策等制约因素较多，其发展仍然存在一些瓶颈，发展速度和发展水平都受到一定的限制。从企业层面看，科技企业因为经营面临的困难和不确定性较多，其融资意愿相对较为保守，同时，研发能力、专利状况、商业模式、资金投入不充分、人才资源不足等因素导致其经营风险较大，诸多因素决定了其融资难度较大，发展受限。从金融层面看，由于科技型企业分布行业广泛、专业性强，金融机构缺乏对科技型企业比较了解的专业人才，又加上科技企业无形资产变现难、贷款风险补偿措施操作性不强等原因限制了本地科技金融的发展。

三　天津金融创新运营示范区建设的新形势

（一）国内外经济形势下金融创新运营示范区建设的挑战

国外受疫情影响，形势仍很严峻，全球经济和金融形势不容乐观，除世界经济深度衰退、国际贸易和投资大幅萎缩、国际金融市场动荡、国际交往受限、经济全球化遭遇逆流、一些国家保护主义和单边主义盛行、地缘政治风险上升等不利局面，未来可能还会出现更多无法预测的复杂多变的形势，疫情造成全球经济增速下降已成事实，外部需求下滑对我国经济造成了一定的负面影响，企业停工、物流停运、进出口减少将直接冲击我国上中下游的供应端。我国经济正处在转变发展方式、优化经济结构、转换增长动力的攻关期，经济发展前景向好，但也面临着结构性、体制性、周期性问题相互交织所带来的困难和挑战。我国的金融绝对体量较大，但金融开放的广度和深度还是偏低，要实现更高水平的对外开放，推动金融业"走出去"和"引进来"相互结合仍将是"十四五"时期我国对外发展的一个基本战略，对于地方金融业的双向开放，一方面要推动区域跨境人民币业务，结合本地和外地需求提升金融服务便利化；另一方面要考率如何发挥金融业的资源配置作用，将"走出去"和"引进来"相结合，引导各类资源要素在更广更深的范围内进行跨区域配置整合。

面对如此严峻和复杂的国内外经济形势，天津金融创新运营示范区建设也肯定会受到影响。如何在复杂严峻的经济形势下突围，仍保持持续增长是天津金融创新运营示范区未来的重要任务之一。从积极的方面看，新冠肺炎疫情也会给天津金融创新运营示范区建设带来了更多发展机遇，如金融科技、国际保险和金融风险管理等方面将会迎来新的发展时机；外资将加大对人民币资产的配置，人民币国际化有望进一步推进；有利于构建多层次资本市场；有助于金融科技产业的对外输出等。

（二）"双循环"格局下金融创新运营示范区建设的新要求

习近平总书记提出"加快形成以国内大循环为主体、国内国际双循环相互促进的新发展格局"。"双循环"新发展格局将是未来一段时期我国经济发展的首要任务和金融改革的着眼点。"双循环"的本质内涵是"独立自主、高水平开放"，强调供给侧和需求侧、国内国际循环、经济与金融的全方位统筹。金融业在其中责任重大，要加强金融对双循环新格局的融合与支持，从经济活动的生产、分配、流通、消费各个环节出发，提升金融供给。新基建作为以国家为主导的信息化、数字化基础设施建设，是我国基础设施转型向高质量发展的必经之路。而"金融新基建"建设，为进一步提高金融营运质量和提供更高效金融服务创造了条件。疫情期间的非接触式金融服务、无人值守银行、云政务办税大厅、健康码等，都是"金融新基建"的应用体现。随着5G、人工智能、大数据、物联网、智慧城市等新基建不断落地，金融业的数字化转型必将进一步加速，推动金融科技在多个应用领域遍地开花。"双循环"与"新基建"对天津金融创新运营示范区建设提出了新的要求，要在双循环的发展新格局下不断加快金融数字化转型，提升金融服务效率，构建可持续发展的金融产品链，激励智慧金融快速发展等。

（三）"十四五"对金融创新运营示范区建设的要求

"十四五"期间我国金融发展仍会以提高国际金融地位、优化金融供给结构、提高金融运行质量、防范金融风险等为主，也为天津金融发展创造了进一步集聚金融机构、整合金融资源、提升金融能级的外部条件。据预测，"十四五"时期，我国金融业将呈现出总量稳健扩张、存量加快调整的特点，区域金融中心的集聚效应将进一步加强，功能性、特色型区域金融中心将加快发展，这对于天津金融创新运营示范区的未来仍然存在较大发展空间和潜力。强监管降杠杆仍会是"十四五"我国金融发展的主趋势，谨慎稳健是地方金融发展的主要方向，在此背景下，天津金融环境逐渐向好的趋势是肯定的，金融机构融资能力不断增强、信贷规模不断加大、融资结构不断优化。在京津冀一体化的大框架下深入推进金融市场一体化，推广应用先进金融科技。"十四五"时期金融风险防控、处理、整治工作仍然艰巨，天津应着力防范由区域产业变动诱发的金融风险和由本地区经济调整诱发的对实体经济的风险传导，能在资金融通方面提前做出预判，时刻准备应对区域金融风险对区域发展带来的扰动。

四 天津金融创新运营示范区发展的对策建议

（一）持续优化提升金融营商环境

针对优化金融营商环境，从国家到地方层面都出台了一系列指导性的政策文件，如国务院发布的《优化营商环境条例》、天津市政府发布的《天津市优化营商环境条例》、天津市金融局等相关部门联合发布的《市金融局优化金融营商环境实施细则》《关于进一步提升优化金融信贷营商环境的意见》等。未来，优化和提升天津金融营商环境要更多地把这些政策落到实处，从金融政务环境、市场环境、法治环境和人文环境为核心全方位优化天津金融营商环境，建立多部门日常联系和定期协商制度，持续提升天津金融政务服务质量，拓宽企业融资渠道，提升金融信贷服务水平，借助科技力量防范金融风险，做好地方金融法制建设，推进社会信用体系建设。

（二）强化金融科技的创新和应用

疫情期间，金融科技的作用凸显，在疫情管理、物资调度、群众生活、远程办公、线上经营等方面发挥了重要作用。随着新基建的不断推进，天津要依托新基建中 5G 移动互联技术的推广应用，从技术层面和业务层面继续强化金融科技的应用和创新，如通过云计算、人工智能、大数据、区块链、物联网、分布式微服务、流程机器人等一系列金融科技支撑平台，夯实金融科技基础，构建智能运维平台，提升运维数字化水平；通过线上技术等手段建立快速贷款审批机制等。强化金融科技的创新和应用要从加大研发资金投入、加强复合型人才引进和培养、加大金融产品和金融服务创新力度、加强政府部门、金融机构与科技公司等多部门紧密合作等方面不断推进。

（三）加大金融对实体经济的扶持力度

服务实体经济是金融的天职，面对当前复杂严峻的经济形势，天津政府和金融部门要深刻认识到保市场主体的重要性，在抓京津冀协同发展的同时，要不断提升服务实体经济的金融创新，丰富银行、保险、租赁等金融业态产品，有针对性地创新金融服务，进一步加大对市场主体的支持力度，确保金融服务实体经济的高质量和可持续性。通过金融科技不断创新研发，充分运用大数据等科技手段，推动线上线下金融服务有机融合、同步发力，畅通金融和实体经济的良性循环。通过搭建各类金融业态交流和综合施策平台，形成撬动杠杆和融资闭环生态链，解决实体经济的融资痛点，努力解决实体经济对金融的需求问题。

（四）不断提升普惠金融、消费金融的发展水平

一是拓宽金融服务的广度和深度，加大普惠金融推广力度，将金融活水

精准滴灌至广大农户、个体工商户、小微企业等市场主体，打造属于天津本地支小助微的金融服务品牌，为构建天津小微金融服务高地和成本洼地贡献力量。二是继续综合运用多种货币政策工具，抓好已出台稳企业保就业各项政策措施的落地落实，推动金融机构扩大信贷投放、降低贷款利率，助力小微企业和个体工商户、困难群众等渡过难关。三是着力打造普惠金融新模式、搭建普惠金融业务发展平台，实现普惠乡村、便利小微的目标。鼓励引导消费金融合规创新，加大监管力度，发挥保险对消费信贷的增信促进作用，提升金融对消费的支持作用，从而发挥消费对经济增长的基础性作用。

（五）积极推进跨境人民币业务，加快金融开放步伐

持续推动天津市跨境人民币业务发展，各金融机构要进一步做大做强跨境人民币业务规模、增强支持实体经济发展的力度，制定跨境人民币业务工作重点，加深了银行从业人员对跨境人民币政策的理解。具体方向为：一要认真落实"六稳""六保"要求，坚定不移做大天津跨境人民币业务规模。二是要用好用足现有政策，积极配合人民银行开展政策创新。三是加大政策执行和研究力度，落实好各项宏观审慎管理要求。四是加强业务合规管理，有效防范跨境资金流动风险。

（六）积极推进数字金融建设

数字金融是以数字技术和数据手段来实现金融功能的新业态、新模式，亦是"产业数字化"中"金融数字化"的具体体现，数字金融亦是未来金融创新发展和转型升级主方向。随着"十四五"时期我国经济社会全面向数字化方向转型，传统的经济产业范式将加快向数字经济产业范式发展，客观上需要数字金融新业态与之匹配。天津推动金融向数字金融转型，需要政府和金融部门加大对数字金融建设的认识和重视程度，在数字货币、普惠金融、智能金融等领域推动发展数字化金融服务，利用最新的数字技术推动发展数字化的金融要素市场，促进数字化金融机构的发展，依托新型的数字产业范式，推动数字金融服务与数字产业深度融合。

参考文献：

[1] 陈雨露：《"双循环"新发展格局与金融改革发展》，《中国金融》，2020 年第 19—20 期。

[2] 宗良：《金融支持双循环新发展格局的方向与策略》，中国金融新闻网 www.financialnews.com.cn，2020 年 9 月 21 日。

[3] 魏路遥：《科技金融发展的进展和瓶颈——以天津市为例》，《金融科技时代》，2019 年第 11 期。

[4] 王爱俭、林文浩等：《天津金融发展报告（2019）》，社会科学文献出版社，2020 年。

[5] 中国人民银行天津分行货币政策分析小组：《天津市金融运行报告（2020）》，中国人民银行天津分行官网 http：//tianjin.pbc.gov.cn，2020 年 5 月 29 日。

天津自贸区发展研究报告（2021）

吕静韦　天津社会科学院城市经济研究所副研究员

崔丽红　天津社会科学院城市经济研究所助理研究员

摘　要： 习近平总书记要求"把自由贸易试验区建设成为新时代改革开放的新高地"。在创新发展和实践探索中，天津自贸区系统化创新生态初步形成，基础载体和平台不断夯实，京津冀协同发展开放高地加快打造。但对标世界一流自由贸易区（港）建设，天津自贸区在加快推进制度创新和功能升级方面仍有提升空间，建议以制度创新推进贸易投资自由化、便利化，立足禀赋优势实现"纵横内外"联动发展，探索建立面向全球的国家级人才改革创新试验区，为改革开放探索新途径、积累新经验。

关键词： 自贸区　制度创新　功能升级

一　天津自贸区建设实践探索

天津自贸试验区自 2015 年 4 月 21 日挂牌成立后，坚持"大胆闯、大胆试、自主改"的积极进取姿态，以制度创新为核心，以产业振兴和企业发展为落脚点，通过诸多首创性的改革新路径、新模式，为天津经济转型升级提供了样本。

（一）加快政府职能转变，创新行政管理方式

1.行政体制改革创新深入推进

开展"一颗印章管审批"和"一照一码"登记制度改革，推进"证照分离"改革试点，首创国地税"综合一窗"办税模式，建立首席审批官制度，试行"多评合一、统一评审""先建后验、联合验收""多项合一"等创新举措，打造审批"高速公路"。建立市场主体信用风险分类管理制度，与天津海关签署《共建自贸区联合创新工作机制战略合作协议》，完成制度创新由单一性创新向复合性创新、由单部门创新向多部门联合创新的升级转变，正式进入跨区域、跨部门、跨领域密切协同的 2.0 时代。

2.行政服务效率不断提高

探索"网上预约+网上审批"服务渠道，构筑"专家+管家"服务体系，搭建"PC 端—手机端"双创通企业服务平台，推出"office +"进驻服务，有效满足了各类企业需求。天津自贸区中心商务片区推出"专家+管家"服务模式，在线上和线下为企业提供各类专业化专家式服务及全程跟踪、督办催办、监督管理的指路式管家服务。

（二）扩大投资领域开放，稳步扩大开放领域

1.投资便利化水平持续提升

设立对外投资合作"一站式"服务平台，落实境外所得税收抵免政策，支持企业运用知识产权进行境外股权投资，先后推出 80 多项贸易便利化措施。实施外商投资负面清单制度，探索对外商投资实行准入前国民待遇加负面清单管理模式。

2.外商投资管理模式不断创新

完善资本金结汇、投资基金管理等新模式，重点选择航运服务、商贸服务、专业服务、文化服务、社会服务等现代服务业和装备制造、新一代信息技术等先进制造业领域扩大对外开放，完善市场主体信用信息公示系统，建立健全境外追偿保障机制。

3.对外投资合作服务平台加快构建

对不涉及敏感国家和地区、敏感行业的境外投资项目全部实行备案制，属市级管理权限的由自贸试验区负责备案。建立对外投资合作"一站式"服务平台，建设多部门信息共享平台，完善境外资产和人员安全风险预警和应急保障体系。

（三）提升贸易转型升级，积极培育新型贸易方式

1.国际贸易服务功能不断完善

加快建设国家进口贸易促进创新示范区，搭建服务贸易公共服务平台和服务贸易促进平台，完善与跨境电子商务相适应的海关监管、检验检疫、退税、跨境支付、物流等支撑系统，探索建立绿色供应链管理体系。实施全国首个平行进口汽车行政规范性文件——《中国（天津）自由贸易试验区汽车平行进口试点管理暂行办法》，专门打造平行进口汽车服务和管理网络平台，构建汽车平行进口全产业服务链。

2.国际航运服务功能持续增强

借助天津港和滨海国际机场的海空联动功能，探索形成具有国际竞争力的航运发展机制和运作模式。允许设立外商独资国际船舶管理企业，建设中国北方国际航运融资中心。完善集疏运体系，试点开展外贸集装箱在国内沿海港口和天津港之间的沿海捎带业务，全力打造国际航空物流中心。充分发挥大通关基地平台作用，提供线上一站式审批、报关等服务。着力建设京津冀航空服务贸易集散地，构建机场综合交通运输网络体系，实现空、海、铁、陆联运。

3.通关监管服务模式加快创新

海关特殊监管区域实施"一线放开""二线安全高效管住"的通关监管服务模式，设立国际贸易"单一窗口"，出台并实施多项通关便利化措施和检验检疫便利化措施，货物流转时间缩短 50%，平均通关放行时间缩短 55.6%。不断探索口岸监管制度创新。推行"方便进出，严密防范质量安全风险"的检验检疫监管模式。建立知识产权执法协作调度中心，提高知识产权行政执

法与海关保护的协调性和便捷性。

（四）深化金融体制改革，实施业务模式创新

1.金融制度创新深入开展

"金改 30 条"政策全部落地，推动创新机构与创新业务先行先试。建立跨境投融资综合服务平台，形成完整的"融、贷、投、管"服务链条。开展利率市场化和人民币资本项目可兑换试点和大额可转让存单发行试点。实施意愿结汇、跨国公司外汇集中运营管理等政策，创新融资租赁收取外币租金业务。天津自贸区滨海中心商务片区成功获批国家首批产融合作试点城区。

2.金融服务功能日益增强

在滨海新区中心商务片区重点发展以金融创新为主的现代服务业，天津港东疆片区重点发展航运物流、国际贸易、融资租赁等现代服务业。推动金融服务业对符合条件的民营资本全面开放，对中小型金融机构实行差别化管理。探索适合商业保理发展的外汇管理模式，开展人民币跨境再保险业务，开展巨灾保险试点工作。着力前沿技术和金融科技创新孵化，设立自贸试验区前沿新兴产业培育引导基金和天使基金，积极利用物联网、区块链、大数据、AI 等新一代信息技术助力供应链金融转型升级，建设区块链创新研究院。

3.租赁业发展水平不断提升

率先推进租赁业政策制度创新，打造与国际接轨的租赁业发展环境。支持金融租赁公司和融资租赁公司设立项目公司经营大型设备、成套设备等融资租赁业务，支持租赁业境外融资，允许融资租赁企业开展主营业务相关的保理业务和福费廷业务。加快建设国家租赁创新示范区。

（五）构筑现代服务产业体系，打造改革开放新高地

1.先进制造业对外开放率先推进

率先推进飞机、船舶、汽车等先进制造业对外开放。积极引进世界知名外资汽车企业建设研发中心，发展高端整车及配套项目、无人驾驶技术。

2.面向全球的高端维修制造基地加快建设

积极探索开展以企业为单元的保税维修监管新模式，扩大企业自产产品维修、再制造服务，支持符合条件的企业开展海关特殊监管区域外自产产品"售后"保税维修再制造业务，支持开展飞机拆解维修业务。

（六）推动京津冀协同发展，助推三地协同

1.行政管理体制改革深入开展

制定实施《天津自贸试验区服务京津冀协同发展工作方案》，构建京津冀检验检疫产业转移协同、贸易便利化协同、创新驱动发展协同、监管协同、技术发展协同的"五协同"体系，支持具备相关资质的船舶供油企业开展国际航行船舶保税油供应业务，加快建设华北国际航行船舶保税油供应基地。

2.贸易便利化及贸易方式不断创新

实行京津冀跨区域检验检疫"通报、通检、通放"和"进口直通、出口直放"一体化模式，通关时间平均每批货物节省 0.5 天，口岸快速放行率达88%，口岸通关效率提升 75%。实施京津冀海关区域通关一体化改革，在京冀地区设立 10 个无水港，整体通关物流成本减少近 30%。

3.投资体制改革持续深化

支持区内金融租赁公司投资京津冀地区产业发展项目，设立京津冀产业结构调整引导基金和京津冀协同创新科技成果转化创业投资基金，鼓励金融租赁和融资租赁企业利用银行间市场发行债券和资产证券化产品，促进区域金融资源优化配置。

通过创新探索，天津自贸区建设取得了显著成效：一是初步形成系统化创新生态，二是不断夯实基础载体和平台，三是加快打造京津冀协同发展开放高地。但对标世界一流自由贸易港（区）建设，天津自贸区在推进投资、贸易、监管、金融等制度创新，加快推动功能升级，提升要素供给效率等方面仍有进一步完善的空间。

二　国内外实践创新经验借鉴与启示

（一）投资便利化、自由化

透视世界自由贸易区（FTZ）的投资环境，高水平的便利化机制是保持其吸引力的关键，也是秘诀。各国为引进外资都给予其更加宽松的政策，自贸区（港）投资呈现自由化趋势。

1.具备较强竞争力的优惠税收政策

主要表现为区内的税收水平普遍低于区外的税收标准，基本覆盖了货物关税、进口环节增值税、消费税以及企业所得税、营业税等诸多方面的税种。发达国家经济实力较强，对外向型经济的依赖性较弱，税收优惠相对较少；发展中国家实力弱、吸引外资的目的性较强，税收优惠政策较多，个别国家还对流转税如消费税豁免。例如，美国对外贸易区的进区货物免除关税，免征地方税，园区内加工制造产品的增值部分免于缴纳增值税；智利伊基克自由贸易区免除园区公司所得税、增值税以及地方税；中国香港实行"零关税"和简单低税率政策，除了酒类、烟草、碳氢油类及甲醇等 4 类商品外，一般进口或出口货物均无须缴付任何关税。

2.具有高效的监管制度

各国和地区的自由贸易区其相关制度不尽相同，但都十分重视对有效竞争环境的维护。欧盟的市场竞争体制中的一些做法值得参考，比如轻微影响通知、集体豁免、最佳实践、口头宽大处理陈述、竞争中立等。香港特别行政区依据《公司法》《银行条例》等法律、法规管理外来投资公司，规范和约束外来投资公司行为，并通过同业公会和商会之类的民间组织进行自律。新加坡的企业完成注册后的日常监管，如劳工保护、知识产权、环境保护等方面的监管完全依靠完善的法律体系来进行。美国大多数对外贸易区的投资监管基本制度主要由登记备案制度和安全审查制度两大块构成，监管模式上主要采取相关法规约束和工作委员会监督相结合的方式。

3.具有宽松开放的投资环境

各国和地区的自由贸易区多从投资鼓励和市场准入着手促进投资，投资鼓励政策包括信贷支持、补贴资助、加速资本折旧、提供税收信用、保障资金安全等。比如，荷兰鹿特丹对风险较大的投资项目提供技术发展信贷；新加坡在规定的时间内为合格的设备提供资金补助；智利自贸区规定对新资产和使用固定资产增加劳动生产率所花费的投资费用实行高达 33%比率的加速折旧；加纳政府保证在自贸区内对外资企业不实行国有化和征收政策。外资市场准入方面，新加坡则完全放开商业、外贸、租赁、直销广告、电信市场等领域。

（二）运行管理模式创新

世界各国在自由贸易区的运行管理中，一方面充分借鉴其他国家的成功经验，在模式上具有一定共性；另一方面也充分考虑自身的优势和特点进行了创新和改良，存在一定的差异性。

1.自由化外汇管理模式

自由开放的外汇管理和金融安排是全球自由贸易区的通行做法。新加坡樟宜自由贸易区、荷兰鹿特丹港自贸区、德国汉堡自贸区、中国香港均具备宽松且开放的外汇管理制度，外汇进出自贸区没有任何限制。在金融资本项开放、外汇账户设立、收付汇便利、离岸支付结算等方面的外汇便利有助于促进贸易和投资的发展。

2.开放性金融管理环境

自贸区的金融环境相对于非自贸区要更开放一些。如美国对外贸易区中最大的纽约港在区内放松金融管制，实行金融自由化，具体内容包括放宽或取消对银行存款利率的限制、减少或取消对银行贷款规模的直接控制、允许更多新金融工具的使用和新金融市场的设立等。香港自由贸易港的金融市场投资融资服务便利，资金汇兑和信息流通自由便捷。

3.便捷化通关程序

自贸区一般遵循"一线自由放开、二线有效管住、区内自由"的监管理念，一方面强化进入国内市场货物的卡口监管，另一方面，简化报关手续，使货物进出方便快捷。如荷兰鹿特丹港自贸区海关对园区企业进行分类，颁发不同等级的许可证书，对应企业所能享受的不同进出口通关手续的简化程度，园区海关 Sagitta 系统建立在国际上通用的 EDI 系统基础上，不仅具有自动审单和风险布控功能，还可以 EDI 方式完成申报、付税、放行等一系列海关监管流程。迪拜自由贸易港推行一站式统一管理，在其港口内，海关、银行、邮电、交通运输、安全等相关行政服务部门实行统一管理、统一办公，取消了平行多头机构，可在 24 小时内办妥。

三　推进天津自贸区高质量发展的着力点

天津自贸区积极对标世界一流自由贸易港（区）和高标准国际经贸规则，突出改革系统集成和"首创性"探索，在营造便利化优质投资环境、提升贸易便利化水平、推动金融创新先行先试、推进人力资源改革创新等方面率先突破，实现更高水平的投资便利、贸易便利、资金往来便利和要素供给便利，升级打造全国一流自贸试验区。

（一）以制度创新推进贸易投资自由化便利化

1.完善投资贸易等配套制度

政策方面，在沿海捎带、国际船舶登记等方面加强探索，研究实施以天津港为枢纽的启运港退税、中转集拼、保税加油等政策，提高对国际航线、货物资源的集聚和配置能力。监管方面，充分发挥自贸试验区改革开放先行区作用，修订《中国（天津）自由贸易试验区条例》，赋予法定机构更大的自主发展、自主改革、自主创新管理权限。全面实施以外商投资法为基础的新法律体系，完善外商投资促进、保护、管理等配套制度。开放方面，深入落实自贸试验区外商投资负面清单，加快金融、电信、互联网、教育、文化、医疗等服务领域开放步伐，放宽外商投资企业注册资本、投资方式、从业人员、经营范围等限制，促进各类市场主体公平竞争。功能方面，推进综合保税区功能升级，实现更高水平"一线开放、二线管住、区内自由"的特殊综合保税区功能；推动自贸试验区增设新片区，争取承担更重要国家使命、更重大战略任务，打造国内国际双循环的重要资源要素配置枢纽、京津冀现代产业集聚区、中日韩自贸区战略先导区；加快构建由自由贸易试验区、综合保税区、开放园区组成的开放型经济发展新格局。

2.推进自贸区金融改革创新

加快自由贸易账户推广应用，促进形成"本外币、境内外、离在岸"三位一体的服务产品体系，并在国际贸易融资、外汇交易、跨境资本运作等领域形成差异化竞争优势。鼓励金融机构针对航运物流产业特点创新产品和服务，支持具有离岸业务资质的商业银行在自贸区内扩大离岸业务，支持外贸企业利用出口信用保险保单、舱单、货权开展质押融资。建立天津自贸区外资金融机构落户服务团队，为外资金融项目办理工商注册和税务登记提供绿色通道。积极推进国家租赁创新示范区建设，巩固拓展融资租赁产业优势。完善离岸租赁企业所得税政策，搭建租赁资产登记流转平台，推动全国融资租赁行业协会落户，探索实施更有效、更精准的监管模式，打造租赁业发展升级版。推动供应链金融创新发展。

（二）立足禀赋优势实现"纵横内外"联动发展

1.实现从京津冀"区域联动"到与腹地经济之间的"纵向联动"

对标世界一流港口，加快完善集疏运体系，不断提高天津港在世界航运领域的资源配置能力，借助京津冀协同发展和"一带一路"建设战略叠加优势，探索共建京津冀自由贸易港。突出自贸区内的经济个体与腹地经济之间的结构性互补关系，大力提升天津港北方国际航运枢纽功能，畅通面向三北地区的海铁联运通道，建设连接西部、北部腹地的铁路动脉，打通铁路进港"最后一公里"。优化港城空间布局，科学划定港城边界，为港口发展留足空间。

2.实现现代产业体系与产业服务功能完善"双向联动"

创新大宗商品贸易业务模式，夯实北方大宗商品交易和区域定价中心建设基础。加快开展东疆邮轮物资配送业务，以邮轮物资及免税商品船供业务为突破口，壮大邮轮物流产业规模，争取创新业务取得更多突破性进展。探索推进药品研发机构参与药品上市许可人制度试点、国际多中心临床试验试点、进口非特殊用途化妆品备案管理试点，支持中科院天津工业生物技术研究所建设合成生物技术创新中心。

3.实现与其他沿海和内陆自贸区之间的"横向联动"

以海关全国通关一体化及检验检疫并入海关为契机，持续缩短通关时限，注重与其他沿海和内陆自贸区的错位发展，为与其他内陆自贸区之间开展好项目、大项目合作提供空间。借助京东、唯品会和菜鸟网络等企业，通过收购、并购、转让和改造等方式，加快整合区域仓储资源，积极打造龙头电商跨境贸易北方中心。巩固东疆汽车平行进口业务全国领先地位，提升汽车平行进口全产业服务链上下游之间的分工效率。

4.实现与东北亚区域的"内外联动"

对接"一带一路"建设，积极发展以海铁联运为核心的多式联运，拓展中欧班列国际海运联运功能，打造东北亚新的国际集装箱转运中心。建设中国北方最重要的跨境电商海港基地，努力推进跨境电商"先理货后报关"试点。加强与俄罗斯等"一带一路"国家的跨境业务交流合作，大力发展海铁海空和海铁陆联运，增强对东北亚区域的航运辐射作用。推进港口设施智慧化改造应用，建设世界最高水平的智慧码头。构建区域航空枢纽和国际航空物流中心，打造北方航空货运中心。加快推进港口型国家物流枢纽建设，建立国际采购、分拨、配送中心和国际物流运营中心。

（三）探索建立面向全球的国家级人才改革创新试验区

1.建立人才"特区"，积极推进人才引进制度

根据自贸区建设和发展的实际情况，分阶段建立并不断完善自贸区人才制度，促进自贸区成为人才"特区"。在引进政府建设专才、聘任制公务员、专家顾问团成员等方面开展实践尝试，最大限度地激发和释放人才来自贸试验区创新创业的活力。聚焦自贸试验区急需重点紧缺产业发展需求，瞄准金

融创新等特色重点服务类人才，探索根据人才薪酬、岗位、贡献直接评定人才，探索对用人单位积极引才给予补贴等机制，将政策创新的设定范围由"人才"扩大到"企业"，建立健全对企业的引才个税补贴和薪酬补贴制度。

2.深化"人才绿卡"制度，开展技术移民制度试点

以更积极开放有效的政策，集聚海内外人才。突破地域、户籍、身份、档案、人事关系等限制，加快人才引进效率。探索柔性引才引智机制，通过成立专家顾问团等形式引进建设专才。鼓励企业引进高层次创新人才，提供科技讲座、难题攻关、项目合作、技术咨询等短期服务。

3.吸引国际人力资源服务机构，优化人才资源布局

通过吸引国际人力资源服务机构，来解决自贸区在人才要素方面还面临的一些专业问题，如自贸区独立的人才政策相对缺失，企业引才用才主体作用有待充分发挥，"双创"人才落户自贸试验区的政策如何加强，京津冀地区人才资源要素加快向自贸区集聚的动力在哪里等。结合自由贸易实验区的发展前景，设计相应的创新政策，为高层次人才创新创业提供相应便利措施，为高级人才开创事业提供自由贸易实验区高端平台。

4.健全全方位多层级人才培育体制

做好国际化教育工作，大力度支持发展高端国际化教育。通过高校专业应修专业课相关专业的课程设置，推进人才供给侧结构性改革。综合考虑高校学科差异度和重复性，实时根据市场需要进行调整，适度提高商务管理、金融服务、电子商务等应用类课程设置比例，加快培养与市场对接的国际高标准高级人才。

基金项目：天津市哲学社会科学规划研究项目："天津自贸试验区深化金融风险预警与监管体制创新研究"（TJYYQN19XSX-007）。

参考文献：

[1] 齐晓明：《山东省自贸区跨境电商人才协同培养机制研究》，《国际公关》2020 第 11 期。

[2] 张亦文：《"印太战略"下中国—南亚自贸区建设的有利条件、制约因素与推进策略》，《对外经贸实务》2020 第 10 期。

[3] 徐雪：《黑龙江省自由贸易试验区片区联动效应浅析》，《经济师》2020 年第 10 期。

[4] 黄爱华：《上海临港新片区贸易投资便利化研究》，《北京印刷学院学报》2020 年第 9 期。

[5] 凌晨：《中俄自贸区建立的制约要素、互补条件及推进策略》，《对外经贸实务》2020 年第 9 期。

[6] 新浪财经：《天津自贸区 48 条改革创新措施属全国首创》，https：//finance.sina.com.cn/ roll/2020–01–15/doc–iihnzahk4312447.shtml。

[7] 搜狐网：《天津自贸区成为制度创新的高地》，https：//www.sohu.com/a/279149988_120029447。

[8] 中华人民共和国中央人民政府网：《国务院关于印发中国（天津）自由贸易试验区总体方案的通知》，http：//www.gov.cn/zhengce/content/2015–04–20/content_9625.htm。

天津港绿色港口建设研究报告（2021）

袁进阁　天津市经济发展研究院经济师

摘　要： 随着交通运输业的不断进步，建设与发展绿色港口已成为重要趋势。当前，国内外各大港口相继在海铁联运、清洁能源使用、污染防治、港口智能化、生态修复等方面取得不错成效。天津港在编制绿色发展规划、运输结构调整、能源结构调整、环境监管等方面也取得了一定的成绩。但与先进港口相比，存在着绿色运输比例较低、清洁能源使用较少、港口智能化水平不高、港城矛盾突出、生态保护缺失、政策支持不足等一系列问题。建议天津港加快与绿色港口相匹配的绿色运输体系建设、加强清洁能源推广和港口智能化建设，全面提升港区生态环境质量，促进港城融合发展，加大政策支持力度，推动天津港绿色港口建设的整体发展。

关键词： 绿色港口　清洁低碳　天津港

近年来，随着交通运输业的不断进步，绿色低碳发展已成为重要趋势，国内外各大港口纷纷将建设可持续发展的绿色港口作为战略方向和重要目标。2019 年 1 月 17 日，习近平总书记在视察天津港时强调："要志在万里，努力打造世界一流的智慧港口、绿色港口，更好服务京津冀协同发展和共建'一带一路'"。这为天津港发展绿色港口指明了前进方向、注入了强大动力、提供了根本遵循。对标总书记的要求，目前天津港绿色港口建设，还存在一定的差距。如何借鉴国内外先进港口建设的经验，加快天津港绿色港口建设，是天津面临的重要课题。

一　国内外绿色港口建设的发展趋势与实践经验

（一）国内外绿色港口建设的发展趋势

从国际上看，发达国家很早就开始了绿色港口建设，他们在可持续发展理念指导下，不断丰富绿色港口的内涵，寻找港口经济效益与环境影响之间的平衡。绿色港口的初始，仅仅是关注污染设施的处理，随着人们环保意识的提高以及可再生能源、机械自动化、电气化、互联网技术的不断发展，包括空气质量、气候变化、海洋生态等因素才逐步纳入考虑，绿色港口的内涵也不断丰富。

从国内实践看，我国绿色港口发展起步较晚，但已取得阶段性成效，逐步建立起了一套系统的、全方位的绿色港口政策体系。国家层面，2013 年，交通运输部发布实施《绿色港口等级评价标准》，引导港口走资源节约型、环境友好型的发展道路，鼓励港口开展绿色发展创新活动，不断提升绿色港口发展水平。2014 年，在"十三五"规划时，交通运输部提出了"绿色交通"的概念，而且后期还提出了建设"四个交通"，其中就包括"绿色交通"，主要强调要节约资源、节约能源、减少排放和保护环境。2015 年，交通运输部印发《船舶与港口污染防治专项行动实施方案（2015—2020 年）》，推进船舶与港口污染防治工作。2018 年，交通运输部制定了《深入推进绿色港口建设行动方案（2018—2022 年）》，提出力争到 2022 年，使我国港口绿色发展水平处于世界前列。2020 年 5 月 7 日，交通运输部重新发布《绿色港口等级评价指南》，总结了我国 2013 年以来港口绿色建设的经验，整合其他现行标准中与绿色港口有关的规定，对标准进行了修订。各大港口方面，包括上海港、厦门港、大连港、青岛港、深圳港等都积极贯彻绿色发展理念，保护环境和生态，取得了一定的成绩。上海港提出了《建设绿色循环低碳港口节能减排专项规划（2015—2020）》和《上港集团创建绿色港口三年行动计划（2015—2017）》，从绿色运输、港区治理、自动化港口建设等多方面制定了多项具体措施，取得了良好的发展。厦门港颁布了《厦门港务集团创建绿色港口实施方案》，建设了船舶防溢油设施、船舶岸电、电动汽车充电基础设施、智慧物流平台等一系列项目，实现了节能、降耗、绿色、环保的良性循环。大连港制定了《大连港集团有限公司绿色生态港口发展规划》，在节能降耗、资源回收与利用、生态治理等多方面采取措施，促进港口绿色循环低碳发展。

（二）国内外绿色港口建设的实践经验

目前，各大主要国际航运中心纷纷建设绿色港口，在港口集疏运体系建设、生态修复和景观建设、使用清洁能源、港口智能化、化解港城矛盾等方面采取了一系列措施，已取得很大进展。借鉴其丰富的实践经验，有利于天津港走出符合自己特点的发展道路。

1.积极发展海铁联运等绿色运输方式

在集疏运体系方面，多采用水路、铁路等绿色运输方式，减少公路运输方式，从而降低公路交通拥挤和环境污染。以荷兰鹿特丹港为例，该港实施"转变运输方式"战略计划，优化港口集疏运体系，引导公路运输方式向水路、铁路等清洁运输方式转变，减少公路交通拥挤和环境污染。目前，鹿特丹港的海铁联运比例已增加至20%，"水水中转"比例达到50%，内河集疏运量也占到总量的20%以上。国内的上海港也建设了发达的集疏运系统，从上海港进出的集装箱货物，通过"水水中转"的每年超过1000万标准箱，比例已超过40%，和许多高度依赖公路运输的港口相比，大大减少了对环境的破坏。

2.发展乙醇、液化天然气等清洁低碳能源

在能源方面积极转型，发展清洁低碳能源，减少碳排放。以瑞典哥德堡港为例，该港2000年起就推广使用更清洁的替代能源，并成为世界上第一个为泊靠船舶提供岸电服务的港口。在该港能源码头，可以将废弃的食物转化成乙醇燃料，有效减少92%的碳排放量。此外该港还采用了液化天然气、绿色加油等方式，大大减少了硫的排放量。国内的青岛港也将清洁低碳纳入港口发展的总体战略，并着力对拖车、龙门吊等港口作业设施实行"油改气""油改电"技术改造，大力发展电能、液化天然气等清洁能源，降低整个港区的二氧化碳排放量。

3.在港口智能化等科技方面大力投入

在科技方面，通过现代信息技术、自动化技术、智能化机械设备等应用，大幅提升港口运营效率，从而降低港口的能耗水平。以鹿特丹港为例，该港运用现代信息技术、自动化技术和智能化机械设备，大幅提升港口运营效率，以降低其整体能耗。早在1993年，鹿特丹就建设了全球首个全自动化集装箱码头，2015年，鹿特丹港又耗资40亿美元兴建了马斯莱可迪二期项目，该项目采用了全自动化码头技术和远程控制船岸起重机，可以实现前沿水平运输作业、堆场内作业、道口进出等全过程的自动化、一体化控制，预计2035年全部完建后，码头运营效率将提升50%以上。

4.重视周边生态修复和港区景观建设

普遍重视对周边海洋生态的保护，尽量减少人类活动的影响，并在景观布置、实施港区绿化方面投入较大。日本广岛港就是其中的典型，该港主要有两点经验：一是从规划布局上，对海上公园、沿岸景观、公众通道、绿地等亲水空间进行统一规划，总的绿地面积占港湾整体比例高达28%。二是该港将港区生态、水域景观的保护开发作为重点，注重岸滩恢复。为了保护港口附近的水鸟，对在回填工程中占用的水鸟的栖息地，采取在附近重新建设人工沙滩的措施，使鸟类仍有栖息之地，维护了港区生态平衡。国内的日照港也大力实施园林绿化工程，全面加强绿地和港区防护林建设，并创新采用集装箱式花箱栽植绿色植物，形成了高中低层次分明、立体式绿化景观，在港区创造了优美的工作生活环境。目前，日照港绿化覆盖率已超过30%，人均占有绿地100多平方米，先后获得"交通部绿化美化红旗单位""全国绿化先进集体"等一系列荣誉称号。

5.重视污染防治，化解港城矛盾

十分重视港口与所在城市规划的协调一致，积极处理港区污染，化解港城矛盾。以澳大利亚悉尼港为例，其针对居民投诉较多的港口大气污染和噪声污染，积极与所在社区合作，出台多项计划。例如配合州环保局实施"空气政策政府行动"（Government's Action for Air Policy），减少港口废气排放，提高空气质量。成立三方（港口、社区和政府）噪声管理委员会，制定"施工噪声和振动管理计划""夜间施工噪声管理计划"等管理计划，并开设 24 小时噪声投诉热线，这些都有力的提高污染防治效率。国内的大连港也积极治理港区污染，防止污染外溢，造成港城矛盾。采取了在港区建立挡风抑尘墙，抑制粉尘污染和噪声污染，应用生物技术处理固体废弃物，避免产生二次污染等措施，此外还对港区 90% 以上面积进行绿化，在美化环境的同时有效吸收了大气粉尘。

6.在绿色港口建设方面提供多种政策支持

多采用税收优惠或财政补贴等手段进行政策支持。以新加坡港为例，新加坡海事及港务管理局推出了包含绿色船舶计划（GSP）、绿色港口计划（GPP）、绿色科技计划（GTP）在内的"新加坡海事绿色倡议"。对符合条件的船舶和公司给予优惠和退税，并承诺在五年内为该倡议投资一亿新加坡元（人民币 4.96 亿元），有力促进了新加坡港的清洁和绿色发展。深圳港则在国内率先出台"绿色航运"补贴政策，出台了《深圳市港口、船舶岸电设施和船用低硫油补贴资金管理暂行办法》《深圳市港口、船舶岸电设施和船用低硫油补贴实施细则》等文件，每年投入 2 亿元对岸电建设使用和自愿转用低硫油进行财政补贴，引导企业落实节能减排项目。

二　天津港绿色港口发展概况

近年来，天津港把绿色港口建设作为港口的可持续发展的重要指标，扎实推进绿色港口建设，在多方面取得了不错的成效。

（一）编制绿色发展规划

天津港集团从顶层设计入手，与交通运输部水运工程科学研究所合作，编制完成了《绿色港口建设专项工作方案》五年规划，针对码头发展与运营等各阶段，细化了 10 方面 98 项具体工作任务，推进绿色管理、绿色技术、绿色结构三方面本质能力提升。此外，天津港集团还编制完成了《建设世界一流绿色港口指标体系》，选取环境质量、污染防治、资源利用、运输结构、绿色管理等五大指标领域、19个二级指标、32个三级指标形成天津市绿色港口指标体系，可以有效地指导天津港绿色港口的建设实践，并可对其建设成效做出客观评价。

（二）开展运输结构调整

天津港着力构建"公转铁+散改集"的绿色运输模式，加强海铁联运体系建设，完成南疆矿石铁路专用线、港俊货场专用线建设，推进港区集疏运铁路与铁路干线路网衔接，在港区先后开工建设南港铁路、南港港铁物流专用线项目，南港铁路建成通车后具备运输能力1.08亿吨/年，南港港铁物流专用线设计运输能力800万吨/年，可满足焦炭矿石等大宗货物"公转铁"的运输需求。据统计，2020年上半年，天津港集团海铁联运完成作业量38.2万标准箱，同比增长42.4%，煤焦品类实现100%铁路运输。铁矿石铁路运输占比达到62.6%，较2017年增加28个百分点，代替柴油货车运输约92.8万辆次，节约柴油约15万吨。"散改集"累计完成95.9万标箱，同比增长一倍以上，均创下历史新高。

（三）开展能源结构调整

天津港努力优化能源消费结构。一方面积极探索和应用地热源及海水源热泵、天然气及液化天然气（LNG）装卸设备应用、高效反光照明灯具和LED新光源照明等新能源、新技术。一方面不断提升船舶岸电供应装置，减少大气污染。目前，天津港自有船舶的岸电使用率已达到100%。2020年，天津港又对岸电系统，再次进行智能化提升。岸电插头中安装了智能芯片，在船舶充电时，可以对能耗进行综合统计分析，排查出耗能异常的船舶，从而有针对性的指导船员查找原因，进行节能改造。

（四）加强环境监管

天津港从监管入手，投资2000万，打造国内港口首个可监测大气6项指标的生态环境（大气）智能监测平台，于 2020 年 7 月 1 日正式上线，对一氧化碳、二氧化氮、二氧化硫、臭氧以及 PM2.5 和 PM10 这 6 项指标进行实时监测。平台包含 174 个监测点，实现了对天津港重点企业、区域、道路的全覆盖。还可以结合未来两小时的风向、风速、湿度等数据，推算大气污染物的扩散、沉降指数，可以未雨绸缪动态指导企业环保设备的运转。同时，平台还将大气 6 项指标报警阈值进行集成，一旦超过数值，平台会自动报警，锁定相关责任企业，同步发送整改工单。

三 天津港绿色港口建设的主要问题

天津港开展绿色港口建设，工作取得了一定的成绩，但是与国内外先进港口相比仍存在绿色运输比例较低、清洁能源使用较少、港口智能化水平不高、港城矛盾突出、生态保护缺失、政策支持不足等一系列问题。

（一）港口集疏运体系中绿色运输比例不高

2020 年上半年，天津港完成集装箱吞吐量 857.2 万标准箱，其中海铁联运完成作业量 38.2 万标准箱，占比仅为 4.46%。"水水中转"方面，占比也低于 10%。可以说，天津港集装箱运输主要靠公路运输完成。而成熟国际港的海铁联运的比例往往占 20%~40%，以德国汉堡港为例，2019 年集装箱吞吐量为 930 万标准箱，海铁联运集装箱 270 万标准箱，占吞吐总量的比例为29.03%，来往腹地的集装箱运输中铁路运输占比更是高达 46.3%，天津港在这一点上远远落后于国外先进港口。

（二）绿色港口的相关技术水平还需提高

天津港绿色港口的相关技术运用还存在一定问题，包括清洁能源使用比例和港口智能化水平有待提高。一是在清洁能源使用方面，尽管实施了油改电、油改气工程，包括 LNG、电力等清洁能源驱动的港作机械和车辆比例尚不足 60%。LED 绿色照明未能全部普及，太阳能、地热能、风能等可再生能源在港区建筑中的使用也有待加强。二是在港口智能化方面，物流信息管理和自动化技术有待加强，智能化物流信息系统还未建立，港口装备自动化水平不够高，全球信息跟踪技术、智能识别技术、预先清关技术等高科技使用率仍有待提升。

（三）噪声污染、交通拥堵等港城矛盾突出

建设绿色港口，不仅要考虑港区自身，还需要对港口附近社区进行统一规划。天津港在进行绿色港口规划时对社区环境的关注严重不足，港口功能布局不够合理，污染治理出现漏洞。造成了疏港交通与城市交通互扰、集疏运结构失衡、专用通道缺乏等问题，港城矛盾日益凸显，常有居民投诉。泰达大街等地疏港货车与城市交通客货混行，造成交通拥堵，产生的噪声污染严重。保税区实行封关管理、无南北向贯通道路，导致海滨大道交通压力激增。南疆港口附近盐碱土地裸露缺少绿化，产生扬尘。这些问题都未能得到很好解决，影响了周围居民的生活。

（四）在绿色发展的实践上过于局限

在绿色港口建设上认识过于局限，没有考虑如何维护生物多样性，减少碳排放应对气候变化等生态问题。以编制完成的《港口指标体系》为例，更多从如何提高能效、降低污染排放以及提高经济效益提高安全、降低经济损失等方面着手，对生态方面关注不足。根据国家海洋督察组的通报，天津港出现了自然岸线保有率低，岸线保护格局不合理，围填海项目审批不规范、监管不到位，近岸海域陆源污染严重，入海污染源超标等一系列问题，严重影响了周边海洋生态环境。

（五）绿色港口建设政策支持力度不足

在绿色港口起步阶段，由于建设成本较高，可能出现成本高、收益低的现象，因此，往往需要政府的政策支持。与新加坡、深圳等先进港口相比，天津港绿色港口建设政策支持力度不足，在岸电使用方面，天津港仅有自用

船舶达到了 100% 使用率，而船舶方面由于需要船体改造、操作烦琐、用电缺乏补贴等原因，岸电使用比例仍然很低，可以说，港口与船舶双方均积极性不高。船舶使用低硫油方面，至今尚未出台相关补贴政策。海铁联运也是如此，由于定价机制和补贴不足的问题，以发往河北省的部分线路为例，运费甚至高于卡车，远不能同公路运输竞争，降低了海铁联运的吸引力。

四 推动天津港绿色港口发展的对策建议

（一）加快与绿色港口相匹配的绿色运输体系建设

加强港口集疏运体系建设，提高绿色运输比例。一是打通铁路进港"最后一公里"，持续推进铁路集装箱编组站及北疆、大港等港区铁路铁路专用线建设。二是大力发展以绿色港口为枢纽的海铁联运，开发通往河北、山西、内蒙古等地的集装箱、大宗散货示范运营线路。三是进一步优化中转线路，开展"水水中转"，提高与黄骅港、唐山港等环渤海港口合作的广度和深度，发展"海上穿梭巴士"，完善以天津港为中心的环渤海内支线网络。四是构建统一共享的多式联运信息平台，推动天津港集团与地方铁路局和第三方物流企业共享物流信息，建立健全运能调配机制，提升多式联运服务效率和质量。

（二）加强清洁能源推广和港口智能化建设

加大对清洁能源和港口智能化等绿色环保技术的创新和应用。一是优先使用电能、天然气，大幅提高在起重机和集装箱拖车等港区作业装备中使用清洁能源的比例，并配备足够的充电站、LNG 加气站等配套设施。二是结合天津港实际条件，鼓励应用光伏发电、风光互补供电系统、太阳能供热供电等新能源技术，提升可再生能源的应用比例。三是持续推进动靠港船舶使用岸电，提高具备岸电供应能力的泊位数量比例，提升岸基供电设施的安全便捷和经济性。四是加强港口智能化建设，完成装卸设备自动化改造，建立智能调度系统、推动智能网联集装箱卡车的规模化应用，建设基于 5G、物联网等技术的新一代自动化码头，为建成零排放的绿色港口奠定坚实基础。

（三）推动融合发展，化解港城矛盾

将港口污染防治融入城市生态环境保护体系，就噪声、拥堵、扬尘等周边民众关心问题成立三方（港口、社区和政府）管理委员会，开设投诉热线，制定相应行动计划。一是针对噪音扰民，采取给起重机、叉车等港口装卸设备加装消声装置，调整大型货车运输时间表，禁止进出港船舶在夜间鸣笛，对港区作业人员进行环保教育等措施。二是针对交通拥堵，引导物流企业整合资源，在货源集中区域设立建设"无水港"，采用铁路疏港方式将港口的堆存功能外移至周边，减少货柜车辆对港区周边的道路、土地资源占用。三是针对港区裸露地扬尘，根据"宜水则水、宜绿则绿"的治理原则，采取苫盖、硬化、蓄水、绿化等治理措施强化裸露地的扬尘治理，加强公共绿地等景观建设，全面提升港区周边社区环境，缓解港城矛盾。

（四）全面提升港区生态环境质量

充分考虑港区海洋环境容量、降低港口建设对生态环境的影响，一是加强水污染治理，建设港区污水管网，对船舶和港口生产生活污水、含油污水进行处理。二是严格落实《珠三角、长三角、环渤海（京津冀）水域船舶排放控制区实施方案》，推广使用低硫燃油，减排二氧化硫、颗粒物。三是研究制定天津港海岸线生态保护与修复方案，开展人工岸线生态化修复工程与沿海滩涂生态保护和修复试点，加快推进沿海防护林带建设，实施人工岸线生态修复，整治海水滩涂养殖污染，推进海洋垃圾防治和清理。四是在天津港北疆港区智能化集装箱码头、东疆港区智能化集装箱码头一期和二期等新码头建设过程中，参考先进地区经验，减少围海填海，实施渔业资源增殖放流、海洋生物繁育基地建设、海岸带湿地生物恢复等生态补偿措施，防止码头建设工程对附近海域造成生态破坏。

（五）完善绿色港口建设的支持政策

加大建设绿色港口的政策支持力度，制定相应的激励计划。一是完善财政补贴政策，支持 LNG 车辆更新、海铁联运专用线建设、自动化装卸设备等绿色港口建设各个方面。二是支持天津港和电力企业合作，探索成本分担机制，形成合作共赢，解决售电价格偏高的问题，并通过对接岸电船舶实施优先靠泊、优先过闸、优先通行等措施，进一步鼓励船舶靠港使用岸电。三是针对二氧化硫等船舶污染物，设立船用低硫油补贴基金，鼓励靠港船舶在排放控制区减少排放。

参考文献：

[1] 吕航：《美国的绿色港口之路》，《中国船检》2005 年第 8 期。

[2] 本刊记者：《美国加州地区港口绿色发展概况》，《港口科技》2018 年第 6 期。

[3] 交通运输部：《绿色港口等级评价标准》，2013 年，http：//xxgk.mot.gov.cn/2020/jigou/syj/202006/t20200623_3313600.html。

[4] 交通运输部：《绿色港口等级评价指南》，2020 年，http：//xxgk.mot.gov.cn/2020/项jigou/syj/202006/t20200623_3314948.html。

[5] 李娟、刘伟、李文娟：《鹿特丹港 "转变运输方式" 计划及借鉴》，《水运管理》2013 年第 12 期。

[6] 李静宇：《绿色的物流枢纽——哥德堡港——专访哥德堡港副总裁 Claes Sundmark》，《中国储运》2014 年第 9 期。

[7] 邵超峰、鞠美庭：《国内外生态港口建设现状分析及启示》，《中国港湾建设》2012 年第 1 期。

[8] 卢勇、胡昊：《悉尼港绿色港口实践及其对我国的启示》，《中国航海》2007 年第 3 期。

[9] 新华网：《天津港上半年海铁联运作业量创历史新高》，2020 年 7 月 27 日，http：

//www.tj.xinhuanet.com/news/2020-07/27/c_1126289099.htm。

[10] 北方网:《做好生态文章扎实推进绿色智慧枢纽港口建设》，2020 年 9 月 8 日，http：//news.enorth.com.cn/system/2020/09/08/050447770.shtml。

[11] 王志攀:《天津港集装箱集疏运方案研究》,《基层建设》2019 年第 33 期。

天津外向型经济发展研究报告（2021）

赵文霞　天津社会科学院资源环境与生态研究所副研究员

摘　要： 近年来，天津外向型经济整体呈现稳步增长态势，为贸易高质量发展打下良好基础。进出口实现稳步增长，对外贸易结构进一步优化，对外贸易平台持续改善，服务贸易增长迅速，通过多种形式扎实推进招商工作、促进实体项目落地，双向投资合作成绩十分突出。但是，天津在进出口多样化程度、自主创新能力、招商引资优势等方面仍有继续优化和提升的空间。在现阶段新冠肺炎疫情不确定性持续、中美脱钩风险上升的背景下，可能出现出口增速下滑、行业发展分化加剧，建议天津加强对外向型企业支持，提高贸易伙伴多样化程度，推进数字经济模式转变，持续扩大市场开放，聚焦核心技术创新攻关，提高外向型产业竞争力。

关键词： 外向型经济　进出口贸易　双向投资

针对当前国内国际局势变化，习近平总书记提出，要推动形成以国内大循环为主体、国内国际双循环相互促进的新发展格局。经济全球化是历史潮流，各国分工合作、互利共赢是长期趋势，国际经济联通和交往仍是世界经济发展的客观要求。从天津看，外向型经济健康运行也是经济持续快速发展的重要动力。

一　天津外向型经济运行总体现状

依托天津港及自由贸易试验区，以国际市场需求为导向，天津外向型经济发展潜力巨大。2020年第三季度以来，随着天津疫情得到有效防控，稳外贸、稳增长各项政策效果逐步显现，各部门也出台多项举措不断提升贸易和投资便利化水平，天津外贸进出口及双向投资合作逐步回暖向好。

（一）货物贸易平稳发展

1.进出口实现稳步增长

近年来，除金融危机外，天津进出口贸易呈逐渐增长态势，见图1。进入2020年，在新冠肺炎疫情的冲击下，天津进出口形势严峻，随着疫情渐受控制，进出口逐渐回稳增长。从货物吞吐量来看，2020年1至7月，外贸货物吞吐量1.64亿吨，同比增长5.1%，其中，外贸进口11899.64万吨，同比增长11.5%；外贸出口4495.35万吨，同比减少8.8%。从货物进出口来看，8月，天津进出口666亿元人民币，增长12.7%，连续3个月实现同比两位数增长，单月增速高于同期全国平均水平。2020年前8个月，天津货物贸易进出口总值为4823.5亿元，比去年同期增长0.6%，年内累计首次实现正增长。在全国进出口总值前10位的省市中，增速排名第四。其中，出口1993.4亿元，增长3%，进口2830.1亿元，下降1%。

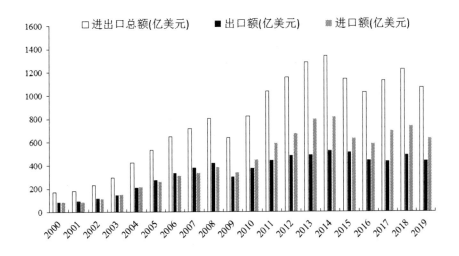

图 1　天津对外贸易发展情况

资料来源：中经网统计数据库。

2.对外贸易结构进一步优化

一般贸易比重上升。从贸易方式来看，2020 年 8 月，天津一般贸易进出口增长 29.5%，占全市进出口总值的 59.8%，占比比去年同期提升 7.7 个百分点，说明天津自主创新、自主品牌出口产品比重不断提升，企业直接参与国际贸易的能力持续加强。从商品类别来看，天津机电产品出口占比近三分之二，增长 19.9%，且主要由自动数据处理设备及其零部件、集成电路等出口拉动，而进口主要表现在机电产品和农产品。

"一带一路"沿线国家贸易额增长迅速。从贸易伙伴来看，与"一带一路"沿线国家的贸易合作潜力持续释放，已成为拉动天津口岸外贸发展的新动力。2019 年，天津口岸与"一带一路"沿线国家贸易进出口总值为 3748.2 亿元，其中，出口 2392.5 亿元，进口 1355.7 亿元，与"一带一路"沿线国家的贸易值占天津口岸进出口总值的 27.1%。其中，与东盟进出口占主导，对印度、欧盟、阿联酋进出口增长较快，对东盟进出口占同期天津口岸对"一带一路"沿线国家进出口总值的 42.8%，增长 5.5%。

民营企业出口持续上升。从企业类别来看，民营企业在"一带一路"等外贸领域持续发力，正成为天津口岸对外贸易增长的中流砥柱。近年来，外商投资企业进口一直占天津总进口的一半以上，而出口占天津总出口的比重有所下降，从 2019 年 3 月的 56.55% 下降到 2020 年 8 月的 42.79%。在外商投资企业保持主力地位的同时，2020 年 8 月，民营企业进出口得到大幅增长，进出口 268 亿元，增长 27.6%，占比达 40.2%，比重较去年同期上升 4.6 个百分点。

3.对外贸易平台持续改善

自贸试验区创新成就显著。截至 2019 年，天津自贸试验区"深改方案"128 项任务完成 122 项，27 项创新成果在全国复制推广，自由贸易账户政策落地实施。市级下放审批事项平均法定办理时限 28 天，平均承诺办理时限 2.75 天，提速近 80%。机场片区承接市级下放权力事项 437 项。这些改革减轻了企业负担，进一步释放了市场的经济活力，吸引更多企业投资扩产。截至 2019 年，自贸试验区新登记市场主体累计超过 6.4 万户，注册资本超过 2.16 万亿元。

积极培育供应链金融创新生态系统。天津自贸区探索基于数字仓库改造和可信仓单的供应链金融创新，在全国首创"数仓+区块链+金融"供应链金融模式。不同于传统供应链金融业务逻辑，基于可信仓单，集仓单质押、处置、交易、风控锁价于一体的综合服务体系，能够满足实体经济流通、融资、风险管理的集成需求，对解决中小企业融资难问题意义重大。此外，天津率先推行报税仓储货物质押融资，推进对外债权登记新政落地，助力大型租赁公司离岸租赁业务顺利开展，推动租赁产业环境进一步优化。

（二）服务贸易创新发展

1.服务贸易增长迅速

第一，服务外包发展成效显著。深化服务贸易创新发展试点 40 项重点创新任务全部落地，一批先行先试创新经验纳入"最佳实践案例"向全国推广学习。服务外包示范城市综合评价排名稳步提升，位居全国前列。服务贸易载体建设成效明显，跨境电子商务综合实验区、国家数字服务出口基地和中医药服务出口基地先后获批，为进一步推动服务贸易创新发展奠定了坚实基础。2020年上半年，天津市承接服务外包执行额135.5亿元，同比增长26.2%，其中，离岸执行额68.4亿元，同比增长28.5%，均高于全国增幅。带动新增就业1.7万人，同比增长20%，总就业人数突破25万。

第二，融资租赁品牌效应明显。截至2020年4月，天津港东疆片区累计新登记各类航运、国际贸易、租赁等市场主体超过10000家。形成了保税租赁、离岸租赁、资产包租赁等独具特色的发展模式，各类租赁公司达到3300多家，其中商务部认定的外资租赁公司1100多家，飞机租赁规模占中国租赁飞机增量的80%以上，为中国的飞机租赁中心和全球第二大飞机租赁聚集地。

第三，保税维修产业迅猛发展。2019年，天津自贸试验区新一批55项全国性创新成果中，保税维修业务创新共9项，包括推行"保税维修形式申报""航程内保税维修绿色通道"等创新业务模式，有效巩固了天津自贸试验区航空保税维修和再制造行业优势，集聚了国内外航空维修以及上下游企业，进一步提升了我国航空维修产业国际竞争力。2019年，天津自贸试验区共计有7架飞机开展保税维修，货值2.14亿美元，累计落户60多个航空、船舶制造维修及培训机构等项目。

2.服务贸易新业态发展成效显著

第一，数字化转型成就突出。2020年7月天津发布《市商务局等10部门关于推动服务外包加快转型升级的实施意见》，要求高标准规划建设经开区国家数字服务出口基地，加速国际化公共服务平台搭建，促进数字要素跨境流动，以服务外包数字化转型，全面推进"天津服务"与"天津制造"深度融合。2020年上半年，以数字技术赋能的文化创意、大数据、云计算、生物医药、会计服务等新兴业务增长迅猛，其中，数字影视娱乐等离岸外包业务同比增长2.5倍，大数据离岸外包业务同比增长1.6倍。

第二，医疗产业智慧化提速。2019年天津发布《关于进一步支持全市生物医药产业高质量发展的若干意见》，提出全面整合简化审评审批程序、要件和流程，大力支持创新药生产企业落地生产。疫情防控的需要加速推动了医疗产业链各个环节的数字化、智能化转型，以AI预测、筛查、研发药物、追踪疑似病人技术、互联网医疗、医疗机器人等为代表的智慧医疗新业态都在大显身手，显现出巨大的市场潜力。天津滨海新区引育了一批智能化的新兴企业，初步形成以场景驱动的智慧医疗产业发展生态，目前已集聚了天药药业、金耀集团、中新药业、瑞普生物、凯莱英等1500余家生物医药企业。

第三，跨境电商单量倍增。天津深入推进跨境电子商务综合试验区建设，结合业务发展新情况与跨境电商企业新诉求，优化综合服务平台功能，搭建中小企业一站式服务平台，规范健全跨境电商零售进出口商品退货流程，通关便利化水平持续提高。积极做好电商企业的引进落地和孵化培育工作，组织开展线上营销、直播、运营等系列培训活动，使跨境电商运营能力进一步增强。2019年，跨境电商完成2770万单，同比增长41%，交易额46亿元，同比增长57%。

（三）双向投资合作成绩突出

1.助力跨国公司总部经济发展

2019年12月，市商务局等13部门印发《天津市鼓励跨国公司设立地区总部及总部型机构的若干规定》，通过降低标准、简化材料、优化程序、加强支持等举措进一步助力天津总部经济的发展。截至2019年底，天津共认定外资总部22家，其中地区总部14家，总部型机构8家。这些总部企业的认定为天津建设国际化大都市树立了良好品牌形象，也为下一步吸引更多跨国公司落户天津提供了示范效应。

2.多种形式扎实推进招商工作

津南区围绕"一屏、一谷、一展、一带、一稻""五个一"重点工程，以新经济、新基建、新兴战略产业、高新技术为核心，实施网络招商、平台招商、以商引商、产业链招商等多维模式，持续为津南绿色高质量发展"引增注能"。北辰区建立外资企业"一对一"帮扶机制，推动乐金电子、弗兰德传动、盖泽工业等重点外资龙头企业及其上下游配套企业复工复产。武清区加强招商推动，梳理制定重大项目进展时间表，涵盖已落地、预计半年落地和正在跟踪洽谈的企业数据，建立全要素数据库，为产业发展分析、引导招商方向等提供数据支撑。

3.着力打造国际化营商环境

注重招商引资载体平台建设，着力打造国际化市场化法治化的营商环境，出台《天津市人民政府关于扩大对外开放积极利用外资的若干意见》，积极促进双向投资，增强配置全球资源和要素的能力。2019 年底，天津成为全国继上海、海南之后第三个上线 "FT 账户"（银行等金融机构为客户在自贸区分账核算单元开立的规则统一的本外币账户）体系的地区，进一步拓宽了企业融资渠道，有效降低了企业资金成本。2020 年上半年，保税区新增市场主体 1807 户，内联引资到位 160 亿元，实际利用外资 2 亿美元，落户 348 个新动能项目。

二 天津外向型经济发展面临的问题

尽管天津外向型经济呈现出良好的发展态势，但仍存在一些突出问题，在进出口多样化程度、自主创新能力、招商引资优势等方面还存在进一步优化的空间。

（一）对外贸易伙伴多样化程度有待提高

探索与周边国家（地区）、"一带一路"沿线国家（地区）及已同中国签署自贸协定国家（地区）的深入合作有助于分散国际合作不确定风险。根据中国自由贸易区服务网的数据，截至 2020 年 11 月下旬，我国已签署 19 个自贸协定，涉及 26 个国家和地区，《区域全面经济伙伴关系协定》（RCEP）在 11 月正式签署。天津与我国已签署自贸协议的国家（地区）之间的交流合作仍有进一步提升空间。

（二）自主创新能力需要进一步提升

在国际产业分工链条中，发达国家可能较多地从事研发设计、品牌建设等上游，以及售后服务、市场营销等下游的高端、无形生产活动，并尽力阻挠制造业的工作机会转移到低技能、低工资的发展中国家；而发展中国家通过嵌入产品生产过程的某一个或某几个环节，把重点放在加工装配等低端、有形的制造业生产活动，进而经济被锁定在全球价值链低端，即所谓的"微笑曲线"的底部。目前，尽管天津以一般贸易出口占主导，但加工贸易出口仍占天津总出口的 40%左右。最终产品出口的国内增加值比重不高，而中间产品出口的国内增加值占比较高。在出口比例最大的行业，天津对外出口基本以中间产品加工贸易为主，属于整个产业链条的最低端，盈利空间较小，担任的是简单制造者角色，缺乏有比较优势的核心竞争力，自主创新能力仍需进一步提升，利用全球要素资源参与国际分工的能力仍待加强。

（三）招商引资优势需要进一步凸显

2019 年天津市 60 岁及以上户籍人口占全部户籍人口的 24.16%，老龄化问题严重，土地等生产要素成本较高，导致天津低成本传统竞争优势下降。环境保护压力较大，外贸企业和落户外资企业综合成本较高，制约了天津比较优势的发挥和竞争力提升。在引进外资方面，不仅面临来自全球产业链的挑战和欧美投资政策的限制，也面临发展中国家更大力度优惠引资政策的激烈竞争，同时周边区域及内地的优惠举措导致天津招商引资优势不明显。在现有外企发展方面，近几年，天津民营企业进出口持续上升，外资企业进出口有所下降，但考虑到外资企业进出口仍在进出口总额中占相当大的比重，在尽力扶持本地民营企业的同时，也需重点关注现有外资企业的需求及其可能受到的国际环境冲击。

三　外向型经济发展趋势预测

近些年受贸易保护主义和新一轮科技和产业革命的影响，全球生产布局已呈现出本地化、区域化、分散化的逆全球化趋势，新冠肺炎疫情更对全球生产网络产生了巨大冲击，可能加剧经济去全球化趋势。

（一）天津进出口贸易走势

考虑贸易壁垒不确定性叠加的影响，未来短期天津进出口增长可能有所下滑。从企业类型看，北京等地国有企业进出口所占比重超过 60%，而天津外商投资企业过去一直是最大的外贸主体。近几年，天津外资企业的进出口比重有所下降，民营企业占比逐年上升，2019 年民营企业外贸总值超过 40%。考虑到民营企业对冲击反应敏感且具有更大的灵活性，预计短期内天津进出口可能下降，不过后期也能较快恢复。从贸易方式看，天津一般贸易进出口由 2003 年的 30% 左右上升至目前的 70% 以上，且以民营企业为主，所以一般贸易进出口短期波动将较为明显。

当前，天津经济增长处于增速下行、艰难转型的关键时期，物流中断和疾控措施引发的产业链、供应链中断带来的冲击，某些劳动密集型的中小微出口企业面临销售放缓、项目停滞、回款延期等诸多问题，可能有一些企业由于外商订单流失而退出出口市场。中小微企业的问题会影响到现有产业链和供应链，进而影响大企业生产，并引发就业等一系列问题，需要警惕由此可能引发的"多米诺效应"。

（二）不同行业发展分化加剧

短期内本次疫情及相关防控举措会对大多数行业造成冲击，不过有些外贸行业增速将加快。2019 年，天津进口值最大的产品为农产品、汽车、原油、液化天然气等；出口商品中，机电产品、农产品占较大比重。考虑到高技术行业和高附加值产品出口所受影响有限，低技术企业和低附加值产品所受到的冲击较大。随着近几年来天津新旧动能转换，高技术产品占比不断攀升，预计天津机电产品及高技术产品出口波动不大。进口方面，预计医药、农产等民生消费类产品进口将获得进一步增长，而先进技术设备和关键零部件进口所受冲击有限。此外，疫情导致原油等能源类商品需求及价格下降，预计天津能源类商品进口总额可能有所下降，随着疫情缓解，未来将逐渐恢复。

服务业虽受多种不利因素影响，但服务贸易中也蕴含着新的发展机遇。

目前，天津服务业占比约为 60%，对天津经济增长的贡献率超过 80%。预计天津旅游、运输等传统服务贸易行业短期内将受到较大冲击。广告宣传和电影音像等文化服务贸易将出现下滑，会展业务将出现较大波动，来年会展业务将较为繁忙。相比之下，计算机信息服务等技术服务贸易将呈现一定的抗冲击性，数字文化产业价值也将随之日益凸显；在线办公、远程办公、云办公等将催生有相关密切技术支持的 IT 服务外包行业迅速发展。

四 促进天津外向型经济发展的建议

外贸和外资是天津经济社会持续平稳发展的重要保证，为促进天津外向型经济发展应持续推进体制机制改革、加强区域协作交流、推进数字经济模式转变、聚焦核心技术创新公关、持续扩大对外开放，培育新的外贸增长点，为天津经济高质量发展提供有力支撑。

（一）持续推进体制机制改革，加强对外向型企业支持

外向型企业受全球疫情蔓延影响严重，面临较大生存压力。相关部门在制定和执行帮扶政策时，应针对各行业的特殊情况，增加政策落实的透明度，推动政策落地的准确性和时效性。一是根据现实需要，促进政府职能转变，完善容错机制，适时修订相关条例条款，最大限度提高政府部门的工作效率。二是在贸易与投资管理方面，全面实施准入前国民待遇加负面清单管理制度，争取在天津自贸试验区范围内探索推行减税降费先试先行，激发经济发展活力，促进贸易投资自由化、便利化。三是加强对外向型企业的支持，优化企业服务，如在金融服务方面，鼓励和支持相关要素市场、金融机构通过直接和间接融资渠道，加大对天津抗击疫情和受疫情影响较大外贸企业的服务支持力度，优化服务流程，加强与受疫情影响外贸企业之间的沟通和协调，积极推动通关结汇和通关便利化。四是积极拓展对外贸易线上渠道，支持发展跨境电商、海外仓、外贸综合服务企业等新业态，扩大市场采购贸易方式试点，全方位支持企业抓订单、拓市场，扩大对中小微外贸企业出口信贷投放，

多途径为外贸企业提供融资增信支持。

（二）加强区域协作交流，提高贸易伙伴多样化程度

很多企业过于依赖一两个主要的市场，在重大突发事件发生时，供应链断裂风险较大。一是建立跨区协调联动生产机制，进一步打破区域壁垒，完善人才引进措施，加快要素流动，增强区域辐射带动作用，以京津冀城市群以及自贸试验区为重点打造先进制造业与现代服务业融合发展示范区。二是协调京津冀各地企业通过在线服务、远程服务等形式，依托天津"金融创新运营示范区"的定位，对企业资金和资产供求进行精准匹配，促进天津外贸企业平稳发展。三是结合天津区位特征，发展面向不同地区的外向型经济，降低对单一国家或地区的贸易依赖，加快设立面向"一带一路"沿线国家或地区、与我国已签署自贸协定国家或地区的开放型园区。尝试探索"零关税、低税率及区内流转免征增值税"等国际自由贸易园区通行的相关政策，打造对日本、韩国以及与其他已签自贸协议的区域合作先行先试示范区，构建信息互换、监管互认等高效顺畅的合作机制。

（三）推进数字经济模式转变，加快外向型产业转型

协助企业构建供应链平台，聚集各类生产要素，促进资源高效配置和供需精准匹配，推进供应链全流程数字化、网络化、智能化转型。一是推动数字化平台建设，完善外向型产业供应链生态，依托产业供应链数字化平台以及产业集群，建立供应链弹性体系，维护外向型产业供应良好生态，更好地服务供应链网络中的企业。二是鼓励高技术企业研发，激发外向型企业自主创新动力，提升高技术产品技术含量，逐步减少对进口高技术核心零部件依赖，以"制造+服务"为突破口，将产业链向上延伸至研发设计和数字化管控服务，向下延展到品牌销售服务，实现从传统单一制造向服务型制造企业转型，驱动企业价值链向微笑曲线的两端攀升。三是发挥数字技术作用，推动传统外向型经济转型，进一步发挥5G、大数据、人工智能、物联网等数字技术在产业中的作用，改造升级传统产业，提升产业数字化水平。推动数字技

术在产业化方面更好发挥资源调配作用，积极运用产业数字化及数字产业化提升产业供应链管理水平，促进以数字化和智能化为基础的高新科技的产业化转型。

（四）聚焦核心技术创新攻关，提高外向型产业竞争力

推动科研院所合作，实现产学研同步发展。一是构建激励相容机制，提高天津综合创新力。在科研短期产出与待遇直接挂钩的评价体制下，关键技术研究较低的成功率和较长的成果转化周期，使大部分科研人员选择较容易出成果的科研领域，导致科研人员的创新作用未能充分有效发挥。二是推动科研院所合作，实现产学研同步发展，聚焦国家总体发展需要，按照问题导向及目标导向原则，加强基础科学研究，尽快突破关键领域核心技术，建立不受制于人的产业供应链，推动龙头企业与科研院所、高等院校深入合作，构建创新联合体，鼓励科研院所及高校科研优秀人才进入企业，实现产学研用一体化发展。三是重视人才培育引进，增加高科技人才储备，推动现有教育体系和人才培养方式改革，积极引导企业重视、引进、培养、留住具备创新意识及工匠精神的高科技人才，加强人才资源能力建设，促进人才总量同全市发展目标相适应，为天津提高外向型产业竞争力储备高素质人才。

（五）持续扩大市场开放，培育新的外贸增长点

坚定不移推进高水平对外开放，充分发挥自贸试验区、国家级经开区等开放平台作用，吸引更多外向型企业集聚发展，建设对外开放高地。一是加大改革力度，进一步增加改革需求，以高水平开放倒逼深层次改革，为外向型企业引育集聚、新业态新模式发展壮大，创造更加便利、更加宽松的环境。二是支持外贸企业利用人工智能、云计算、大数据及工业互联网等技术，在医疗、物流、工业生产、疫情管理、企业服务等领域开展研发和技术改造升级活动或开展创新型应用项目。三是深入贯彻落实外商投资法及其实施条例，对内外资企业真正做到一视同仁，加快落实新版外商投资准入负面清单，让外国投资者、外商投资企业切实做到应知尽知，进一步增强外商投资企业获

得感。四是加快服务业市场开放进程，以扩大互联网等特定服务业市场开放为重点，推动新兴服务业发展，鼓励社会资本、外资平等进入和参与服务贸易行业开发、市场运营，推动数字服务市场开放，提升天津服务贸易国际竞争力，培育新的对外贸易增长点。

参考文献：

[1] 霍建国：《"十四五"外向型经济发展：形势和任务》，《开放导报》2020 年第 2 期。

[2] 金言：《我国外向型经济的韧性》，《中国金融》2020 年第 12 期。

[3] 王宁：《三大综合保税区获批为天津外向型经济赋能》，《经济参考报》2020 年 6 月 16 日第 5 版。

[4] 刘卫平、陈继勇：《中国经济应对当前挑战的四个支点》，《人民论坛》2020 年第 14 期。

[5] 马晓冬：《津城打造服务贸易发展高地》，《天津日报》2020 年 10 月 19 日第 5 版。

[6] 魏彧、米哲：《深化投资合作 实现互利共赢发展》，《天津日报》2020 年 10 月 13 日第 1 版。

[7] 马晓冬：《我市进出口连续 3 个月两位数增长》，《天津日报》2020 年 9 月 16 日第 1 版。

[8] 马晓冬：《16 个项目落户 总投资超 10 亿元》，《天津日报》2020 年 9 月 8 日第 1 版。

[9] 孟兴：《天津自贸试验区位居前三》，《天津日报》2020 年 7 月 26 日第 1 版。

[10] 万红：《天津开发区上半年经济运行整体快速回升》，《天津日报》2020 年 7 月 24 日第 6 版。